はじめてのホツマツタヱ

今村聰夫

天《あ》の巻

はじめに

日本人は漢字を使うようになる遥か以前から、日本語に最も適した『ヲシテ』という神代文字を使い、多くの書物を書き残していました。

ホツマツタヱは、そのヲシテで記された古典の一書です。

ここで多くの皆様は「日本に漢字以前に古代文字などなかったはず」と大きな疑問を持たれ、「インチキではないか」と拒否反応を起こされるのではないかと思われます。ホツマツタヱに初めて接した方なら当然の反応です。「往古文字無し」は古語拾遺の言葉ですが、古代に関する常識の多くは、古事記からもたらされています。

私も古事記に熱中した時期がありましたが、読み込むほどに疑問点が増えて頭に焼き付きました。ホツマツタヱはその疑問の山を見事に解消してくれたばかりでなく、古事記・日本書紀の原資料なのではないかという思いが、読解を深めるにつれ確信となったのです。

そのことの具体的な説明を求められても、これまで私が五十年間も積み上げてきた研究ですから、要点を抜粋するのでは、難解、もしくは荒唐無稽な印象を与えてしまうでしょう。ですのでここではあえて申し上げません。また、それほど崇高な書物が何故秘匿されたのかという疑問もわくことと思います。ですが、本書では、ホツマツタヱが隠された背景を探ることも、あえていたしません。
まずは本書の訳文を物語感覚で読み、ホツマツタヱの価値は、真贋の論議を遥かに超えた高みにあることを感じ取っていただきたいのです。

ホツマツタヱは当然のこと、古代の難語だらけですが、現代に通じる言葉も多く、原文をヲシテのまま読まれると、おおよその意味はつかめるでしょう。けれども、一語ごとに現代語と比較すると、その含意は途轍もなく広く深いのです。その含意をどのように現代語に置き換えるか、解釈する人によって、千差万別になりますから、自分の解釈を絶対視して他人の解釈を批判する人も出てきます。

将来、研究者が増えて多くの解釈が出回ると、標準化が進むと思いますが、本書はあくまで私独自の解釈であり、私の感覚によって訳文を作っていることをご理解願います。

ホツマツタヱは、建国から理想国家を作り上げ、恒久平和に向けて努力し活躍した人々の物語だと私は理解しています。単に『歴史』記述だけではなく、一貫して『建国の理念』と『思想』が説かれ、そこに『衣食住』『子宝と育児』『教育』『文化』『生命』『平等』『悪』『更生』など、あらゆる場面で人間社会を向上させる取り組みが語られています。

『建国の理念』は『トのヲシテ』という名に集約されています。建国の父で初代天神《あまかみ》となられたクニトコタチが自ら記した文書で、後に三種神器の一つ『瓊（タマ）』で象徴され、それは現代にまで伝えられています。

トのヲシテは、ホツマツタヱ本文には名だけしか記されませんが、その教義は『トの教ゑ』と呼ばれ、テーマごとに様々な書物の名になって出てきます。

その理念は『国の目的は、整えて平和にすること』『上に立つ者は世のため人のために尽くす』が根本に据えられています。この理念が天神から後裔の累代天皇に受け継がれ、ホツマツタヱ全体を貫く底流をなしており、感動的なエピソードと共に語られます。

戦後に制定された日本国憲法によって、今上天皇明仁陛下は、政治への介入はおろか発言すらできない立場に置かれてしまいました。厳しく制約された中で精一杯の活動として、戦争や災害で亡くなられた方々の遺族や、今でも被害に苦しんでいる犠牲者の悲しみに寄り添い、励ましの言葉をお掛けになる両陛下の御姿に感動を覚え、まさにクニトコタチの『トの教ゑ』が、今上天皇の大御心にまで伝えられていることに思い至るのです。

ホツマツタヱはまた、世界に類を見ない宗教観・哲学が全体を下支えしています。その『思想』が建国の理念と相まって、理想国家を目指す力を与えていると私は思います。

具体的に言うと『天御祖神《アメノミヲヤカミ》』という、現代人がこれまで耳にしたことのない天地創造の神が、地球を生命の星にされました。天上には神々の世界があり、中心に坐す天御祖神のご意思で、全生物は地球に降されているという思想です。生命の根源は魂《タマ》であり、すべての生命体は魂を研鑽するために降され、地球で生命を終えると魂は天上に戻り、転生を繰り返します。

天御祖神を知らずとも「ほら、お天道様が見ているよ」という幼児への諭し言葉は、最も簡便で合理的な思想教育の方法として、現代まで伝えられてきた証しです。

世界が注目し始めている『日本人の美しい心のルーツ』は、ホツマツタヱに一貫して流れる『思想』にあったことを、皆様もきっと感じ取られるでしょう。

物事には順番というものがあって、些事にとらわれて順序を間違えると、要点を見失ってビッグチャンスを逃してしまうものです。

先ずは一切の既成観念を排除し、感覚を研ぎ澄ませて、本書をお読みください。

その上で、あなたがホツマツタヱの本質に辿り着かれ、些事にまで興味が及んだ時、様々な解説書や研究資料があなたを待ち受けています。

本書があなたのお手元に置かれ、進路選択や、結婚、あるいは子育てや、闘病など、様々な人生の節目に「ふと手にして励まされる」相談相手となってくれることを願います。天空の神々も、きっとそう願っておられることでしょう。

本書の構成と編集方針

本書は和仁估安聰釋述（漢訳付）『秀眞政傳紀』を底本としています。同本は、現在発見されている最古の写本です。（コラム解説参照）

ホツマツタヱ原典は、漢字伝来以前の我が国固有の古代文字である「ヲシテ」によって記されています。（コラム解説参照）

全編が五七調の長歌体で綴られており、「天の巻」「地の巻」「人の巻」からなる三部構成にして、全四十アヤ（章）、約一万行（ヲシテ十二万字）に及ぶ大部の叙事詩です。「天の巻」「地の巻」は古代氏族三輪氏の先祖で第六代大物主のクシミカタマが著わし、「人の巻」はその後裔であり、景行天皇の重臣として仕えたオオタタネコが著わしました。

本書は、その「天の巻」です。一アヤから十六アヤまでの全十六章を現代訳し、訳文の下段に原文の「ひらがな表記」を付しています。

現代訳においては、原文の行間を深く読み取り、古代人には常識であっても現代人には解説が必要と思われるところを補いました。また、原文では場面変化（シーン）が唐突で、時間軸も頻繁に遡ったり、将来の結末を先取りしたりするのですが、そのあたりも、流れをつかみやすいように工夫しました。「全体像を物語として楽しむ」ことを本書の目的としたからです。

登場する神々には、本名（いみな）、幼名、役職名、尊称など複数の名称があり原文ではさまざまに表記されていますが、「物語としての流れ」の理解を容易にするために、訳文では統一名称に直したところがあります。（「神々紹介」や「神々系図」を参照）

文意には掛詞が多用されているのが原文の特徴です。漢字表記に書き換えると意味が限定されたり、「漢字そのものの意味」に引きづられる危険性がありますが、神名や地名などすでに現代では「常識化」されている語句もあります。カタカナ書きやルビ書きで工夫しましたが、至らぬところは諸兄のご指摘をいただきたく思います。

訳文で内容が気になった時、読了した後に原文を知りたいと思われた時には、下段の「ひらがな表記」をご活用下さい。

アヤの番号と見出し（章のタイトル）は原典に従っていますが、テーマの変化に応じて段落分けし、小見出しを付けました。小見出しには、原文の「漢字かな交じり読み下し文」を付け加えています。五七調のリズムに触れてみてください。

なお、原典では「天の巻」冒頭に、編著者オオタタネコと推奨者オオカシマによる景行天皇への『奉呈文』が付せられていますが、今回は、その部分を割愛し続刊にご紹介することにしました。美しい名文ですが、全アヤを要約する役割ゆえに難解でもあり、「物語として読み親しむ」趣旨からは、「あとがきとして読むほうが味わい深い」と判断いたしました。

後続刊にご期待ください。

目次

神名一覧

アカツチ／赤土命　ハヤスフ姫の父　ハヤコが育児放棄した三姉妹をウサ宮に受け入れた

アキコ／ハヤアキツ姫アキコ　大御神の西のスケ　別名シホノヤヲ姫アイコ　カナサキの末娘

アサカ姫／フツヌシの妹でツワモノヌシの妻　アメノコヤネの母

アサコ／イロノエ姫アサコ　大御神の南のオシモメ

アサヒ神／トヨケ大神

アシナヅチ／脚摩乳　アカツチの弟　妻のテナヅチとの間にイナダ姫をなす　ソサノヲの義父

アヂコ／大御神の北のオシモメ　カダの娘

アチスキタカネヒコ／阿治須岐高彦根　タカヒコ　タカヒコネ　オオナムチの第三子　二荒神

アチノカミ／阿智神　アチヒコ　オモイカネ　信濃で逝去した際に贈られた尊称

アチハセ／シラタマ姫（コモリの妻で十八姫の母）の父　ニニキネに峰輿を献上した

アチヒコ／阿智彦　オモイカネのイミナ　ワカ姫の夫　思慮に優れた大御神の重臣

アヅミ／安曇　シマツヒコの子孫　イサナギの産んだ海洋の守り神三神を護持する

アナシオオカミ／穴師大神　ツワモノヌシ神の尊称　アナシとは、天成しの意味

アマガツ／天児　穢れや災いを幼児に代わって受ける、赤子をかたどった人形

アマクニタマ／オクラ姫の父　中山道を拓いたカナヤマヒコの子

アマツヒコネ／天津彦根命　タダキネ　大御神とアキコの御子　アメミカゲの父

アマテルヲヲンカミ／天照大御神　イサナギとイサナミの長男　天朝再興の要となった人物（神）で、国を治める教えを取りまとめた

アマノコヤネ／天児屋命　ワカヒコ　ココトムスビとアサカ姫の子

アメカガミ／天鏡命　キノトコタチの子　ウビチニの子をもらいうけた養子がアメヨロズ

アメクマド／天熊人命　ウケモチへの二人目の使者

アメノオシヒ／天忍日　カンサヒの子　マスヒトに選任されるが悪政の中心「ハタレ根」に

アメノホヒ／天穂日命　タナキネ　大御神とモチコの御子

アメノミナカヌシ／天御中主神　天御祖神を人格神としてとらえた神格　地上に国常立神として現出し天七代の初代となる

アメノミヲヤカミ／天御祖神　宇宙の始原神　絶対唯一神にして八百万神の淵源

アメヨロズ／天万神　ウビチニの実子だがアメカガミの養子となりソアサを治めた

アメワカヒコ／天稚彦　アマクニタマの子　カナヤマヒコの孫　オクラ姫（二代目シタテル姫）の兄

アメヱノミチ／ハタレ六魔のひとつ

アヤコ／トヨ姫アヤコ　大御神の西のオシモメ

アワツヒコ／阿波津彦　イヨツヒコの弟　サクナギの子　イヨツヒコを補佐してソアサ州を治める

アワナギ／沫蕩尊　アメヨロズの子　サクナギの兄　イサナギやシラヤマ姫の父

イキツヒコネ　活津彦根命　バラキネ　大御神とミチコの御子

イククイ／活杙神　オオトマエ　オオトノチの妻で天七代の五代目

イクシマ／生嶋神　タルシマと共に宮の敷地を護る神　オコロ兄弟神の一

イクタマヨリ姫／活玉依姫　ミホヒコの妻　十八人の男子を産む

イサナギ／伊弉諾　両神の男神　人御神の父　イサナミと共に天朝の中興の祖となり大御神につなげる

イサナミ／伊弉冉　両神の女神　人御神の母　イサナギと共に天朝を再興するが、末息子ソサノヲを庇って命を落とす

イシコリドメ／石凝姥命　鏡作りの始祖　真澄鏡を両神に献上した

イソラミチ／ハタレ六魔のひとつ

イチキシマ姫／市杵嶋姫　タナコ　ハヤコの生んだ三つ子の一人タナコの尊称　厳島姫

イツナミチ／ハタレ六魔のひとつ

イナダ姫／稲田姫　ソサノヲの妻

イフキドヌシ　伊吹戸主命　モチタカ　ツキヨミの子　大御神の三女タナコが妻

イヨツヒコ／伊予津彦　アワツヒコの兄　サクナギの子　ソアサ州を治める

イヨツ姫／ツキヨミの妻　イフキドヌシを産む

イワマド／磐間戸神　クシマドと共に宮の門を護る神

ウケモチ／保食神　ヱのクニサツチの子　尊称にイナル（稲荷）神　八世の孫がカダマロ

ウズメ（アメノウズメ）／天鈿女命　猿田彦神の素性を質す　大御神の岩戸隠れでも活躍

ウツシカンヲヂ／ツワモノヌシの役職尊称

ウツシクニタマ／顕国魂神　オオナムチ　津軽に移封後、豊かな国造りをなした尊称

ウビチニ／泥土煮尊　モモヒナギ　天七代の四代目　初めて夫婦神として配偶者をもつ雛祭りのルーツとなる

ウヒルギ／大日霊貴　アマテル大御神の幼名　ワカヒルギ　オホヒルギ　とも

ウマシアシガイヒコチカミ／可美葦牙彦舅尊　ワスキの神

ウワツツヲ／表筒男　霊格神　イサナギの禊で生じたツツヲ三神の一

ヱツノシマ姫／江之嶋姫　タキコ
オオセイイ／大背飯三熊　ミクマノ　アメノホヒの子
オオトシクラムスビ／クラムスビ　ソサノヲの第六子　オキツヒコの父　霊格神の大歳とは別
オオトノチ／大戸之道尊　ツノグヰ　オオトマエの夫で天七代の五代目
オオトマエ／大苫辺尊　イククイ　オオトノチの妻で天七代の五代目
オオナオヒ神／大直日神　霊格神　イサナギの禊によって曲がりが直された神
オオナムチ／大己貴　クシキネ　ヒスミ君　カル君　顕国玉　ソサノヲの第五子　大御神の娘婿　初代の大物主
オオヤヒコ／大屋彦　ソサノヲと稲田姫の長男
オオヤマスミ／大山祇神　世襲名称　サクラウチ　オオヤマカグツミ　などが歴代
オオヤ姫／大屋姫　ソサノヲと稲田姫の娘
オキツシマ姫／奥津嶋姫　タケコ　タケフ神と尊称される　竹生神
オキツヒコ／1.シマツヒコの子　2.あるいは自然神としてイサナギの禊で生まれた守り神
オキツヒコ／奥津彦神　オオトシクラムスビの子
オクラ姫／アマクニタマの娘でシタテル姫ワカ姫の侍女となる
オシヒト／オシホミミのイミナ大御神の皇位継承者　セオリツ姫の御子　近江と多賀を都に
オシホミミ／忍穂耳尊　オシヒト　大御神の皇位継承者　セオリツ姫の御子　多賀若宮ツボ若宮　崩御に際しては箱根神と尊称
オモイカネ／思兼命　アチヒコ　ワカ姫の夫　ワカ姫からの求愛歌に思い悩む　大御神の籠もる岩戸開きを指揮した
オモタル／面足尊　天七代の六代目　武断政治でクニをまとめたが継ぎ子に恵まれなかった
カグツチ／軻遇突智神　自然神　火の神
カシコネ／惶根尊　オモタルの妻
カスガのカミ／春日神　アマノコヤネの尊称
カスガマロ／春日麻呂　ワカヒコ　アマノコヤネの若い頃の名前
カスガ殿／春日殿　ツワモノヌシの尊称
カダ／荷田　カダマロ　大御神の北局アチコの父　クニサッチの子のウケモチの八世孫
カツキマロ／カツテカミの幼名　カツラギヒトコトヌシとヤスタマ姫の子
カツテカミ／勝手神　ヤスヒコの尊称　医術・産術に秀でた
カツラギヒトコトヌシ／葛城一言主神　ソサノヲとイナダ姫の第七子　妻はスヱツミの娘ヤスタマ姫
カトリ神／香取神　フツヌシの尊称
カナサキ／金析命　ワカ姫の育ての親
カナヤマヒコ／金山彦　ウリフ姫ナカコとアマクニタマの父　美濃のクニカミ　中山道を開く
カミロギ／イサナギの幼名
カル君／オオナムチの尊称
カンガツ／神児　穢れや災いを幼児に代わって受ける、赤子をかたどった人形
カンサヒ／ツワモノヌシの兄　ヤソキネの弟　マスヒトに任命されるが悪政の主となる
カンナオヒ神／神直日神　霊格神　穢れると魔をさす
カンミムスビ／神皇産霊神　ヤソキネ　第六代タカミムスビ　トヨケ大神の長子
キクミチ／ハタレ六魔のひとつ
キのトコタチ／東の常立　ハゴクニ　クニトコタチの子　初代タカミムスビ　アメカガミの父
クエヒコ／久延彦　クシキネの側近
クシキネ／オオナムチのイミナ　ソサノヲの嗣子　初代大物主
クシヒコ／オオナムチと大御神の娘タケコの御子　コトシロヌシ(事代主神)
クシマド／櫛石窓神　イワマドと共に宮の門を護る神
クニサッチ／国狭槌神　クニトコタチの八人の御子　二代天神　トホカミヱヒタメ
クニトコタチ／国常立尊　天御中主神の地上への転生　天世七代の初代
クマノクスヒ／熊野樟日命　ヌカタダ　大御神とアヤコの御子　那智若御子は別名
クラキネ／イサナギの弟
クラコ姫／クラキネの後妻に生まれた娘
コカシラオロチ／九頭竜　モチコが怨念によって化身した大蛇　モチオロチ
コクミ／マスヒトとなったカンサヒの補佐　悪政の中心人物
ココトムスビ／興台産霊神　ツワモノヌシの尊称
ココリ姫／キクキリ姫　白山姫　イサナギの姉
コタヱ／タナハタ姫コタヱ　大御神の東のウチメ　ヤソキネの娘
コトサカノヲ／事解之男神　イサナギとイサナミの二番目の仲人となり、成功
コトヤソ／事八十　ソサノヲとイナダ姫の第四子で二男　オオナムチの兄
コモリカミ／子守神　ミホヒコの尊称　クシヒコとミホツ姫のひとり子　子宝に恵まれた
サクナギ／析薙尊　アメヨロズの子　アワナギの弟　イヨツヒコの父

サクラウチ／桜内命　オオヤマスミ家の領袖　大御神の右大臣
ササナミ／スクナミカミ
サシミメ／クラキネの後妻　クラコ姫を産む　コクミの妹
サルタヒコ／猿田彦神　チマタカミ　ミオノカミ　ニニキネの御幸を饗応する。
シガ／シガヒコ　シマツヒコの孫あるいはイサナギの禊で生まれた守り神
シタテルオクラ姫／オクラ姫の尊称
シタテル姫／下照姫　ワカ姫（ヒルコ姫）の尊称　天照神と対をなす尊称　和歌の祓いの力を発揮して民衆の豊作を手助けた
シツヒコ／タチカラヲのイミナ　ワカ姫とオモイカネの御子
シナトベ／級長戸辺　自然神　風の神
シマツウシ／島津大人　オオナムチの息子
シホカマ／塩竈　シホツツ　シホツチ　シホツツヲ
シマツヒコ／カナサキ　ムナカタ　アツミ達の祖先神
シマヅ姫／ソサノヲと稲田姫の娘
シムミチ／ハタレ六魔のひとつ
シラタマ姫／ミホヒコの妻　十八人の女子を産む
シラヤマ神／白山神　ヤソキネ（イサナミの兄）と妻シラヤマ姫二人の尊称
シラヤマ姫／白山姫　キクキリ姫　ココリ姫　アワナギの娘　イサナギの姉妹
スエツミ／陶津耳命　イクタマヨリ姫の父
スクナヒコナ／少彦名神　カンミムスビ・ヤソキネの御子　アワの神
スクナミカミ／少名御神　酒の醸造を始めた神　ササナミの名を賜る
スセリ姫／須勢理姫　ソサノヲとイナダ姫の第八子
ステシノ／アチスキタカネヒコのイミナ　オオナムチと大御神の娘タケコの御子　クシヒコの弟
スビチニ／沙土煮尊　モモヒナミ　ウビチニの妻
スミヱノヲキナ／住吉の翁　カナサキの別名　ワカ姫の育ての親
ソガ姫／大御神の東のオシモメ　ツクバハヤマの娘
ソコツツヲ／底筒男　霊格神　イサナギの禊で生じたツツヲ三神の一
ソサノヲ／素戔嗚命　両神の末っ子　ソサの尊　スサ　身を立ててからはヒカワ神（氷川神）とも尊称
タカギネ／タカギ神のイミナ　第七代タカミムスビ　ヤソキネの子

タカギ神／高木神　第七代タカミムスビ　タカギネ
タカコ／オオナムチと大御神の娘タケコの御子　シタテル姫ワカ姫の侍女となる　タカ姫
タカテル姫／タカコ姫の尊称
タカノ神／高野神　イフキドヌシの尊称
タガノ神／多賀神　イサナギの尊称
タカミムスビ／高御産神　世襲尊称　ヒタカミの地を都として治めた
タキコ／エツノシマ姫　大御神とハヤコの三つ子の次女
タクハタチチ姫／栲機千々姫　スズカ姫　オシホミミの正后　晩年は大御神に仕えた
タケコ／オキツシマ姫　大御神とハヤコの三つ子の長女
タケミナカタ／建御名方神　オオナムチの子　カシマ立ちで最後まで抵抗
タダキネ／アマツヒコネのイミナ　大御神とアキコの御子
タチカラヲ／天手力雄命　シツヒコ　ワカ姫とオモイカネの御子
タツタ姫／龍田　自然神　水や波の神
タナキネ／アメノホヒのイミナ　生誕時はタナヒト
タナコ／イチキシマ姫　大御神とハヤコの三つ子の三女
タマキネ／トヨケ大神のイミナ　トコケ　トヨウケ　豊受大神
タルシマ／足嶋神　イクシマと共に宮の敷地を護る神　オコロ兄弟神の一
ツキヨミ／月読命　大御神の次弟
ツクバウシ／筑波大人　筑波の国を治める国守
ツクバハヤマ／大御神の東局オシモメとなったソガ姫の父
ツノグヰ／角杙神　オオトノチ　天七代の五代目
ツワモノヌシ／兵主神　ココトムスビ　トヨケ大神の子　ヤソキネ、カンサヒの弟　尊称にアナシウヲカミ（穴師大神）　ウツシヒカンヲフヂ
トシノリカミ／歳徳神　シタテルオクラ姫のこと
トヨウケ／豊受大神　トヨケ大神　ホツマ君　大物忌大神　アサヒ神　イサナミ、ヤソキネ、カンサヒ、ツハモノヌシの父
トヨクンヌ／豊斟渟尊　天七代の三代目　クニリツチには五人の子がいたが世継ぎの御子君臣民を定めた
トヨケ大神／豊受大神　トヨウケ神　東の君　アサヒ神　斎名はタマキネ　五代タカミムスビ
ナカコ／ウリフ姫ナカコ　大御神の南のスケ（セオリツ姫の後継）　カナヤマヒコの娘

ナカツツヲ／中筒男　霊格神　イサナギの禊で生じたツツヲ三神の一
ニシのハハカミ／西の母神　ウケステメ　クロソノツミ王の妻で、クロソノツメル（クロソノツモル）の母　西王母
ヌカタダ／クマノクスヒ　大御神とアヤコの御子
ハゴクニ／葉木国神　ヒのクニサツチ　キノクニトコタチ　初代タカミムスビ
ハナキネ／ソサノヲのイミナ　両神の末っ子　天の節に出生したために性格に不備があったが、さすらいの果てに身を立てる
ハナコ／ワカ姫ハナコ　瀬織津姫の妹　大御神の南のウチメ
ハニヤス／埴安神　自然神　大地の神
ハハヤカガチ／八岐大蛇　実はハヤコが怨念で転生したもの　ハヤオロチ
ハヤコ／コマス姫ハヤコ　大御神の北のウチキサキ　クラキネの娘　モチコの妹
ハヤスフ姫／早吸姫　アカツチの娘　ソサノヲが一目惚れする
ハヤタマノヲ／速玉之男神　イサナギとイサナミの最初の仲人
バラキネ／イキツヒコネ　大御神とミチコの御子
ハルナハハミチ／ハタレ六魔のひとつ
ヒガシノキミ／トヨケ神
ヒカワ神／氷川神　ソサノヲの尊称
ヒトリ姫／タケミカツチのひとり娘　アマノコヤネの妻
ヒノハヤヒコ／タケミカツチの若い頃の名
ヒヨルコ／両神がワカ姫のつぎに流産した御子
フタカミ／両神　イサナギとイサナミのこと　天世七代の七代目　継ぎ子に恵まれなかった六代目の後にみだれた天朝を再興した
フツヌシ／経津主神　カトリカミ　フツノミタマ　アマノコヤネの叔父
フリマロ／アマテル大御神のご学友
ホイキノカミ／宝飯の守／妻はミチツ姫
ホノコ／サクナダリ・セオリツ姫ホノコ　大御神の正后
ホヒのミコト／天穂日命　アメノホヒ　大御神とモチコの御子
ミズハノメ／罔象女神　自然神　水の神
ミチコ／オオミヤ姫ミチコ　大御神の東のスケ　ヤソキネの娘
ミチツ姫／ホイキノカミの妻　幼い大御神に乳を奉った
ミクマノ／大背飯三熊　オオセイイミクマノ　アメノホヒの子
ミホツヒメ／三穂津姫　ミホヒメ　タカギネの娘　クシヒコの妻　コモリの母
ミホヒコ／コモリのイミナ　ヨロキマロ　第三代大物主
ムカツ姫／向津姫　セオリツ姫　イミナはホノコ　アマテル大御神の正后となり大御神と共に天朝の礎を築いた女性
ムナカタ／宗像神　シマツヒコの子孫　カナサキの支族
モチキネ／望杵　ツキヨミのイミナ　大御神の次弟
モチコ／マス姫モチコ　大御神の北のスケ　クラキネの娘
モチタカ／イフキドヌシのイミナ　ツキヨミとイヨツヒメの子　ソサノヲの甥　ソサノヲを皇軍に引き立てる
モモヒナギ／ウビチニ　天七代の四代目　モモヒナミと夫婦神となる　ひな祭りの元
モモヒナミ／スビチニ　天七代の四代目　モモヒナギと夫婦神となる
ヤスヒコ／カツキマロ　カツラギヒトコトヌシとヤスタマ姫（スエツミの娘）の子
ヤソキネ／八十杵神　カンミムスビのイミナ　トヨケ大神の子　第六代タカミムスビ　イサナミの兄　シラヤマ神の尊称を持つ
ヤマスミ／山祇　オオヤマスミ　世襲名称
ヤマタノオロチ／八岐大蛇　大御神の妃であったハヤコが怨念によって化身した大蛇　ソサノヲに討たれる
ヨロキマロ／万木麻呂　コモリカミの幼名　クシヒコとミホツ姫のひとり子
ワカヒト／アマテル大御神のイミナ　両神の継ぎ子　ワカ姫の弟　ツキヨミとソサノヲの兄
ワカムスビ／自然神　収穫の神
ワカ姫／和歌姫　ヒルコ姫　イサナギとイサナミの娘　大御神の姉　ウタの奥義を極める
ワスキの神／地を護る神々　大嘗会でスキ宮にウマシアシガイヒコチ神の十一神を祭る
ヲヲヤマカグスミ／サクラウチの子　カグヤマツミ・カンタマ・マウラの父　二代目オオヤマズミ

ホツマツタヱ御機《ミハタ》の初《ハツ》

東西《キツ》の名《な》と穂虫《ほむし》去るアヤ

和歌の道をたてたワカ姫のカミ

日本文化の結晶ともいうべき和歌。和歌の道はワカ姫の神によって確立されました。ワカ姫の名にちなんで『ワカの歌』と名付けられましたが、単純化して『ワカ』と呼ばれるようになり、漢字伝来以後『和歌』の漢字が当てられて今日に至ったのです。

ワカ姫は、第七代天神《あまかみ》イサナギ・イサナミ（フタカミ・両神）の第一子として、ツクバ（筑波）の『イサ宮』（茨城県真壁郡付近）でお生まれになりました。この時、父は四十才、母は三十一才で、共に『天の節（あめのふし・厄年）』に当たっていたので、両親に降りかかる災厄がワカ姫にまで及ぶのではないかと心配され、両神《フタカミ》は三才に満たないワカ姫を『お捨て』になりました。『捨て子は育つ』という言い伝えに従われたのです。

申し合わせによりワカ姫を拾ったのは重臣のカナサキ（金折命）でした。カナサキの若い妻も我が子を離乳させたばかりで、まだ豊富に出る乳を与えて可愛がり、二人して宝物のように慈しみ育てたので、ワカ姫は幸福にスクスクと育っていきました。

カナサキは本拠の西殿で、幼いワカ姫を手元に置いて育てていましたが、後にワカ姫教育の場として広田（拾た）宮を建てました。それらの場所は三千年以上

それわかは　わかひめのかみ
すてられて　ひろたとそだつ
かなさきの　つまのちおゑて

を経た今も変わらず、西宮神社と廣田神社の名で兵庫県西宮市に現存しています。カナサキがワカ姫を『拾った』という事実は、ヒロタ神社という名で記憶されてきたのです。

子の成長とお祝い儀式～桃にヒナ アヤメにチマキ

　さて、日本には子供の成長を祝う数々の風習が伝えられてきました。現代における一般的な風習の多くは、縄文後期（今から約三三〇〇年前）のこの時代には、すでに馴《な》染《じ》みのものでした。話はワカ姫からしばらく離れますが、この時代における子供の成長を願って行なう一般風習をご紹介しましょう。

　情操は嬰児《みどりご》の時に身につくものです。嬰児に注ぐ愛情は過ぎることがありません。日本人は見ず知らずの他人の子であろうとも、嬰児をあやして喜ばせる行為を自然に行なってきました。

「アワワ」とか「チョチチョチ」とか、あやし言葉を掛け、手を打って顔を近付け、目を細めて笑いかけます。今でいう「いないいないばー」ですが、目が見えるようになったばかりの嬰児は、大人から受ける愛情を本能で知り、安心と喜びと幸福を感じ取るのです。

　初めての誕生日には赤飯とおこわを供え、また加熱調理した食物を膳に並べ、離乳食へ切り替えのお祝いをし、この日から箸を使って自分で食べる訓練も始ま

あわうわや　てふちしほのめ
うすれひは　かしみけそなえ

ります。この前後には、つたい歩きから、離した手を振ってバランスを取るようになるのです。『立ち舞い』と呼ばれるこの仕草を始めると、大人たちは「立った立った」と大喜びをして囃《は》やし立てます。いよいよ幼児への仲間入りです。

三度目の冬には髪を整える『髪置きの祝い』をして、今度は児童への仲間入りです。

日本には児童の健《すこ》やかな成長を祈る数々の年中行事があります。まず『元旦』には餅を供え天地自然の神を敬います。女の子なら三月三日に桃の花を飾り、『雛《ひな》祭り』を行ないます。男の子なら五月五日に菖蒲《あやめ》を飾り、粽《ちまき》を供えます。また、七月七日は『タナバタ祭り』を行ない、九月九日は『菊と栗の祝い』をします。

五年目の冬の祝いには、男子は袴《はかま》、女子は被衣《かつき》を着て正装します。少年少女は一歩ずつ大人に近付いたことを自覚し、大人たちは人格を認めるようになります。これらの風習が多少の変化を遂げて、三千年余りを経た今日も、『七五三』の行事などに残っているのです。

アワ歌を教える ～ アワ歌お 常に教えて

縄文後期の子供教育は、アワ歌を教えて常に歌わせることから始まります。

アカハナマ　イキヒニミウク
フヌムエケ　ヘネメオコホノ

たちまひや　みふゆかみおき
はつひもち　あわのうやまひ
ももにひな　あやめにちまき
たなはたや　きくくりいわひ
ゐとしふゆ　をはかまきる
めはかつき　ことばをなおす
あわうたお　つねにおしゑて

あかはなま　いきひにみうく
ふぬむえけ　へねめおこほの

モトロソヨ　ヲテレセヱツル
スユンチリ　シヰタラサヤワ

『ア』で始まり『ワ』で終わる四十八音のアワ歌を、カダガキ打ちという奏法で弾く琴の音に合わせて歌うと、発音も発声もよく通るようになり、身体各部の働きは増し、頭脳は発達し、神経系の応答もよくなります。子供のみならず、アワ歌を歌えば健康が増進し、病気を寄せ付けず、長寿が得られるのです。

日本語は単音語で、一音一音が意味を持つとともに、一音一音に神が宿ります。アワ歌を歌うことは言語教育であり、また天地自然の神を敬う教育の始まりでもあるのです。

この教育原理に長じているカナサキは自ら実践して長寿を保ち、『スミヱノヲキナ（住吉の翁）』と称えられました。

東西央南北キツヲサネ

さて、ワカ姫は幼い頃から賢く、アワ歌を覚えると間もなく、養父カナサキに『東西南北（キツサネ）』の名がどうして付けられたのかを尋ねました。

カナサキはワカ姫に次のように説明しました。

もとろそよ　をてれせゑつる
すゆんちり　しゐたらさやわ
あわのうた　かだがきうちて
ひきうたふ　おのつとこゑも
あきらかに　ゐくらむわたを
ねこゑわけ　ふそよにかよひ
よそやこゑ　これみのうちの
めくりよく　やまひあらねは
なからえり　すみゑのをきな
これおしる　わかひめさとく
かなさきに　きつさねのなの
ゆゑおこふ　をきなのいわく

「毎朝お日様《ひさま》が出て昇っていきますね。お日様が姿を現す方角を日頭（ヒガシら）といって、その言葉が詰まって東というようになったのです。そしてどんどん昇っていったお日様は、すべてのものを明るく照らし出すので、皆が物を見ることができるのです。お日様が一番高く昇った時が最も明るいのでその方角を皆見（ミナミ・南）と呼ぶのです。南を過ぎてだんだん落ちていったお日様は、燃えたぎるように煮え沈んでいきますね。『煮え沈む（ニえシずむ）』が詰まって西と呼ぶようになったのですよ」

ワカ姫は目を輝かせてカナサキを見上げ、一心に聞き入っていました。カナサキは続けます。

「お米と水をお釜に入れて炊く時に、初めは火頭（ヒガシら）が釜に届く位からだんだん火を強くしていきますね。そして吹き上がって煮え花が『なミナミ』と立ってくると火を弱めます。すると水気が少なくなってだんだんと煮（ニ）え沈（シず）んできます。何事もなく平和な時には一日一回ご飯を炊いて食べますが、これも東西南北の名の元になっているのです。

　大昔には二回だったのが、ひと月に三回の食事をするようになると、人の寿命は百万歳になり、ひと月に六回食事を取るようになって二十万歳の寿命になりました。今の世は一日一回米飯の食事を取るので、二万歳しか生きられなくなって

ひのいづる　かしらはひかし
たけのぼる　みなみるみなみ
ひのおつる　にしはにしつむ
よねとみづ　かまにかしくは
ひかしらや　にゑはなみなみ
にゑしつむ　ゑかひとたびの
みけはこれ　ふるとしふより
つきみけの　ひとはもよろに
つきむけの　ひとはふそよろ
いまのよは　ただふよろとし
いきなるる

しまったのです。

美味しいからと食欲に任せて、食べてばかりいると長生きすることができません。

だから天神《あまかみ》になるような人は、ひと月に三回の食事を心掛けて、その上チヨミ草という苦菜《にがな》の葉や穂を食べるのです。そうすればお日様が南に達した時のように、またご飯が煮え立った時のように、いつも快活に生きることができるのです。そして天（ア）の精気を受けて長生きすることができます。

そのような生き方をしたいと願って、宮は南向きに建てるのです。南向きに建てた宮の後ろの方角を北といいます。夜、お日様が地面の裏側『東（キ）の左（タ）』を通っている時、人は寝（ネ）るので北を『ネ』ともいうのです。

ものごとの状態はすべて方角に例えることができます。これを方位ともいいますが例えば、もし訪ねて来た人と口喧嘩をしてしまったとしましょう。もう会わないぞと思うと、心が寝（ネ）てしまったようなもので、それは北の方位です。反対に、自分も言い過ぎたと反省して、また会おうと思うとそれは日の出で、会うとお互いの心が通って、お日様が南に達したように道理が通り、上手くいくようになるのです。活気に満ちて心が昂ぶる時は、南向きの状態ですが、それが過ぎ去ると、心の昂ぶりが収まって落ち着いてきます。このように落ちついた状態が、西向きの状態といえます。そしてお客様は帰って行きますが、その時の状態を方位に例えると北です。

みけかさなれば　よわひなし
ゆえにをんかみ　つきにみけ
にかきはほなや　みなみむき
あさきおうけて　ながいきの
みやのうしろお　きたといふ
よるはねるゆゑ　きたはねぞ
もしひときたり　ことわけん
あわねばきたよ　あふはひで
みなみにことお　わきまえて
おちつくはにし　かえるきた

このように人の心の状態も、お客様の来訪も北に始まって北に終わります。言い換えると、ものごとはすべて『北（ネ）より来た（キタ）りて寝（ネ）に帰る』のです。

今度は方位を木に例えてみましょうね。木は春に若葉を出して、夏には青々と茂ります。秋には燃え立つような煮え紅葉となり、冬はその葉も枯れて落ち葉となります。さきほど、人の心に例えたのと同じで、冬枯れの木は寝（ネ）ているのです。春になって生命の息吹を兆（キざ）すのが東です。そして夏には最も高く昇ったお日様の光を一杯に受けて、葉を茂らせ栄（サか）えますが、秋になってそれが尽（ツ）きるのが西です。このように、季節の移り変わりも方位に例えることができます。

央（ヲ）は君《きみ》（天神・あまかみ）が坐します場所で、国の中心の地点です。そこにいらっしゃって国を治められるので、東西央南北（キツヲサネ）は『四方と央（ヨモとナカ）』、つまり君がお治めになっている国全体を指す言葉なのです。このように国と方位も深い関係で結ばれています。

キツヲサネはまた、天上で方位を司る『五臓神（ヰクラカミ）』という神様なのですが、それはもっと大きくなってからお勉強しましょうね。

さて、木は東で花と葉は南、そして木の実は西に例えることができます。木は

ねよりきたりて　ねにかえる
きははるわかば　なつあおば
あきにゑもみぢ　ふゆおちば
これもおなしく　ねはきたに
きざすひかしや　さにさかゑ
つはにしつくる　をはきみの
くにをさむれは　きつをさね
よもとなかなり　きはひがし
はなはもみなみ　このみにし

実を結んで、その実が元の木から分かれて芽を出し、そうやってその種を殖やしていきます。人の世も木の実が分かれるのと同じく、子の身を分けて子孫繁栄をします。だから君（キミ）という言葉は木（キ）と実（ミ）の関係に例えて、夫婦神（ヲメカミ）のことをいうようになったのです。

これで東西南北（キツサネ）の名について、由来の話はおしまい。分かりましたか」

イナゴを祓う呪《まじな》い歌～西の海ざらり虫去り

成長してその後、ワカ姫がイサワ（三重県伊勢市付近）の宮にお仕えしている時、キシヰ邦《くに》（和歌山地方）の稲田でホヲムシ（蝗《いなご》）の大発生があり、稲穂の成育が悪くなりました。嘆き悲しんだ農民の使者が、その状況を告げるためにイサワの宮にやって来ましたが、あいにくアマテル大御神《ヲヽンカミ》は天（アマ）のマナヰ（真名井／京都府宮津市）に行幸された後で、不在でした。アマテル大御神に代わって被害の状況と民の嘆きをお聞きになった正后セオリツ姫は、ワカ姫を伴って急ぎキシヰ邦に行啓されました。

二人して田の東側に立ち、古《いにしえ》の教ゑにしたがって『ヒアフギ（桧扇）』で扇ぎながら、ワカ姫が祓いの歌を詠むと、ホヲムシは徐々に稲から離れ始めました。

そこでセオリツ姫は二人を中心に、三十人の侍女を左右に振り分けて立たせ、

みおわけおふる
きのみゆえ　きみはをめかみ
しゐるのち　いさわのみやに
はべるとき　きしゐのいなだ
ほをむしに　いたむおなげき
あるかたち　つぐるいさわの
をゝんかみ　あまのまなゐに
みゆきあと　たみのなげきに
むかつひめ　いそぎきしゐに
ゆきひらき　たのきにたちて
おしくさに　あふぐわかひめ
うたよみて　はらひたまえは
むしさるお　むかつひめより
このうたお　みそめおまてに
たたつませ

声を合わせてこの歌を歌わせます。
それは稲虫を祓《はら》うワカのまじない歌でした。

タネハタネ　ウムスキサカメ
マメスメラノ　ゾロハモハメソ
ムシモミナシム

(訳一)田や畑に生うる大麦・小麦・ささげ・大豆・小豆等の穀物や、稲の穂も葉も食べ尽くしてしまってはいけない。虫だってみんな同じものを食べている仲間ではないか。

(訳二) 田や畑を耕し土壌を肥やしてより多く収穫しようと、懸命に働く女たちの、稲穂や葉を盗み食いしてはいけない。虫でもそれくらいの良心は持ち合わせているだろう。

この歌を繰り返し三百六十回、声を合わせ大声で歌わせたところ、稲虫は西の海の方へ飛び去っていきました。古語に『西の海ぞろり』という厄払いの呪文が残っています。その飛んでいく有様は砂塵《さじん》が舞うごとくでした。
こうして穢（ヱ）を祓《はら》ったので、稲は生気を取り戻して、元のように若々しく

おのおのともに
うたはしむ　いなむしはらふ
わかのまじない

たねはたね　うむすぎさかめ
まめすめらのぞろはもはめそ
むしもみなしむ

くりかえし　みをむそうたひ
どよませば　むしとひさりて
にしのうみ　ざらりむしさり

蘇《よみがえ》りました。その年の稲はたわわに稔り、大いに収穫できたことはいうまでもありません。

キシヰ邦の農民たちにとっては、稔りもさることながら、政《まつりごと》が民衆の方を向いて行なわれているのを知ったことが、より大きな収穫でした。人々はこの喜びを率直にセオリツ姫とワカ姫にお返し致しました。

ゑおはらひ　やはりわかやぎ
よみかえる　ぞろにみのりて
ぬばたまの　よのかておうる
おんたから　よろこびかえす

日前神宮と国懸神宮　ワカ姫の恋 ～床にわ君お　待つぞ恋しき

キシヰ邦《くに》には天日宮《アヒミヤ》という御用邸が置かれていましたが、その前に天日の前宮《アヒノマエミヤ》(日前神宮《ひのくま》)を建造してセオリツ姫に奉りました。正后が日神《ひかみ》であるアマテル大御神《ヲヽンカミ》に向かい立つ姫神の意味から『日の前向つ姫』と尊称されたことを象徴した宮です。また、別にタマツ宮（玉津島神社）を新築してワカ姫にしばらくの間お住まい願いました。天日宮はその後、御用邸としての用途がなくなったので、イサワの宮の出先政庁として、各邦に向かう伝令の中継点の意味からクニカケ(国懸神宮《くにかかす》)と呼ばれるようになりました。

タマツ宮は後の世までずっと、ワカ姫の事績を人々の記憶にとどめ、枯れた稲を若返らせたワカ姫のワカの歌にちなんで邦《くに》の名も『キシヰ邦』から『ワカの邦』へと改められました。後の和歌山県です。タマツ宮が置かれた海浜もワカ姫にちなんで『和歌の浦』となったのです。今ではキシヰの名は貴志川の河川名と貴志

きしゐくに　あひのまゑみや
たまつみや　つくれはやすむ
あひみやお　くにかけとなす
わかひめの　こころおととむ
たまつみや　かれたるいねの
わかかえる　わかのうたより
わかのくに

川町の町名にわずかに名残が認められるだけです。

　さて、タマツ宮にお住まいのワカ姫の元には、イサワの宮からたびたび勅使《ちょくし》が遣《つか》わされました。ワカ姫は勅使のアチヒコに一目惚れし、思いは日ごとに募っていきました。母イサナミの兄であるカンミムスビ（神皇産霊）・ヤソキネの長男だから、アチヒコはワカ姫の従兄弟にあたります。

募る思いにワカ姫はワカの歌を読んでウタミ（短冊）にしたため、思案の末思い切って（思い兼ねて）アチヒコに手渡しました。

アチヒコは何気なく受取って目を通すと、びっくり仰天です。

　キシヰコゾ　ツマオミキワニ　コトノネノ
　トコニワキミオ　マツゾコヰシキ

　キシヰ去年《こぞ》　夫（つま）を身際に　琴の音の
　床に吾君を　待つぞ恋しき

（訳文）去年このキシヰ邦で初めて貴方様にお会いした途端に、琴の音のように胸は高鳴り、床に着いても寝付かれず、いとしい貴方様をお待ちしている、そ

　　　　　たまつのをしか
あちひこお　みればこがるる
わかひめの　わかのうたよみ
うたみそめ　おもいかねてぞ
すすむるお　ついとりみれば

きしゐこそ　つまおみきわに
ことのねの　とこにわきみお
まつぞこゐしき

れほどに恋い焦がれております。

アチヒコは思いました。自分が仕えている君主アマテル大御神の姉君から、仲人も立てずの求愛。日本中に二人といない素晴らしい女性だから願ってもないことだが、どう返事を返せばよいものか。英明をもって鳴るアチヒコも、突然のことで狼狽してしまい、必死に考えたけれども返す言葉が見付からず、とうとう「返事を待ってほしい」と言ってウタミ（短冊）を持ち帰りました。

イサワの宮に帰り着いたアチヒコは、『タカマ（高間殿）』での御前会議の場で、参議の面々に相談しました。

最長老でワカ姫の養父でもあるカナサキが、ウタミを見て言いました。

「この歌は、上から読んでも下から読んでも同じ回り歌です。回り歌には、言葉を返すことも、変えることも封じて、詠み手の願い事を叶える呪力があります。

私も以前、行幸の随行で舟に乗っていた時、風が激しく波が荒くなって危険が迫ったのを、何とか打開したいと願って回り歌を詠んだのです。

ナカキヨノ　トオノネフリノ　ミナメザメ
ナミノリフネノ　オトノヨキカナ

おもえらく　はしかけなくて
むすぶやわ　これかえさんと
かえらねは　ことのはなくて
まちたまえ　のちかえさんと
もちかえり　たかまにいたり
もろにとふ　かなさきいわく
このうたは　かえことならぬ
まはりうた　われもみゆきの
ふねにあり　かぜはけしくて
なみたつお　うちかえさじと
まわりうたよむ

長き夜の　遠の眠りの　皆目覚め
波乗り舟の　音の良きかな

と歌ったところ、風は止み舟は快適に進んでアワ（阿波／四国）に着くことができました。

ワカ姫の歌にも、アチヒコの心を捕らえて、逸らすことを許さない、呪力が込められているのです」

カナサキの説明をお聞きになっていたアマテル大御神は、勅《みことのり》を発せられました。

「カナサキも乗り気だし、この際カナサキの出した助け舟に乗り受けて、夫婦になったら良いではないか」

こうしてアチヒコは晴れてワカ姫と結婚し、ヤスカワ（野洲川／滋賀県野洲町付近）に新居を構えました。ワカ姫は『シタテルヒメ』（下照姫）の称え名を賜わり、アチヒコは先の一件によって『オモイカネ』（思兼神）という神名で呼ばれるようになったのです。

なかきよの　とおのねふりの
みなめさめ　なみのりふねの
おとのよきかな
とうたえば　かぜやみふねは
こころよく　あわにつくなり
わかひめの　うたもみやびお
かえさじと　もふせはきみの
みことのり　かなさきがふね
のりうけて　めをとなるなり
やすかわの　したてるひめと

祓い の桧扇《ひあふぎ》 ～ またみそふ 道な忘れそ

ここでいったん話を戻し、ワカ姫が稲虫を祓った呪《まじな》いの背景にある、往古からの教ゑについて説明しましょう。

ヌバタマはヒアフギとかカラスアフギとも呼ばれるアヤメ科の多年生植物です。ヌバタマの葉は、扇の要部分のように、茎を中心にして左右対象に重なり合って出ます。その花はほのぼのとした紫色の花弁で、その実は赤く、四つに割れて中から真っ黒の種が顔を覗かせるのです。

古来ヌバタマには災厄を祓う呪力があるといわれています。ヌバタマの種は夜を、花は夜明けを、結実は日の出を象徴し、その実は太陽のように真っ赤に染まり、熟し切ると色褪せて中に夜を宿すようになります。

桧扇は桧《ひのき》の板を薄く削って作った扇のことです。ヌバタマが葉を広げた形状は桧扇に似ているので、同じ名で呼ばれることもあるのです。そして桧扇も、ヌバタマの葉の数と同じ十二枚で作り、同じ呪力を持つものとされました。すなわち桧扇はヌバタマの『モノザネ』（神に祈る心を託して身近に置く物）として考えられていました。国を守り治める者は桧扇にお日様の図柄を入れて（日扇）身に着け、それで扇げば枉事《まがこと》を祓《はら》い天が晴れる（アッパレ）と言い伝えられてきたのです。

桧扇の十二枚が持つ呪力に、アワ歌の四十八音が持つ言霊《ことだま》の力を合わせると、

あめはれて　そのおしくさは
ぬばたまの　はなはほのほの
からすばの　あかきはひので
ひあふぎの　いたもてつくる
あふぎして　くにもりをさむ
をしゑくさ　からすあふぎは
そふはなり　ひあふきのはは
みなはらふ　あわのよそやぞ

その威力は倍増します。そして言霊の力を引出すのは、三十二音のワカの歌なのです。ワカ姫が、その威力を実証した三十二音の和歌の道。いつの世にあってもすべての日本人が心に留めておいてほしいものです。

またみそふ　みちなわすれそ

三十二音の祓い歌～これ敷島の　和歌の道かな

さて、ワカ姫には上からワカヒト（アマテル大御神《ヲヽンカミ》）、モチキネ（ツキヨミ）、ハナキネ（ソサノヲ）の三人の弟がありました。ある時、末弟のハナキネが姉のワカ姫に、文章や歌を五七に綴るのは何故かを問いました。ワカ姫は、「五七調が日本語固有のリズムにピッタリと合うからよ」と簡潔に答えました。するとハナキネは質問を続け、「祓《はら》いの歌は三十二音のはずなのに、いま三十一音の歌が多く詠まれるのはどうしてか」と問いました。ハナキネの向学心を感じ取ったワカ姫は、今度は懇切丁寧に答えました。

はなきねは　ゐなにつつるお
あねにとふ　あねのこたえは
あわのふし　またとふはらひ
みそふなり　いまみそひとは
このをしゑ　あめのめくりの
みむそゐゑ　よつみつわけて
みそひなり　つきはおくれて
みそたらず

「地球の公転周期は三百六十五日余りです。これを四季に分けた春夏秋冬を、さらに三つずつに分けると平均して三十一日弱。

人の生命リズムは太陽と月の運行から支配を受けています。月も公転しているので、地球から見ると太陽の運行より遅れて見えます。月の満ち欠けの周期は三十日足らずですから、三百八十四日程で太陽より一周遅れます。この日数を同様に四つ三つに分けると、三十二日になります。この一日の違いは太陽と月の運行の差です。特に女性のリズムは月の運行から受ける支配が強く、この一日の差の間隙に汚穢物（オヱモノ）が入り込もうと狙っているのです。その汚穢物を祓う歌は三十二音で『声が余る』のです。

この地球上で栄えある日本の国に人として生まれ、みな太陽の運行に従って三十一日周期の生命リズムで生きているのですが、女性特有のリズムは三十二日周期です。お宮参りの日を男は三十一日目、女は三十二日目とするのは、この生命リズムに従っているのです。そして女性は三十二音の歌をもって穢《ヱ》を祓い、地球を取り巻く天体の回転運動に適応しているのです」

ワカ姫が説明した内容は、まさに縄文日本の思想の根本であり、その中心に和歌の道があったのであります。

しかれとも　まことみそひぞ
みそふかも　あとさきかかり
をゑものお　あるまうかがふ
こゑあまる　はらふはうたの
ひとうまれ　しきしまのゑに
めはみそふ　みそひかにかす
わにこたふ　うたのかずもて
わかのみちかな　これしきしまの

『ホツマツタヱ古文書の再発見』

永らく歴史の奥底に沈み忘れかけられていた『ホツマツタヱ』を再発見して近代的研究を本格的にはじめたのは、当時の花形編集者であった松本善之助氏でした。『現代用語の基礎知識』の初代編集長で、著名な経済学者PFドラッガーを我が国に紹介した人物でもある松本氏は、趣味の古書収集のさなか、昭和41年（1966年）8月に東京・神田の古本屋で、後に「奉呈本」とよばれる写本の『ホツマツタヱ』を入手しました。平成28年は、再発見50周年となります。

発見した「奉呈本」は3アヤ掲載でしたが、氏は残巻の捜索に取り組み、四国宇和島の旧家小笠原家で全巻揃いの写本を2つ発見、同時期に国立公文書館の内閣文庫にも全巻の写本が収蔵されていることを知りました。また、宇和島での調査で「近江　野々村立蔵」の手がかりを得て琵琶湖高島に赴いた。その甲斐あり、昭和48年に野々村家の蔵にて立蔵の残した文献が発見されました。その後、平成4年には滋賀県高島市安曇川町の日吉神社から『ホツマツタヱ』全巻の親写本が井保孝夫氏の尽力により再発見されました。『和仁估安聡写本』です。現時点での最古（安永4年 <1775年> 以前）の写本です。（これらの文献は、現在は藤樹記念館に所蔵されています）

和仁估安聡は、「ホツマツタヱ」天の巻・地の巻を著わしたワニヒコ・クシミカタマの子孫です。道鏡の時代に正本の改竄を命じられた先祖が抗議の自刃に斃れ、遺族が和仁估の名に変え近江に隠れ住み、秘本として護持してきた、とその経緯を伝承しています。

ヲシテ文字によって記された古文書は、本書だけではありません。景行天皇の勅命により『ホツマ』と同時期に2つの文書が編纂されたとされます。『ミカサフミ』全64アヤ。9アヤ分のみ発見済み。

『カクノフミ』未発見。ただし、発見されている『フトマニ』はこの一部分だと考えられます。残巻の発見を希ってやみません。

ホツマツタヱ御機《ミハタ》の二《フ》

天《あめ》七《ナナ》代《よ》床《トコ》神酒《ミキ》のアヤ

オシヒト尊の帝王学 ~ 嫁ぎ前 タカギが神酒の アヤ請えば

このときに　みこおしひとの
とつぎまえ　たかぎがみきの
あやこえは　かみのをしゑは

天七代（あめナナよ）とは、この日本を建国した初代クニトコタチ（國常立尊）から七代イサナギ・イサナミ（両神《フタカミ》）まで、天神《あまかみ》七代の治世をいいます。国家形態が整うまでの社会基盤強化の時代で、その後を受けたアマテル大御神《ヲヽンカミ》は、「あまねく国民を照らす日神」と讃えられ、人々からは『大御神《ヲヽンカミ》』という尊称で呼ばれました。

アマテル大御神の嫡子オシホミミは、『斎名（ヰミナ・本名）』をオシヒトと申し上げます。オシヒトは師であり後見人でもあるタカギ神（第七代タカミムスビ・タカギネ）の本拠地ヒタカミ（日高見／東北地方）に赴かれ、タカノコフ（多賀国府／宮城県多賀城市付近）で『トツギ』をされました。トツギとは、『婚礼』の意味と『瓊（ト）を継ぐ』という意味を掛けた言葉で、オシヒトはタカギネの娘タクハタチチ姫を娶《めと》ると同時に、アマテル大御神から『ミクサノミタカラ（三種の神宝）』を受けて即位されたのです。

トツギを目前にしたある日、オシヒトはタカギネに『神酒《ミキ》のアヤ』を講じて欲しいと要望しました。

即位前にぜひとも学んでおきたい、天神《あまかみ》時代の歴史であります。

タカギネはこれまでオシヒトに施《ほどこ》してきた帝王学の総まとめとして、『神酒のアヤ』を伝授する機会が来たことを喜んで早速講義に入りました。
以下はタカギネがヲシヒトに講じた内容です。

天御祖神《アメノミヲヤ》とクニトコタチ大神 ～ 神その中に 在れまして

「神が伝えてきた教ゑによると、大昔まだ天地も定まらない時、宇宙も無く、唯一アメノミヲヤカミ（天御祖神）だけが存在し、その回りに『ウビ』と呼ばれる渾沌《こんとん》が雲のように漂《ただよ》っていました。

ある時、天御祖神が息を大きく吐くと、『ウビ』が動いて『渦《うず》』を巻き始めました。いわゆるビッグバンすなわち宇宙の創成です。

渦の中心は『アメノミハシラ（天の御柱）』となり、陽極と陰極に分かれて分離集合の運動が起りました。軽い物質が陽極に集まり、重い物質は陰極に集まっていったのです。

広大な宇宙の中での出来事ですが、陽の物質から天空と太陽が生まれ、陰の物質から地球と月が生まれました。

神がそこに出現しました。

最初に出現された神をクニトコタチと申し上げます。日本に国家形態を初めて

いにしえの　あめつちうびの
きはなきに　きさしわかるる
あうのめを　をはあめとなり
ひのわなる　めはくにとなり
つきとなる　かみそのなかに
あれまして　くにとこたちの
とこよくに

もたらした神で、初代となる『天神《あまかみ》』と呼ばれ、国の名は『トコヨクニ（常世国）』といいました」

八人の皇子《みこ》　クニサツチ～八方《やも》八降りの　ミコ産みて

「クニトコタチには、ト・ホ・カ・ミ・ヱ・ヒ・タ・メの八人の皇子があり、各々を八方《やも》に降してそれぞれの『クニ（州）』を治めさせました。これが『クニキミ（州君）』の起こりです。したがって常世国《トコヨクニ》は八つの州《クニ》から成ったのですが、人口が増えるに従ってその中に邦《クニ》ができていきました。八《ヤ》皇子《ミコ》の中から、本来は一人の統治者が選ばれるはずでしたが、誰もが遠慮して譲り合ったので、やむなく分治の形を採ることになりました。だから八人を総称して『クニサツチ』（国狭槌尊）と申し上げ、天神《あまかみ》の第二代に位置付けるのです。さしずめ首長国連邦のような統治形態だったので、最初は長兄の『ヱ』が議長のような立場にありましたが、後には『ト』が『トホカミヱヒタメ』の八皇子を代表するようになりました」

やもやくたりの
みこうみて　みなそのくにお
をさめしむ　これくにきみの
はじめなり　よつきのかみは
くにさつち　さきりのみちお

　クニサツチの分治形態は天御祖神《アメノミヲヤ》を取り巻く天上世界と深く関係しています。天御祖神は地球を生命の星にするため、天地自然の運行を管理することによって、一年を四季に分け、生命維持の環境を整えられました。

　天上の神が四季を巡らせる作業を『サキリの道』といい、天御祖神は『ヱ神』

にその役割を与えたのですが、役割が大きすぎてヱ神だけではこなせず、天元《あもと》八神が輪番制で受け持つことになりました」

『ミカサフミナメコトノアヤ』に詳しく記されているこの思想を地上に反映したのがクニサッチの分治形態で『サッチに治《おさ》む』と表現されているのです。

第三代天神《あまかみ》トヨクンヌ　君臣民～業お分け　キミトミタミの

「この八皇子神はそれぞれ皇子を五人ずつ生みました。そしてクニサッチの八人はそれぞれ嫡子に政権を譲り、第三代天神トヨクンヌの分治が始まりました。天神一族は人数も増え、次第に分治の形態を続けることが困難になってきたので、全体を統率する一人の『君（キミ）』と、それを補佐する八人の『臣（トミ）』、そして国政に参加しない『民（タミ）』の三階層に分けることになりました。

この時に『君』として互選されたのは、『トのクニサッチ』の皇子でした。後にトヨクンヌ（豊斟渟尊）といえば、トのクニサッチの皇子を指すようになったのです。

こうしてクニトコタチの曾孫に当たる御子は百二十人にもなり、日本国家創建の神々の一族として繁栄を遂げました。トヨクンヌの治世まで、『政《まつりごと》』はもっぱら男性が行なうこととされ、天神三代の世は順調に発展していったのです」

うけされは　さつちにをさむ
やみこかみ
おのおのみこお
ぬたりうむ　やものよつぎは
とよくんぬ　あめよりみつの
わさおわけ　きみとみたみの
みくたりの　かみはもふその
みこありて　あめなるみちは
めもあらす　みつよをさまる

モモヒナギ　モモヒナミ　夫婦天神《あまかみ》～花も実も　モモなる故に

「マサカキの木は一定年数で枯れるので、枯れると植え継ぎをして、暦《こよみ》の木として使われていますが、その植え継ぎが五百回にも達する頃のことでした。

　四代目の天神《あまかみ》になる君の位を継いだウビチニは、后のスビチニを宮に入れて、『政《まつりごと》』も共に執るようになりました。スビチニは女性として初めてウチミヤ（中宮）に入って『政』の場に参加し、夫婦で天神の座に就いたのです。

　そうなったいきさつをこの夫婦《ヲメ》神の生い立ちから辿ると、お二人は越邦《コシくに》のヒナルノ岳（福井県武生市日野山麓）の神宮《かんみや》で一緒に育てられたのです。幼い二人は将来を誓い合って庭に木の実を植えました。木の実は発芽生長して、三年後の三月三日には多くの花が咲き、その花は結実して多くの実を結びました。花も実も百《もも》を数えたその花木は、桃の花と名付けられました。

　このことから幼い二人はモモヒナギにモモヒナミと呼ばれるようになったのです。モモは桃の花にちなみ、成人前で幼さが残る二人は鳥の雛《ひな》のように愛らしく、また木の実にちなんで男《ヲ》神を木《キ》、女《メ》神を実《ミ》にたとえ、そのように名付けられたのです。

　このお二人が成人すると、誓い合ったとおり結婚されました。それは三月三日の夜のことで、神酒《ミキ》を醸造して神前に供えるとともに、桃の木の下で神酒を酌み

まさかきの　うゑつぎゐをに
みつるころ　よつぎのをかみ
うびちにの　すびちおいるる
さひあひの　そのもとおりは
こしくにの　ひなるのたけの
かんみやに　きのみおもちて
あれませば　にわにうゑおく
みとせのち　やよひのみかに
はなもみも　ももなるゆえに
もものはな　ふたかみのなも
ももひなぎ　ももひなみなり
ひなはまた　ひとなるまえよ
きみはその　きのみによりて
をかみはき　めかみはみとぞ
なつきます　ひとなるのちに
やよひみか　みきつくりそめ
たてまつる　ももとにくめる

交わす儀式でした。器に注いだ神酒には三日月が写り、それはそれは優雅で幻想的な光景だったことでしょう」

トコの神酒～飲みてまじわる 床の神酒

「儀式は女神がまず神酒を飲んで男神に勧め、後に男神が飲むという形式がこの時できあがりました。この儀式は、『とこ』しえの愛をもって添い遂げることを誓うとともに、良き子を授かる願いを込めて『床』入りすることから、『トコの神酒』と呼ぶようになりました。

　春先とはいえ、新婚初夜を過ごした二人はどんなにか身体が火照《ほて》ったことでしょう。三日目の朝、二人は寒川で身を清めました。二人とも袖がヒヂ（濡れ）て笑い合ったのですが、その様は互いの心が完全に通い合って、誰の目にも似合いの夫婦に映りました。

　そこで人々は二人にウビチニ・スビチニ（泥土煮尊・沙土煮尊）という愛称を付けました。似合いのカップル第一号です。この雛《ひな》形から、多い少ないとか、大きい小さいという意味の『ウス』という言葉が生まれました。その時の衣装が、男雛は『冠《かんむり》』を被って大袖と袴《はかま》を着ており、女雛は小袖と上被衣《うはかつぎ》を着ておられたからです。

　この時から近侍の者たちも一般庶民も皆、お二人に見習って妻を同居させるよ

みきにつき　うつりすすむる
めかみまづ　のみてすすむる
のらをかみ　のみてましわる
とこのみき　みあつければや
あすみあさ　さむかわあびる
そでひちて　うすのにこころ
またきとて　なもうびちにと
すびちかみ　これもうびにる
ふることや　おおきすくなき
うすのなも　このひなかたの
をはかむり　うおそではかま
めはこそで　うはかつきなり
このときに　みなつまいれて

うになり、一夫一婦制が確立されました。お二人が示した理想的な男女関係は、後に『イモヲセノミチ（妹背の道）』とか『イセノミチ（伊勢の道）』と呼ばれ、縄文日本の国家原理である『アメナルミチ（天なる道）』の中心的な思想として根付いていったのです」

やそつき　もろたみもみな
つまさたむ　あめなるみちの
そなわりて

天神《あまかみ》第五代オオトノチ　オオトマエ～戸前に逢ひ見　妻となす

「さて年月は経過し、天のマサカキの植え継ぎが五百回に達し、改暦された後、天神《あまかみ》五代目の位を継いだのはオオトノチ・オオトマエの夫婦神です。ウビチニ・スビチニの嫡子であるツノグヰ（角杙尊）は『大殿』で『政《まつりごと》』を助けていたのですが、政務を終えて表に出たところ、戸の前で一人の美しい優れた女性に出会いました。ツノグヰはイククイ（活杙尊）というこの女性にたちまち心を奪われ妻にしました。それで人々はこの夫婦神をオオトノチ・オオトマエ（大苫辺尊・大戸之前尊）と申し上げたのです。この時から男神を『殿』、女神を『前』と呼ぶ慣わしになって今に至っています」

　　　　　　たぐひなるより
としかぞえ　ゐをつきあまの
まさかきや　ゐつよのかみは
おおとのち　おおとまえなり
つのぐゐは　おおとのにゐて
いくくいお　とまえにあひみ
つまとなす　かれをはとのぞ
めはまえと　やおつつきまて

オモタル　カシコネ　民衆の不安～継ぎ子なく　道衰ひて

「さて天神六代目を継いだのはオモタル（面足尊）の神で、妻のカシコネ（惶尊）

むよのつき　おもたるのかみ

と共に全国津々浦々を巡り、統治を進めました。近江のアツミ（安曇／滋賀県高島市安曇川町）を本拠地として、東はハラミ山（富士山）の麓から日高見《ヒタカミ》と呼ばれる東北地方全域まで、西は月隅《ツキスミ》と呼ばれる九州南部から葦原《アシハラ》と呼ばれる近畿地方まで、南は阿波《アワ》と呼ばれる四国東部からソサと呼ばれる紀伊半島を、北はネ州《くに》の内、シラヤマト（白山の麓）からホソホコ（近畿地方の日本海側）・チタル（山陰地方）まで、広大な地域を統治下に置いたのですが、不運にもこの夫婦神には嫡子ができませんでした。

その上、気候の寒冷化による農作物の減産も重なって、オモタル・カシコネ夫婦には焦りが生じ、次第に専制的な傾向を帯びてきたのです。民衆は不安を募らせ分別を失って、統治に従わなくなっていきました。

かしこねと　やもおめくりて
たみおたす　をうみあつみの
なかはしら　ひかしはやまと
ひたかみも　にしはつきすみ
あしはらも　みなみあわそさ
きたはねの　やまとほそほこ
ちたるくに　およべとをよほ
つぎこなく　みちおとろひて
わいためな　ときにあめより

天神が全国を巡幸して国家建設にまい進している間、天神後見役のタカミムスビが国政の議会を預かる慣わしになっています。オモタル・カシコネの後見人だった第五代タカミムスビのタマキネ（トヨケ大神）は若いながら英明の誉れが高く、この国家的危機に際して実に的確な対処を行いました。クニサッチの時代から採られていた合議制に基づいて、全会一致で一組の夫婦神を『世継ぎ』として選出したのです」

人心一新　道理を通す～ふたかみは　ウキハシの上に

「その夫婦神がイサナギ・イサナミ（両神《フタカミ》）で、全国的に乱れた人心と食糧事情を立て直すという、重い使命を担って登場しました。議会は両神に、葦原《アシハラ》（山陽近畿地方）で成功している稲作技術を全国に普及させ、米を主食とする食料計画の推進を求めました。

　こうして『瓊《と》と矛《ほこ》』を神宝《みたから》として授けられた両神は、議会の強力な援護のもとに、充分な調査の上で計画を立て、国家再建に向けて動き出しました。稲作の普及に併せて、人心安定のための法整備や、各種産業の振興をも行なったので、食糧事情は好転し、絹などの産業も軌道に乗って、初期の目的は達せられました。

　すべてにおいて道理を通す政策によって、国家社会に安定をもたらしたことが、両神の最大の功績といえましょう」

常世神とタカミムスビ～継ぐ糸口は　トコヨカミ

「ここで両神《フタカミ》が天神《あまかみ》の七代目を継ぐ糸口になった経歴について説明しましょう。話は初代天神のクニトコタチにまで遡《さかのぼ》ります。クニトコタチが東北地方で果樹植栽の事業に取り組んでおられた時、『ヒ』のクニサッチである『ハゴクニ』（葉木国野尊）の神が生まれました。この神はクニサッチの内、タカミの三人を率いて

ふたかみに　つぼはあしはら
ちゐをあき　いましもちひて
しらせとて　ととほこたまふ
ふたかみは　うきはしのゑに
さぐりうる　ほこのしつくの
おのころに　みやとのつくり
おおやまと　よろものうみて
ひとくさの　みけもこかひも
みちなして　わいためさたむ
いさおしや　あめのかみよの
ななよめお　つぐいとくちは
とこよかみ　きのみひかしに
うゑてうむ　はこくにのかみ

東北地方の開拓と経営に特に功績を上げました。タカマ（高天原宮　朝廷）にクニトコタチを『アメノミナカヌシ（天御中主神）』と共に祀る祭祀を創始したのはこの神です。またタチハナ（橘）を『常世の木』と崇め、クニトコタチのシンボルとして栽培したのもこの神です。

　クニトコタチは日高見を手始めに、拠点を移しながら開拓の対象地域を南西に移して行きましたが、列島を八つのブロックに分け、八人の皇子に分治させたので、後に日本の国は『オオヤシマ（大八州）』と呼ばれるようになったのです。ハゴクニの神はその中でヒタカミの統治を任されました。

ひたかみの　たかまにまつる
みなかぬし　たちはなうゑて
うむみこの　たかみむすびお
もろたたゆ　きのとこたちや

　さて、ハゴクニの神は日高見の社会基盤を更に安定させ、『タカミムスビ』（高皇産霊尊）と人々から称えられました。別名を『東《キ》のトコタチ』というほどこの神は優れていたので、『タカミムスビ』の名は重職名称として代々世襲されるようになって、天神の後見役を担うようになりました」

ツクシ開拓からネ州（北陸・出雲）開拓～とけぬ趣　とき結ぶ

「この初代タカミムスビの御子の一人アメカガミ（天鏡尊）はツクシ（筑紫／九州地方）に派遣され、開拓と統治を行ないました。ツクシは縄文中期に鬼界カルデラの海底噴火による降灰があり、特に南部はアカホヤといわれる不毛の火山灰

そのみこは　あめかかみかみ
つくしたす

地が広がり、開拓には多くの困難が伴いましたが、アメカガミは住民の生活安定のために不屈の精神で事業を推し進め、成果をあげました。

　アメカガミには嫡子が無かったため、天神《あまかみ》のウビチニは自らの皇子の一人を婿養子としてアメカガミの後を継がせました。これがアメヨロヅ（天万尊）で、ツクシの開拓に目途が立つとソアサ（四国地方）に渡って開拓と統治を行ないました。鬼界カルデラの降灰はソアサ全体をも覆っていたので、ツクシ開拓の経験と技術はソアサの住民にも大いなる生活安定をもたらしました。アメヨロヅにはアワナギ（沫蕩尊）とサクナギの二人の御子がありましたが、サクナギはソアサに残し、アワナギをネ州《くに》（日本海側）に派遣しました。

　アワナギはネ州を整えて、シラヤマト（白山の麓）からチタル（出雲地方）までを治めるまでになりました。

　このアワナギから生まれた御子が『ヰミナ（斎名）』タカヒト、『幼名』カミロギ、後のイサナギなのです。タカヒトは第五代タカミムスビである『斎名』タマキネ、『称え名』トヨウケ（トヨケ大神・豊受大神）の姫イサコと結婚することになるのです。周囲の期待を一身に担った二人。まず、ハヤタマノヲ（熊野速玉大社ご祭神）が二人の縁結びを試みましたがうまくいかず、代わって解き結んだのはコトサカノヲ（事解之男神）でした。

　今しも天神の血統が絶えようとした非常時に、第四代天神ウビチニの曾孫タカヒトを起用して第七代天神に即位させたのは、トヨケ大神の功績に他なりません。

うびちにもうく
このみこは　あめよろつかみ
そあさたし　あわさくうめば
あわなぎは　ねのしらやまと
ちたるまで　のりもとほれば
うむみこの　いみなたかひと
かみろぎや　たかみむすびの
ゐつよかみ　いみなたまきね
とようけの　ひめのいさこと
うきはしお　はやたまのをが
わたしても　とけぬおもむき
ときむすふ　ことさかのをぞ

そして外戚から登用された両神《フタカミ》は、乱れた日本国を整える決意の証しとして、『ケタツボ』（宮城県多賀城市付近）の西南方向に位置するツクバ（筑波）の『イサ宮』（茨城県真壁町付近）を新居と定めました。

トヨケ大神の本拠地である『ケタツボ』は、クニトコタチが国家創建の最初に本拠とした地で、両神はクニトコタチへの原点回帰を国家再建事業の出発点にしようと考えたのです。

モモヒナギ・モモヒナミの古事に倣《なら》って、両神も新婚初夜に床神酒の儀式を行ないました。嫡子が無かったために、国家の乱れを招いた先代オモタル・カシコネ夫婦の轍《てつ》を踏まぬよう、優秀な皇子を妊《もう》けることは、天神に課された重要な責務だったのです』

神酒の醸造～竹かぶに 雀が籾お 入るお見て

「さて、酒の醸造技術はトコヨのヰノクチ（滋賀県今津町付近）におられたモモヒナミの母スクナミカミが開発されたものです。スクナミカミはある時、雀がせっせと何かを竹の切り株に運んでいるのを見て、不思議に思い観察しました。雀が運んでいたのは稲籾《もみ》で、切り株には雨水が溜まっていました。二ヶ月ほど経った

けたつぼの　つさのつくばの
いさみやに　うなつきあみて
いさなぎと　いさなみとなる
ふたかみの　ましわるときに
とこみきや　とこはとほこに
こおもとむ

ささけはとこよ
ゐのくちの　すくなみかみの
たけかふに　すすめがもみお
いるおみて

ある日、そのことを思い出して切り株の中を覗いてみると、稲籾は発酵して甘い香りを放っていました。その水は適量を飲むと気分も体調も良くなり、健康が増進する薬効があることが分かりました。スクナミカミは試行錯誤の末その水を作り出すことに成功し、醸造法を普及させるとともにモモヒナギとモモヒナミの婚礼の祝いとして献上しました。

モモヒナギはスクナミカミにササナミという『称え名』を賜わり、その水は『ササケ（酒）』と呼ばれるようになりました。スクナミカミがお住まいだったトコヨのヰノクチもササナミ（酒波）と呼ばれて離宮が建てられ、お亡くなりの後はササケ山（笹ヶ峰）に祀られました。

『三三九度』の儀式は三年後の三月三日にちなんでできた形式です。

『サカヅキ（盃）』は逆さに写った月から名付けられました（余談ですが、後世ヰノクチに猪口という漢字を当ててチョコと読ませたのが縦長の盃の別名になっています）。

この盃《サカヅキ》という洒落た名を付けられた神ウビチニは、ヒナガ岳（日野山）のご神体として今日も称えられ、お祀りされております」

みきつくりそめ
すずめけり
ももひなぎより
ささなみと
なおたまふより
なもささけ
そのかみいまに
ささけやま
ここのくみとは
やよいみか
さかつきうめる
かみのなも
ひながだけとぞ
たたゆなりける

ホツマツタヱ御機《ミハタ》の三《ミ》

一《ヒ》姫《ひめ》三《ミ》男《を》生《う》む殿《との》のアヤ

高天の原と天御祖神 ～ 諸カミの タカマにマツリ

天上にはタカマノハラ（高天原）と呼ばれる神の世界が広がり、その中心に天御祖神《アメノミヲヤカミ》が坐します。

記紀には不在の神なのですが、各地に天祖神社等として鎮座することから、往古日本民族はこの天上世界が万物の大元であるという思想を生み出し、育て上げたことが伺われます。

人間の身体は天御祖神の御姿を縮小した模型であり、国家とは天上世界を地球上に投影したものであり、国政議会は高天原の縮小版であります。
だから、国政議会の議場は『高間殿《タカマ》』と呼ばれ、『君《キミ》』をはじめ参議の重臣たちは、みな『神《カミ》』と呼ばれました。

イサナギ イサナミ 五つの皇子《みこ》宮殿 ～ ヒヒメミヲ産む

ある時、高間殿《タカマ》での御前会議が終了し、くつろいでいる中で神の一人ツワモノヌシ（兵主神）が諸神に向けて次の問いを発しました。
「両神《フタカミ》の御子は一人の姫と三人の皇子たちですが、御子をもうけられた宮殿は全部で五つあると聞いております。どういうことなのでしょうか」

もろかみの　たかまにまつり
はかるのち　つはものぬしが
ふたかみの　ひひめみをうむ
とのゐつつ

すると長老のカナサキがそれに答えて、次のように語りました。最初は打ち解けた気分を壊すまいと、軽妙な口調で語り始めたのですが、誰もが真剣に聞き入っている様子に、いつしかカナサキも表情を引き締め、噛んで含めるような話し振りに変わっていきました。

「その昔、両神は新婚生活をツクバ（筑波　茨城県真壁郡付近）で始められました。イサ宮に落ち着かれた両神は、お互いに身体の違いを較べ合ったところ、女神には足りない部分があって、男神には余る部分がありました。両神はこれを合わせて皇子を生もうと、『ミトノマグバヒ』をしました。そして最初に生まれたのがワカ姫（ヒルコ姫）だったのです。

　けれどもその時、父の年齢は四十歳、母は三十一歳、共に『天の節』が宿る年回りでした。後世これを『厄年』と呼ぶようになるのですが、天の節が宿る年に生まれる子供は、『女の子であれば父の汚穢《オエ》を受け、男の子は母の隅《クマ》を成す』と信じられています。

　ワカ姫の身に何か悪いことが起るのではないか。両神はこの言い伝えが次第に心配の種になりました。愛情を注いで育てた期間は三年にも満たないけれど、捨て子は育つという言い伝えに従って、イワクス舟に乗せて捨てました。そしてかねて相談を受けていたこの爺《じい》（カナサキ自身）が待ち構えて拾ったのです。

　その後両神は、自分たちを娶《めあ》わせ、また擁立してくれている天《アメ》（国政議会）の期待を担って、新国家の建設と日嗣の皇子を妊ける責務を果たそうと、誓いの儀

ことふるに　とえはかなさき
つくばにて　みめぐりとえは
めかみには　なりなりたらぬ
めもとあり　をかみのなりて
あまるもの　あわせてみこお
うまんとて　みとのまくはひ
なしてこお　はらみてうめる
なはひるこ　しかれとちちは
すずよそほ　はははみそひほ
あめのふし　やとれはあたる
ちちのをゑ　をのこははの
くまとなる　みとせいつくに
たらざれど　いわくすふねに
のせすつる　をきなひろたと
にしとのに　ひたせはのちに

式を行ないました。
これは天御祖神《アメノミヲヤカミ》が宇宙空間に秩序をもたらしたことによって天地が開けたという、タカマの思想を人間社会に実現しようとする儀式なのです。具体的には、オノコロの八尋《ヤヒロ》の殿に建てた柱を『天の御柱（アメノミハシラ）』に見立て、その回りを原始の雲のように巡って、この人間社会に、自然に即した秩序が整うように祈念したのです」

両神の婚礼儀礼

「こうして両神《フタカミ》の試行錯誤が始まりました。最初はイサナミが声を掛けて左へ回り、イサナギが右へと分かれて柱を巡り、出会った時に女神が、

『アナニエヤ　ヱヲトコ（あ！　いいぞ！　好男子だ！）』

と言い、それに応えて男神が、

『ワナウレシ　ヱオトメ（わ！　嬉しい！　素敵な乙女だこと！）』

ふたはしら　うきはしにゐる
おのころの　やひろのとのに
たつはしら　めぐりうまんと
ことあげに　めはひたりより
をはみぎに　わかれめくりて
あふときに　めはあなにえや
ゐをとこと　をはわなうれし
ゐをとめと

と言いました。このように歌って女神は身籠《みご》もったのですが、残念ながら早産してしまい、育てることができませんでした。

　このヒヨルコが生まれたのは淡路の宮殿ですが、もしかすると『泡』と流れたから淡路と名付けられたのかも知れません。ヒヨルコは子の数には入れられず、両神は泣く泣く葦舟に乗せて流し、天上に送り届けました。

　この経緯を『アメ（天）』（トヨケ大神が預かる国政議会）に告げたところ、フトマニで占って次のように原因分析結果を答申してきました。

『儀式の時に歌った五四《キヨ》の歌（五四調で綴った九音の歌）はコト（事・九十）を結ばない（十音目が無い）不吉のリズムで、また女神の方から先に声を掛けたのが良くない。婚姻の男女関係をニハナブリ（鶺鴒《せきれい》）の仕草によって学んで下さい』

　ということで、両神の宮の庭に二羽の鶺鴒がやってきました。メスの鶺鴒が尾を振って鳴きながらオスを誘うと、オスは鳴き声を発して飛び去ってしまいました。またある日、オスが装いを表わしているのをメスが察知して、初めて鶺鴒は交わることができたのです。

　このように動物界普遍の法則である男女の道、すなわち『トツギノリ（婚ぎ法）』を、両神は天から鳥を介して伝授されたのでした。

つきみてす　うたひはらめと
ひよるこの　ゑなやふれうむ
これもまた　あはとながるる
あしふねに　このかずならす
あるかたち　ながすあはちや
ふとまにお　あめにつくれは
ゐよのうた　あちはゑいはく
ことあけも　ことおむすはず
とつきとは　めはさきたてず
をゆれなく　めのにはなふり
またあるひ　をとりなきさる
めがしりて　をとりよそおふ
あめよりぞ　あひましはれは
とつきのり　とりにつけしむ

両神は婚ぎ法に則《のっと》って儀式をやり直すことにしました。『天の御柱』に見立てた柱を、今度は男神が左から回り、女神が右から回って、出会った時に男神が次のように歌いました。

さらにかえりて
ふたかみは　あらたにめぐり
をはひたり　めはみぎめぐり
あひうたふ　あめのあわうた
あなにゑや　うましおとめに
あいぬとき　めかみこたえて
わなにやし　うましをとこに
あひきとぞ

『アナニヱヤ　ウマシオトメニ　アイヌ
（あ！　いいぞ！　素晴らしい乙女に会えたものだ！）』
　そして女神が応えて、
『ワナニヤシ　ウマシヲトコニ　アヒキ
（わ！　何と素敵！　素晴らしい男性に会うことができたわ！）』

　この世のあらゆる事象には表裏・前後・左右などのように、対立する二極があって、人が生きていく上で、これらを陽と陰に分別することが必要になります。

　天地自然の法則からすると、男は天であり陽であり、先であり左です。対して女は地であり陰であり、後であり右です。

　だから柱を巡る儀式では、男神が左から巡って先に『ア』で始まる歌を詠い、女神は右から巡って後から『ワ』で始まる歌を詠うことが天地自然の法則に適ったやりかたなのです」

両神の国土開拓 ～ヤワしてアワお ヱナとして

「両神《フタカミ》が掛け合いで詠ったこの歌は『天《ア》のアワ歌』と呼ばれ、天地自然の法則を学ぶ上で最も重要な歌として意識されるようになりました。これに対して、一アヤで紹介した『アカハナマ　イキヒニミウク・・・』は『地《ワ》のアワ歌』の名で、共に天地自然の法則を人間生活の根本に据える柱として、重要視されています。

　こうして両神は、国家秩序も男女の関係もすべてが、天地自然の法則に支配されていることを知り、いよいよ新しい国造りに励むことになりました。まずヤマトアキツス（大和秋津州・本州）から淡路島、伊予阿波『フタナ（二名・四国）』、隠岐三つ子（隠岐諸島）、筑紫（九州）、吉備の子（瀬戸内の島々）、佐渡、ウシマ（大島・北海道？）まで、その足跡は日本全国に及びました。

やわしてあわお　ゑなとして
やまとあきつす　あはちしま
いよあはふたな　おきみつこ
つくしきひのこ　さとうしま
うみてうみかは　やまのさち
きをやくのち　かやのひめ
のつちもなりて　あわうたに
をさむはらみの　みやにゐて
すてにやしまの　くにうみて

　乱れて争いが絶えなかった地方にも、漁業権や入会権、そして農地権や水利権などの秩序作りを進めたので、人々は自然の恵みを平等に享受できるようになり、労働意欲も高まって、産業も大いに振興しました。

　両神の政策は天地自然の摂理にかなうものだったので、国民の信頼を得て、新しい統治国家はできあがり、両神は『地《ワ》のアワ歌』を中心に据えた教育を重点政策として、『ハラミの宮』（甲府市酒折宮で当時は富士山山麓）に落ち着くことになりました」

アマテル大御神《ヲヽンカミ》の誕生～クニ麗しく 照り徹る

「国造りを終えた両神《フタカミ》が次になすべきことは、人民を守ってこの国の平和を恒久的に維持する優れた『日嗣《ひつぎ》の君』をもうけることでした。両神は一心に祈って日の神をお生みになったのです。その皇子こそ『ウホヒルギ』と名付けられ、成人し大成した今、『アマテル大御神』と称えられている君その方なのです。

両神は太陽の申し子を手元において、私的に甘やかして育ててはいけないと、『天』（五代タカミムスビ・タマキネ・トヨケ大神のお膝元）に送って『君』に相応しい教育と『御柱《ミハシラ》の道』（アメナルミチとも）の伝授を託されました。

日の神がお生まれになったので、ハラミ山（富士山）を「大日山《オオヒヤマ》」とも呼ぶようになり、トヨケ大神は熟考の末この皇子に『ワカヒト』と斎名《イミナ》を捧げました」

月読神と末子ソサノヲ～かく御心お 尽くし産む

「両神《フタカミ》はその後も全国を巡幸され、ツクシ（筑紫／九州地方）で生まれた御子モチキネを『日の神』に次ぐ貴い神になれと願いを込め、『ツキヨミ（月読）の神』

　　　　いかんそきみお
うまんとて　ひのかみおうむ
そのみなお　うほひるぎとぞ
たたえます　くにうるはしく
てりとほる　くしひるのこは
ととめずと　あめにおくりて
あめのぎと　みはしらのみち
たてまつる　かれにはらみお
おおひやま　とよけかがゑて
わかひとと　いみなおささく

ふたかみは　つくしにゆきて
うむみこお　つきよみのかみ

と称え名されて、この皇子も天に上げました。

ツキヨミが生まれる前のこと、先に汚穢隅《オエクマ》を回避するために『捨てた』ワカ姫は、すでに『天の節の厄払い』も成ったので、第一子ではあるけれども、日嗣の皇子として天で研鑽を積んでいるワカヒト（アマテル大御神）の『妹』という序列で復籍し、両親の元で暮らすことになりました。

その後、ソサの州《クニ》（紀伊半島）で生まれた両神の末子ソサノヲは幼少の頃から我が強く、気に入らないことがあるといつも駄々をこね、大声で叫び、泣き喚《わめ》く子でした。その性格は成長しても止まず、凶暴性を発揮して人々にも危害を及ぼしました。

イサナミはソサノヲの行状が世の人々に災厄をもたらすのは、自分の身に宿った汚れがソサノヲに乗り移ったせいに違いないと思い詰められました。民の困苦となる世の隅《くま》を一身に受け、民を守ることを決意され、『クマノ宮』（熊野宮）にお住まいになって、ソサノヲの悪行の償いに努める生活をなされたのです。

このようにそれぞれ御心を尽して一人の姫と三人の皇子を産み、世の秩序を正してクニトコタチのつくった偉大な教えである『トの教ゑ』を広め、あくまでも秩序を乱そうとする者には敢然と『ホコ（矛）』をもって打ち破り、両神は日本の国家秩序を築き上げられました。

ひにつげと　あめにあげます
これのさき　をゑくまにすつ
ひるこひめ　いまいつくしに
たりいたり　あめのいろとと
わかひるめ　すさくににうむ
すさのをは　つねにおだけび
なきいざち　くにたみくじく
いさなみは　よのくまなすも
わがをゑと　たみのをゑくま
みにうけて　まもらんための
くまのみや　かくみこころお
つくしうむ　ひひめみをかみ
うみてよの　ぎみとみのみち
とのをしゑ　さかりもとらは
ほころばす

このふたはしら
うむとのは　あまのはらみと
つくばやま　あはちつきすみ
くまのなりけり

ですから、この二柱の神が皇子たちをお産みになった宮殿は、ワカヒト（アマテル大御神）を産まれた『天のハラミの宮』、ワカ姫を産まれた『筑波のイサ宮』、ヒヨルコを早産された『淡路の宮』、ツキヨミをお産みになった『ツキスミの宮』、そしてソサノヲが産まれた『クマノ宮』と、合わせて五つの殿ということになるのです」

ホツマツタヱ御機《ミハタ》の四《ヨ》

日《ひ》の神《かみ》の瑞《みづ》御名《みな》のアヤ

タカマハカリでオヽモノヌシの質問

もろかみの　かみはかりなす

天上には高天原《タカマノハラ》と呼ばれる神々の理想世界が広がり、その中心に天御祖神《アメノミヲヤカミ》がおわします。

日本列島に住み着いた人々は石器時代の昔から、天御祖神が宇宙をはじめ万物を創造されたという天地創造神話を詠い上げ、思想として伝えてきたのです。

天御祖神は生命現象の元である魂《タマ》を創出され、その魂に魄《シヰ》と肉体を与えて地球に下されたものが生物であり、人間もその例外ではありません。

縄文時代の半ばに、人々の生活安定を図る取り組みから、常世《トコヨ》国と呼ばれる統一社会を生み出されると、人々はその主導者であるクニトコタチを神として崇め、天御祖神と重ねて仰ぎ見ました。

クニトコタチ自身が、天上における理想的な神々の世界にあこがれ、その理想を地上社会に反映させることを目標にしていたからです。

こうして天地創造神話に基づく天御祖神への崇敬に、建国以来の歴史が結び付いて伝えられてきたといえるでしょう。

この伝えを思想として完成させたのは第五代タカミムスビで、トヨケ大御神とも呼ばれる斎名タマキネであり、タマキネから帝王学を学んだアマテル大御神は、国家の形態も国政のあり方も、この理想的な天上世界を地上に具現化すべく、御心を砕いて政務に当たられました。

だから、伊勢イサワの宮の南殿に参議の重臣が定期的に集まって、アマテル大御神の下で行う国政会議は、議場を高間殿《タカマ》と呼び、重臣はみな神《カミ》と呼ばれ、会議は『神ハカリ』と呼ばれたのです。

ある時、高間殿での神ハカリが終わり、アマテル大御神が自室にお戻りになった後のことです。

大物主（初代オオナムチか?）が諸神に向けて質門しました。

「今、私たち全国民から日の神と崇められている大御神《ヲヽンカミ》の生い立ちと、ワカヒトという斎名《ヰミナ》について、詳細をご存知の方はお教え下さい」

オオヤマスミ家の記録から

この質問に対し、オオヤマスミ（大山祇神　＊ホツマでは世襲名称）が「私の父が歌で綴った記録にそのことが書かれています」と答えます。

諸神はこぞって「ぜひともそれをお聞かせ下さい」と乞《こ》うたところ、オオヤマスミは謹んでその長歌に解説を加えながら語り始めました。内容は次の通りであります。

たかまにて　おおものぬしが
ひのかみの　ゐみなのあやお
もろにとふ　おおやますみの
こたえには　みをやのしるす
うたにあり　もろかみこえは
やすずみが　つつしみいわく

高間殿《タカマ》の祀りの始まり～立ち昇る日の　ヒタカミや

「昔、皆さんご存知の通り、クニトコタチの事績を継いだト・ホ・カ・ミ・ヱ・ヒ・タ・メの八人の皇子は総称してクニサツチと申し上げ、八人が日本全国を分治する方式を採りました。

父神の出身地である常世国《トコヨ》を起点として、まず日高見《ヒタカミ》（東北地方）に国家基盤を置いて果樹や穀物、野菜の栽培技術を普及させながら、ホツマ州《クニ》（関東地方）を始め次第に分治の輪を広げ、国家形態を整えていきました。

八人の中から『トノミコト（トの尊）』が選ばれて指導的な立場に立ったのですが、すでに日高見に盤石な基盤を築いていた『ヒの尊』である初代タカミムスビのハコクニ（二アヤ参照）は、この建国事業を側面から強力に支えました。

本州中央部を開発された『トの尊』は、父クニトコタチを象徴する果樹として橘《タチハナ》を『常世《トコヨ》の花』と名付け、栽培を振興しました。橘の実はカグと呼ばれるので、ハラミ山（富士山）は『カグ山』とも呼ばれるようになったのです。ちなみに奈良県橿原市の天香具山もクニトコタチの聖地です。

クニトコタチ以来、暦《こよみ》の木として代々の天神《あまかみ》が植え継いで来たマサカキも多くを数え、世も移り変わりましたが、代々のタカミムスビは常に天神を後見して国政を補佐し、主に祭祀を執り行う役割を担っていました。

そして五代目タカミムスビの斎名タマキネ（トヨケ大神）が、日本民族文化の

むかしこの　くにとこたちの
やくたりご　きくさおつとの
ほつまくに　ひがしはるかに
なみたかく　たちのほるひの
ひたかみや　たかみむすびと
くにすべて　とこよのはなお
はらみやま　かぐやまとなす
ゐをつぎの　まさかきもうゑ
よようけて　をさむゐつよの
みむすびの　ゐみなたまきね

基層となる天御祖神《アメノミヲヤカミ》祭祀を国家儀式として確立しました。

天上に存在すると信じられていた『モトアケ（元明け・サコクシロ）』を地上に具象化してタカマの祭りとしたのです」

トヨケ大神の憂慮～あらねば道も　尽きんかと

「その祭祀は、宮中にアユキ・ワスキの宮を設《しつら》えて祀るものでした。

アユキの宮は『アモトカミ（天元神）』を祀る宮で、天御祖神にアメノミナカヌシとクニトコタチが一体化された『アウワ』の神の周囲を、トホカミヱヒタメの八元神《ヤモトカミ》が守っています。

ワスキの宮は、初期には『ヰクラムワタカミ（五臓六腑神・十一《ソヒ》神とも）』を中心とし、その周囲を歴代の天神《あまかみ》が守る形態でしたが、後にワスキの神は『天並《アナミ》神《カミ》（アナレカミとも）』と『ミソフカミ（三十二神）』に替わりました。

タマキネは更にアユキの神の外周にワスキの神を配置する思想改革を行って、天地創造の絶対神から日本国家の発展に尽くされた歴代の天神を一つの天宮で祭祀する形態を一般に広めたので、人々はタマキネを『トヨケ大神』とか『東《ヒカシ》の君』と呼んで崇敬しました。

七代目天神のイサナギ夫妻が一度崩壊しかかった国家の再建に向けて奮闘しておられた時代、国政議会を預かっておられたトヨケ大神（タマキネ）は、もう次

もとあけお　うつずたかまに
あめみをや　もともとあなれ
みそふかみ　まつれはたみの
とよけかみ　ひかしのきみと
みちうけて　おおなめことも

代のことを憂慮しておられました。

『六万穂で枯れるマサカキ（スズ）の植え継ぎは二十一本目に及び、その間百二十万七千五百二十鈴穂（四百数十年間）を経て、クニトコタチ以来の天神の血筋を引く男子は千五百人も数え上げることができるのだが、その中に『天なる道《アメナルミチ》』を修得して万民を導き、人々を生の苦しみから少しでも救済するほどの徳を持った人物は見当たらない。このままでは両神《フタカミ》の国家再建への努力も無駄になってしまうのではないだろうか』

　トヨケ大神は暗澹たる気持でハラミ山へ登りました。日本列島の中心にある高みにいて、あるべき国家像を思い描いてみたのです。トヨケ大神は思いました。

『理想的な国家とは、すべての人民が自分の生を正面から見据え、生きる価値を見出すことができる国家なのだ。天なる道はそれを可能にする立派な教義だが、その教義を教え広める優れた人材が見当たらない。両神が全国を巡幸して大和言葉を普及させたので、日本中の人々が同じ言葉で意志を通じ合えるようになった。次の段階は天なる道を国家理念として国民の一人一人に植え付ける教導が必要なのだ』

　こうして思考整理を済ませたけれども、トヨケ大神の心は晴れず、重い足取りで日高見の宮に戻りました」

まさかきの　むよろにつきて
うゑつぎは　ふそひのすずの
としすでに　もふそよろなち
ゐをふそに　かんがみれとも
かんまこの　ちゐもうしある
そのなかに　あめのみちゑて
ひとぐさの　なけきおやわず
かみあらず　あらねはみちも
つきんかと　なけくとよけの
はらみやま　のほりてみれと
やしまなる　よろますたみも
うぐめきて　みちならえぬも
ことわりと　やはりなげきて
ひたかみの　みやにかえれば

世継ぎ子の誕生を祈る八千回の禊 ～ みそぎして 八千座チキリ

「両神《フタカミ》も無事に全国統治を成し遂げ、次の目標に向けてトヨケ大神と同じようなことを考えていたのです。イサナミは父のトヨケ大神を訪ねてその心情を訴えました。

『何とかして世継ぎ子が欲しいのですが、授かりません』

トヨケ大神はフトマニで占い、ツキカツラギのイトリ山にヨツギヤシロ（世継ぎ社）（所在未詳、一説には鳥海山大物忌神社）を建てて色幣《イロシデ》を奉げ、そこに籠って天御祖神《アメノミヲヤカミ》に祈りました。そして自ら八千回の禊を誓って実行したのです。この途方もない願掛けによる必死の祈りが聞き届けられたかのように、天御祖神の眼《まなこ》に日と月の光が差し、それを取り巻く天元神《アモトカミ》や三十二神が祝福の笑みを浮かべた情景を幻視したのです。トヨケ大神は世継ぎ子を得ることができるという確信を持ちました」

両神はハラミ山で千日の祈祷 ～ 思わず抱く 夢心地

「この頃両神《フタカミ》はハラミ山に登って述懐されました。

『二人で日本中を巡り人々の生活安定を計って、姫御子を一人もうけることはできたけれども、世継ぎの皇子が得られなければ心安らかに過ごすことはできない

いさなみの　ちちにもふして
よつぎこも　がなとおほせば
うらなひて　つきかつらきの
いとりやま　よつきやしろの
いろしては　あめのみをやに
いのらんと　とよけみつから
みそきして　やちくらちきり
ぬきんつる　いつちかみのり
とほりてぞ　あめのみをやの
まなこより　もるるひつきと
あもとかみ　みそふのかみの
まもるゆえ　こたねなること
をぼゑます　このころぎみは
はらみやま　のほりていわく
もろともに　くにくにめぐり
たみおたし　ひめみこうめと
つぎこなく　たのしなきとて

なあ』

両神は世継ぎ子の誕生を願って、富士の湧水で左の目を洗っては日の御霊《みたま》に祈り、右の目を洗っては月の精に祈りました。両神の側近の中でも鋳造技術では随一のイシゴリドメ（石凝戸辺）がマス鏡を造って奉りました。イサナギは天《アメ》を治《おさ》めるほどの器量を持った皇子を授かりたいとの一心で、イシゴリドメに奨められた通り、左右両手に持ったマス鏡を日霊と月精に見たて、人として顕現することを願って、首を巡らすたびに降臨を祈りました。

こうして日を積んでいく内に、御霊が降ってチリケ（身柱・第七頚椎《けいつい》の急所）から身体の中に入り込んで行くように感じ出したのです。この行が千日にも達する頃、イサナギの白い脛《すね》が血の気を帯びて桜色に染まってきました。

ある日イサナギはイサナミに生理の経過を聞きました。イナサミは次のように答えました。

『ツキノオエ（月潮）は流れ止まって三日経ちました。今は身も清く、日の御霊を受け入れるには最適な時ですので、お待ちしております』

イサナギもニッコリと微笑んで二人して拝むと、眩《まばゆ》い光が辺り一面を覆い、あたかも日輪が跳び降って両神の前に落ち止まったかに見えました。両神は思わず我を忘れて時を過ごし、夢心地から覚めると安らぎと至福の思いで満たされたのです。

宮へ帰ると私の父オオヤマスミもすでに察知して、ササ神酒《ミキ》を用意して待ち構

いけみつに　たのめおあらひ
ひるにのり　かのめおあらひ
つきにのり　ゐしこりとめが
ますかがみ　ゐつくりすすむ
いさなぎは　あめおしらする
うつのこお　うまんおもひの
ますかがみ　までにひるつき
なつらえて　かみなりいでん
ことおこひ　くびめぐるまに
あくりこふ　かくひおつみて
みたまいる　かどはちりけの
あやところ　おこなひちかに
なるころは　しらはぎそみて
さくらいろ　あるひをかみが
をゑとえは　ひめのこたえは
つきのをゑ　ながれとどまり
みかののち　みのきよければ
ひまちすと　をかみもゑみて
もろともに　おがむひのわの

えていました。

イサナギが『床神酒《トコミキ》の作法を知っていますか』と聞くと、イサナミは次のように答えました。

『コトサカノヲから教えを受けたところによると、床神酒はまず女が飲んで、その後に男に勧めるのが作法です。床入りに当たっては、女が言挙《ことあ》げしてはならず、男が装うのを女が知って初めて『トツギ（婚ぎ）』が成立ちます。そして精液の受け渡しを行なえば互いに打ち解けて御胎内に子種が宿ります。こうして良い子供を生むための教ゑが『婚ぎ法《トツギノリ》』です。

床神酒の儀式は、胎児を正常に整える婚ぎ法の教ゑであると同時に、国家を建設する道の重要な教ゑでもあるのです」

卵の形で生まれた大御神～初日ほのぼの　出づる時

こうして両神《フタカミ》は交わり懐妊したのですが、十ヶ月を経て予定月になっても産まれず、どんどん年月が過ぎて行き、病気ではないかと本人も周囲の者たちも心配をしました。けれども九十六《ママ》ヵ月経過してようやく陣痛が始まり、お生まれになったのがアマテル大御神《ヲヽンカミ》です。

二十一鈴目の百二十五枝（七千五百伝暦年台）キシヱの年の元日（紀元前一三〇〇年頃）、ほのぼのとした初日と共にお生まれになったその御姿は、日輪

とびくたり　ふたかみのまえ
おちととむ　をもわすいたく
ゆめここち　さめてうるほひ
こころよく　みやにかえれは
やすずみが　ささみきすすむ
かれをかみ　とこみきしるや
めのこたえ　ことさかのをが
みちきけは　とこみきはまつ
めがのみて　のちをにすすむ
とこいりの　めはことあげず
をのよそゐ　めがしりとつく
したつゆお　すえばたがゐに
うちとけて　たましまかわの
うちみやに　やとるこたねの
とつきのり　こおととのふる
とこみきは　くにうむみちの
をしゑごと　かくましわりて
はらめとも　とつきにうまず
としつきお　ふれともやはり

と同じく球形の卵だったのです。何と不思議なことではありませんか。

私の祖父に当たる先々代のオオヤマスミは、この誕生を祝って次のように歌いました。

肯《むべ》なるや　ユキのよろしも
御世継ぎも　代々の幸い
開けりと

『でかした。でかした。これでクニトコタチ以来続いてきた天の祀りも安泰となり、天神《あまかみ》の世継ぎも保たれることが約束された。末永く人々が幸福に暮らせる基が今開かれたのだ。何としてもめでたいことだ』

徹夜での祝宴も三度に及び、皆で御世継ぎの生誕を祝いました。

ところで人々は、御世継ぎが卵の形でお生まれになったという、世にも不思議な現象をどう受け止めれば良いのか、判断できずにいました。それは吉事なのか凶事なのか、重臣たちは思い切ってトヨケ大神に聞いてみました。そしてトヨケ大神の説明を聞いてなるほどと頷き、ほっと胸を撫で下ろしました。その説明はこうです。

『純粋無垢な胎児には、世間にいる邪悪な心を持った者の念が作用して、障害を及ぼすことが多いのです。まして天神の世継ぎの誕生ともなると、嫉妬心に凝り

やめるかと　こころいためて
こそむつき　ややそなわりて
あれませる　あまてるかみぞ
ふそひすず　ももふそゐゑた
としきしゑ　はつひほのほの
いつるとき　ともにあれます
みかたちの　まとかのたまご
いぶかしや　うをやをきなの
やまずみが　ことほぎうたふ
むへなるや　ゆきのよろしも
みよつきも　よよのさいわい
ひらけりと　おほよすがらに
ことぶくも　みたびにおよふ
ゆきよろし　ひとのとわしの
こたゑにも　とよけのかみの
をしゑあり　さわるいそらの

固まった者たちの念がイソラという悪鬼を生み出し、胎児に悪さをしようとします。

　この障りを避けるために、私は願掛けをして八千回の禊《みそぎ》を行ないました。この禊によって、胎児を包んでいる胞衣《えな》が厚く強まって卵の殻のようになったのです。この強い胞衣がイソラの祟りを撥ね返して、世継ぎの皇子を守っているのです』」

位の山のイチヰ笏《さく》～白雲の　かかる八峰に　ふるアラレ

「さて、卵でお生まれになった皇子を卵からお出ししなければなりません。玉の岩戸を開くような切開手術は、イチヰの木を薄く削って作ったサク（笏《しゃく》）を用いて慎重に行なわれました。そして天の戸が開いて日輪が顔を覗かせたかのように、現われ出た皇子は光り輝いて見えました。

　イサナギの姉のシラヤマ姫は産湯を使わせ、アカヒコが養蚕《ようさん》してできた絹糸をナツメが織り上げて産着布やおくるみとして奉りました。さすがに母親のイサナミは疲れがひどく、乳の出が細かったので、宝飯《ホイキ》の守《カミ》の妻ミチツ姫が乳母の役を買って出ました。

　こうして人々がかいがいしく皇子の養育に当たったのですが、瞳を閉じたまま半年余りを経過し、七月半ばになってようやく瞳を開かれました。ニッコリと笑った顔を覗き込んで、人々は手を叩いて喜び、心配も疲れも瞬時に消え去りました。

みそぎにて　ゑなのかこみは
おのころの　たまことならは
ゆきよろし　たまのいわとお
ひらけとて　いちゐのはなの
さくもちて　いまこそひらく
あまのとや　いつるわかひの
かかやきて　しらやまひめは
つふゆなす　あかひこくわに
ひくいとを　なつめがをりて
うふさぬの　みはたてまつる
たらめの　つかれにちしる
ほそけれは　ほいゐのかみの
みちつひめ　ちちたてまつり
ひたすれど　ひとみおとぢて
つきひなや　ややはつあきの
もちのひに　ひらくひとみの
しほのめは　たみのてふちの
よろこびに　つかれもきゆる

この皇子の開眼に瑞祥《ずいしょう》が現われました。天に懸《かか》る白雲がたなびいて、ハラミ山の八つ峰に霰《あられ》が降ったのです。天御祖神《アメノミヲヤカミ》が皇子の誕生を祝福して、日の御霊が宿るニゴタマを霰として降らせたのだと人々は思い、この瑞祥にちなんで白布で『ヤトヨ（八豊）幡』を作り、皇子のお部屋の八隅に立て、人々は君《きみ》として即位されたかのように皇子を遇されたのです。

さて、アマテル大御神《ヲヽンカミ》を卵からお出しする時に、玉の戸を切り開くのに用いたのは、位山《クライヤマ》（岐阜県大野郡宮村）に産するイチヰの木で作った笏でした。長じて偉大な指導者となられたアマテル大御神を敬慕する者は、その象徴として笏を携えるようになりました。だから後の世においても、笏を持つのはアマテル大御神に所縁《ゆかり》のある人々なのです」

幼名ウヒルギ～ミコの声 聞ききる時は

「コヱネ邦《クニ》（石川県）にお住まいだった伯母シラヤマ姫は、アマテル大御神の誕生を祝ってご自分で織り上げた御衣を奉った時、泣く皇子の声をお聞きになって『あな嬉し』と聞き取りました。このことから諸臣は『皇子がどのような名をお望みなのかお聞き下さい』と頼み、シラヤマ姫からお聞きしたところ『ウヒルギ』と皇子自ら答えられました。諸臣にはただの泣き声としか聞こえない皇子の声を、しっかりと聞き切ったシラヤマ姫は、次のように説明しました。

みめぐみや　あめにたなびく
しらくもの　かかるやみねの
ふるあられ　ひずみにこたま
このみづお　ぬのもてつくる
やとよはた　やすみにたてて
きみとなる　くらゐのやまの
いちゐさく　よにながらゑて
さくもつは　かみのほずゑぞ
おばひめが　こゑねのくにに
みはをりて　たてまつるとき
なくみこの　こゑききとれは
あなうれし　これよりもろが
なおこいて　おばよりとえは
うひるぎと　みつからことふ
みこのこゑ　ききききるときは

『〈ウ〉は大いなること。〈ヒ〉は日の輪。〈ル〉は日の霊魂を意味し、〈ギ〉はキネと同じく男子の名の最後に付ける音です。キネは夫婦神では夫の君を表わす言葉でもあるのです』

こうして皇子の幼名はウヒルギと決まりました。両神《フタカミ》は伯母姫を称えて『キクキリ姫（菊理媛神）』と名を贈りました。何と機知と教養に富んだシラヤマ姫の受け答えだったことでしょう。

皇子のウヒルギ命名を祝って、先々代オオヤマスミが詠った和歌

赤玉の　若日霊《ワカヒル》の霊《ル》ハ　青き玉
暮れ日の御タマ　烏羽玉《ヌバタマ》なりき

（訳文）昇り行く若々しい太陽は、真っ赤に燃える中に青い霊魂を宿しており、光を失って沈み行く太陽は、ヌバタマのように真っ黒な玉の中に、また新たに生まれ出る赤い霊魂を宿しているのだなあ。

日の申し子であるウヒルギ皇子も成長とともに、世の中に清浄で強力な気をみなぎらせ、たとえ世の中が暗く打ち沈んだ時でも、そこには明るく朝の燃えるような光源を宿している、そのような君になって欲しいものだ。

新しい光が射し込んだように、タカマ（都）に輝かしい日が訪れました。世継

おさなの　うはおいなり
ひはひのわ　るはひのちたま
ぎはきねぞ　かれうひるぎの
みことなり　きねはめをとの
をのきみぞ　ふたかみおばお
たたゑます　きくきりひめも
あなかしこかな

あかたまの　わかひるのるは
あおきたま　くれひのみたま
ぬばたまなりき

ひさかたの　ひかりあれます

ぎ皇子の誕生をアユキ・ワスキの両宮に報告する『ウヒナメヱ（初嘗祭）』が厳粛に執り行われました」

両神の述懐 ～ 天の原　そむほ居ますも　ひと日とぞ

「両神《フタカミ》は天神《あまかみ》として多忙な中でも皇子を手元に置き、手塩に掛けて育てました。そして、日の申し子を更に立派な君主として大成させるには親としてどうすればよいのかを、常に考えておられました。それほどまでに恵み厚く、心を尽して皇子を育てたのです。

　両神にとっては一日とも思える十六年間が過ぎたある日、語らい述懐されました。

『昔トヨケ大神は、世継ぎの誕生を願って天御祖神《アメノミヲヤカミ》に誓いを立て、カツラギ山で八千回の禊《みそぎ》をされた。禊を済ませたトヨケ大神はイトリ（鳳凰）を冠した『テクルマ（輦）』を造って『カツラのムカヒ』の機は熟したと、ハラミの宮にいた私たちに伝えてくれた。イトリの輦は天御祖神が遣わす御霊をお運びする乗物で、桂の木は夫婦和合の象徴とされている。

　八千回の禊によって天御祖神から御霊を降されたトヨケ大神は、それを私たちに仲介してくれたのだ。そして私たちが天御祖神の御霊を受けるための条件は夫婦和合だと教えてくれたのだ』

ういなめゑ　あゆきわすきに
つげまつり　みこひたさんと
ふたかみの　みこころつくす
あまのはら　そむほいますも
ひとひとぞ　おほすはめくみ
あつきなり　むかしたまきね
ちかいして　かつらきやまの
やちみそぎ　すみていとりの
てくるまお　つくりかつらの
むかひとて　はらみにつとふ
あるかたち

両神は当時のことをまざまざと呼び起こし、夢を見ているような心地で思い返しているうちに、トヨケ大神が天皇子《あめみこ》を教育している情景が日に浮かびました。

両神は思いました。

『世継ぎを教育するには、知識とか判断力や行動力だけを養っていては不充分なのだ。天から御霊の恩頼《ふゆ》を受けられる神性を身に着けなければ、本当の日の皇子には成れない。その教育を施すことができるのはトヨケ大神以外にはいない』」

日高見遊学、ワカヒト命名～アメミコ学ぶ　天の道

「善は急げと早速トヨケ大神の同意を取り、輦《てくるま》を召して日高見《ヒタカミ》へ向かいました。すでに即位して君《きみ》となっていた皇子は八房《やつふさ》の輿《こし》に乗り、身の回りの世話をする近習《きんじゅ》も侍り、『瓊矛《とほこ》』を納めたケタコシ（からびつ）も加えて進んで行きました。

トヨケ大神が待つケタツボ（宮城県多賀城市付近）のヤマテ宮に一行が到着すると、皇子は光り輝くように神々しく見えました。あたり一面も黄金の花が咲いたような景観に包まれました。天御祖神《アメノミヲヤカミ》が皇子を歓迎しているのでしょう。

この有り様にトヨケ大神は『日の若宮のワカヒト』と皇子に斎名を奉りました。

両神《フタカミ》は我が子ながら畏敬の念を禁じ得ず、

『私たちの宮に置いても、これ以上教育することはできません』

と言って後事をトヨケ大神に委《ゆだ》ね、オキツの宮（大津市付近）に帰って行きま

ここちにて　ふたかみゆめの
とよけにて　あひみたまえは
ものかたり　あめみこひたす
ひたかみゑ　めすてくるまお
やふさこし　みゆきのきみは
けたこしも　おちつもはへる
やましみや　みなけたつほの
てりとほり　みこのひかりの
はなさけは　やもにこかねの
わかひとと　ひのわかみやの
たてまつる　とよけいみなお
わがみやに　ふたかみおそれ
あめにあげ　むべそたてじと
かえります　おきつのみやに

した。

　天皇子ワカヒトはこうしてトヨケ大神の元で『アメノミチ（天道）』を学んだのです。御学友としてフリマロが唯一人付き添いました。フリマロはタカミムスビの六代目ヤソキネの嫡子（後のアチヒコ・オモイカネ）で、トヨケ大神の孫に当たります」

　　　　　あめみこまなぶ
あめのみち　ひとりはんへる
ふりまろは　むよやそきねの
よつぎこぞ　たかみむすびの
ゐつよぎみ　ひことにのほる
あまつみや　わかひとふかく
みちおぼす　あるひのとひに
まことなお　ゐみなとたたゑ
あねにみつ　われはよつなり
これいかん　たまきねいわく

帝王教育、斎名とは～シムに徹れば　まことなるかな

「トヨケ大神は使命を全うしようと毎日天つ宮に昇り、ワカヒト（アマテル大御神《ヲ、ンカミ》）の勉学を導きました。ワカヒトは天道の奥義を極めたいと心底から望んで勉学に励みました。

　ある日のこと、ワカヒトはトヨケ大神に次の質問をしました。

『〈マコトナ（真名）〉を称えて斎名《キミナ》とも言いますが、姉の斎名がヒルコ（ワカ姫）で三音なのに、私の斎名がワカヒトと四音なのは、何か理由があってのことなのでしょうか』

　この質問にトヨケ大神は次のように答えました。

『斎名を付ける時に考えるべきことは、男性では四つあります。それはまずタラ

（親）とのつながり、それから世継ぎであるかないか、そして良い意味を持つ名であること、最後にその人が持って生まれた社会的使命である〈ノリ（法）〉です。この四つを考え合わせて斎名を付けるのです。ワカヒトは天つ君の立場ですから、人民のために〈ヒ（一）〉から〈ト（十）〉までを尽すという使命を担っているので、〈ヒト〉と付けられたのです。同様にキネ・ヒコ・ウシなども法《ノリ》を表わしており特別な社会的使命を担った斎名なのです。

女性の場合には法を考えません。ふた親とのつながりを考えて良い一音を選び、その前か後にコかオを付けるのです。それは男性と巡り合って子を生むからなのです。だから女性の斎名は三音で、男性の斎名は法の分だけ多く四音になります。

斎名の付け方にはこのような決まりがあるのですが、称え名はいくら長い名を付けても、たくさんの名を持っても構いません。

斎名とは、当人の心根に染み透って、その人の真価を発揮させる力を持つものです。言い換えると、その人の人格を決定する四つの言霊なのです』」

ゐみなには　たらによつぎに
などのりと　あわせよつなり
あまつきみ　ひよりとまてお
つくすゆゑ　ひとにのります
きれとひこ　うしものりなり
めはのらず　ふたをやふたつ
をにうけて　こおうむゆゑに
なにこひめ　またこなにひめ
なにおとも　おなにともつく
めのなみつ　をのなのりよつ
たたゑなは　いくらもつけよ
ゐみなとは　しむにとほれは
まことなるかな

『ホツマツタヱが書かれたヲシテ文字とは』

『ホツマツタヱ』は、その全文が日本古代の特殊文字「ヲシテ」で記されています。ヲシテは、日本に漢字が伝わる以前に使われていた「神代文字（かみよもじ）」と総称される古字のひとつですが、基本となる文字が48文字あります。表音文字であり同時に表意文字でもあるところが特徴で、母音と子音の象形の組み合わせでつくられた極めて合理的な文字です。母音と子音の象形にそれぞれすべて哲学的な意味合いをもち、それが結合することで、一音一音に意味をもつ表意文字でもあるところは、ホツマツタヱの時代の宇宙観世界観を理解するうえでとても重要な鍵になります。

お	え	う	い	あ
はに	みつ	ほ	かぜ	うつほ
土	水	火	風	空

48文字には、濁音はありますが半濁音はありません。促音・拗音の区別もなかったようです。また、数詞の他、重要な語句に使われる文字を「異体文字」（音は同じで意味が深まる）で置き換えることが多々あります。興味のある方は、ぜひヲシテ文字の原文にふれてみて下さい。

ホツマツタヱ御機《ミハタ》の五《ヰ》

和歌《ワカ》の枕詞《まくらことば》のアヤ

アチヒコが講ずる禊《みそぎ》の書《ふみ》～枕詞の ゆゑお問ふ

伊勢のイサワの宮では、定期的に諸臣が参集して神《カミ》ハカリが行われます。国政に関する議事を行うことが主な目的ですが、それだけではありません。神ハカリは学問の場でもあり、諸臣は精神的文化的向上を図り、人々を教導するに足る資質を身に着ける最高の場なのです。

ある神ハカリの場で、大物主クシキネ・オオナムチが質問を発しました。

もろかみの　かみはかりして
ものぬしが　まくらことはの
ゆゑおとふ　もろこたゑねは
あちひこが　これはみそきの
ふみにあり　もろこふときに
おもひかね　これときいわく

「和歌の枕詞はどのようにしてできたのでしょうか」

誰もこの質問に即答はできなかったのですが、一人書籍を繰っていた碩学《せきがく》のオモイカネが次のように答えました。

「そのことは、『禊《みそぎ》の書《ふみ》』に記録されています」

諸臣は皆、膝を乗り出して

「ぜひ内容をお教え下さい」

とお願いします。

「それでは」

と、オモイカネは『禊の書』を片手に、分かりやすく噛み砕いて説明を始めました。

両神が起源のアワの歌～教ゆれば 歌に音声の 道開け

ふたかみの　おきつほにゐて
くにうめと　たみのことはの
ふつくもり　これなおさんと
かんがゑて

「第六代天神《あまかみ》であるオモタルとカシコネには嫡子が無く、それが原因で国が乱れました。

　その時、国政議会はイサナギ・イサナミ（両神《フタカミ》）をピンチヒッターとして第七代天神に抜擢したのです。

　両神は国家再建に向けて緊急の法整備を済ませ、各地の産業振興やトラブルの解決に取り組み、これらを軌道に乗せると、先代の轍《てつ》を踏まぬよう、一心に日嗣《ひつぎ》の皇子の生誕を祈られました。そして首尾良く日嗣の皇子であるワカヒト君を授かり、君子教育を第五代タカミムスビのトヨケ大神に委ねて、オキツボ（滋賀県大津市坂本日吉神社付近）の『オキツの宮』に落ち着かれました。そこで改めて国家の進むべき道を模索されたのです。

　当時は各地の方言や個人訛りがひどくて、天神の勅《みことのり》すらも国中の人々に十分に伝えることが困難で、言葉が通じないための行き違いや紛争も絶えませんでした。そこで両神は、言語と発音の標準化を行なって、人民に教育を施すべきだとお考えになりました。

　本来の日本語は四十八音で、その中に五つの母音を含んでいます。

　両神はこの四十八音を国中の人々が正確に発音し、聞き取れるようにする効果的な教育の方法として、『ア』から『ワ』までを歌い連ねたアワ歌を考え出されたのです。

アカハナマ　イキヒニミウク
フヌムエケ　ヘネメオコホノ
モトロソヨ　ヲテレセヱツル
スユンチリ　シヰタラサヤワ

五七調のリズムは、日本語の表現に最も適している上に、四十八音がピッタリと収まります。このアワ歌を人々に教えるに当たっては、前半の二十四音をイサナギが歌い、後半の二十四音をイサナミが続けて、二人して歌い聞かせる方法を採りました。

人々は楽しみながら聞き覚え、自分たちも歌い楽しんでいるうちに、自然に標準の発音が身に着いて、誰とでも話が通じ合えるようになったのです。

両神が教え広めたアワ歌の発音は、ナカ州《クニ》（近畿・山陽地方）の人々の標準的な発音でした。だからアワ歌の普及によって、ナカ州はアワ州とも呼ばれるようになりました」

ゐねなみちの
あわうたお　かみふそよこゑ
いさなぎと　しもふそよこゑ
いさなみと　うたいつらねて
をしゆれは　うたにねこゑの
みちひらけ　たみのことばも
ととのゐは　なかくにのなも
あわくにや

ツクシからソアサへ～歌に言葉お 習わせて

「両神《フタカミ》はその後ツクシ州《クニ》（九州地方）に行幸され、アワ歌の普及とともにツクシの各地に橘《タチハナ》の植栽を振興されました。これは初代天神クニトコタチが建国事業の中心に橘を据えた『常世の道』政策に倣《なら》ったもので、その成果によってツクシ各地は大変豊かになりました。

　両神のご努力によって豊かに安定した地域は臣たちに後を託し、経営を任された臣たちも人民本位の施政を行いました。

　こうして両神は『オトタチハナのアワキ宮』（宮崎市内）を本拠として、偉大な足跡をツクシ全域に印されたのです。そのアワキ宮でお生まれになった御子はモチキネと名付けられ、やはりトヨケ大神の下に遊学されました。後のツキヨミの神です。

つくしにみゆき
たちはなお
うゑてとこよの
みちなれは
もろかみうけて
たみおたす
たまのをととむ
みやのなも
をとたちはなの
あわきみや
みこあれませは
もちきねと
なつけていたる
そあさくに
さくなぎのこの
いよつひこ
うたにことばお
ならわせて
ふたなおもとむ
あわつひこ

　さて、ツクシの経営が軌道に乗ると、両神は休む間もなくソアサ州（四国地方）に回られました。イサナギの父アワナギの出身地であるソアサは当時、叔父サクナギの長子イヨツヒコが経営に当たり、弟のアワツヒコが補佐していました。

　ウビチニの血を引く一族の祖神アメヨロズが開拓に当たって（二アヤ参照）以来、『常世の道』政策も順調に推移していたので、両神は人々にアワ歌を習わせる言語教育の方法をイヨツヒコに授けるだけで充分でした。

また両神はアワツヒコの要望を容れて、ソアサの統治を更にきめ細かく行なわせるべく、イヨ邦《くに》とアワ邦《くに》の二つに分割し、アワをアワツヒコに治めさせることにしました」

ソサ州　泣きわめくソサノヲ～捨てどころ無き 世のクマお 我が身に受けて

「次に両神《フタカミ》は、紀伊水道を渡ってソサ州《クニ》（紀伊半島）に行かれたのですが、そこのキシヰ邦《クニ》（和歌山県）に宮を造り、じっくりと経営に当たられました。ここでも橘《タチハナ》の栽培を主要産業として、やがてキシヰ邦は『トコヨサト（常世里）』と呼ばれるまでに経済的発展を遂げます。

　さて、ツクバで生まれた両神の第一子ワカ姫は、両親が厄年に当たっていたので、禍《わざわい》を避けるために捨てられ、カナサキに拾い育てられたことは、皆さんご承知のことと思います。この頃になって両神にもようやく心のゆとりが生じたと見え、ワカ姫を呼び戻して、三人で熊野地方の経営に着手されました。

　カナサキの手解《てほど》きで歌の素質が見事に開花したワカ姫は、両神を助けて人々にアワ歌を教える役目をこなし、一家は四季の花を愛でる幸せな時期を過ごされたのです。

　そしてイサナミはクマノで三人目の男子をお産みになり、ハナキネと名付けました。後のソサノヲです。ところが、この子は癇癪《かんしゃく》持ちで我が強く、気に入らな

　　　　　　そさにきたりて
みやつくり　しつかにゐます
きしゐくに　たちはなうゑて
とこよさと　さきにすてたる
ひるこひめ　ふたたびめさる
はなのもと　うたおをしゑて
こおうめば　なもはなきねの
ひとなりは　いざちおたけび

いことがあると泣き喚《わめ》いたり怒鳴ったりで、手の着けられない子でした。

ある時、早苗が出揃った苗代に、何と、もう一度種を撒いて稲の成長を阻害するという、悪戯《いたずら》にしてはあまりにも重大な悪さをしたのです。親を困らせるばかりでなく、人々が精魂込めて耕作した田に植えるべき苗が台無しになるほどの被害でした。

しきまきや　よのくまなせは
ははのみに　すてどころなき
よのくまお　わがみにうけて
もろたみの　かけおつくなふ
みくまのの　みやまぎやくお
のそかんと　うむほのかみの

天の節《フシ》　宿れば当たる　父の汚穢《ヲヱ》
男の子は母の　隈《クマ》となる　（三アヤ参照）

イサナミは、ハナキネの所業をすべて自分の責任だと深く心に刻み、稲作の減収を償う決心をされました。

熊野地方は海岸近くまで丘陵地が迫り、水田耕作が可能な場所はごく限られているので、人々の生活は楽なものではありませんでした。イサナミはハナキネの所業によって、乏しい米収が更に減少してしまった庶民の困窮を立て直すために、山焼きをして、傾斜地には桑を植えて養蚕を興し、平地は水利を整えて水田や農地を増やす事業を進めました」

イサナミの神上がり～イサナミは アリマにおさむ

「ところが、懸命に働くイサナミに不幸が襲ったのです。急に風向きが変わって山焼きの火に取り囲まれたイサナミは、逃げ場を失ってお亡くなりになりました。志《こころざし》半ばで事故に遭われたイサナミでしたが、事業は軌道に乗って動き出していたので、絹や農作物の産業は熊野地方にしっかりと根付きました。

イサナミは身を挺して火の神カグツチを動かし、土の神ハニヤスと水の神ミズハノメを生み出して、農産業の守護神ワカムスビをこの地に招いたということができましょう。

イサナミの亡骸《なきがら》はアリマ（三重県熊野市有馬町花の窟神社）にお納めし、その後この地の人々は、毎年桑の花が咲く春と、稲穂が色付く秋に、イサナミを偲んでお祭りをしています。

さて、この葬儀を取り仕切ったイサナギの姉シラヤマ姫は、すべてが済んでから遠方の親族に知らせを出しました」

かぐつちに　やかれてまさに
おわるまに　うむつちのかみ
はにやすと　みづみつはめそ
かくつちと　はにやすがうむ
わかむすひ　くひはこくわに
ほそはぞろ　これうけみたま
いさなみは　ありまにおさむ
はなとほの　ときにまつりて
ここりひめ　やからにつくる
いさなぎは　おひゆきみまく
ここりひめ　きみこれなみそ
なおきかず　かなしむゆえに
きたるとて

イサナギの悪夢～「君これ　な見そ」なお聞かず

「妻を失ったイサナギの悲しみはあまりにも深かったので、シラヤマ姫が必死に制止するのも聞かず、イサナミを一目見たいと窟《いわや》に入りました。

窟の中でユヅの黄楊櫛《つげくし》の端に植えられた太い歯を折り取って、火を点け翳《かざ》して見ると、すでに時間の経ったイサナミの亡骸には蛆《うじ》虫がたかっていました。

生前の面影を追い求めてきたのに、何と汚らわしく変わり果ててしまったことか。イサナギは気落ちして足取りも重く帰ってきました。

その夜、イサナギは夢の中で再び窟に入りました。

厳密には『神行き』という、幽体離脱の状態が起こってイサナギの魂が窟へ行ったのですが、分かり易く夢の中のこととしてお話ししましょう。

夢の中に立ち現われたイサナミは、

『私が汚れて変わり果ててしまったという悲しい現実を受け入れず、地の底までわざわざ来て私に恥を掻《か》かせましたね。恨みに思いますよ』

と言うなり八人の醜女《シコメ》（地獄の女鬼）に命じて、挑みかかってくるではありませんか。イサナギは後ろ手に剣を振り振り、必死に逃げました。醜女はしつっこく追って来ます。

坂道を木の根や枝に捕まって這い登るように逃げていくと、ふとつかんだ蔓《つる》に山葡萄《やまぶどう》がたわわに実っていました。イサナギが剣で蔓を断ち切って投げると、醜女は山葡萄の実を争って貪《むさぼ》り食べ、食べ終わるとまた追いすがってきました。

今度は身に着けていた竹櫛を投げると、これも拾って噛み砕いて食べ、また追ってきます。あわや追い付かれようとした時、イサナギは桃の大木の後ろに逃げ込

　　　　　ゆづのつけくし
おとりはお　たひとしみれは
うぢたかる　いなやしこめき
きたなきと　あしひきかえる
そのよまた　かみゆきみれは
かなまこと　いれすはちみす
わがうらみ　しこめやたりに
おわしむる　つるぎふりにげ
えびなくる　しこめとりはみ
さらにおふ　たけくしなくる
これもかみ　またおいくれは
もものきに　かくれてももの

んで、桃の実をもいで投げ付けました。すると醜女は後退りをしながら消え去りました。イサナギの夢はいったん途絶えました」

みおなくる　てれはしりぞく

ヨモツヒラサカでの事断ち(言断ち)～生みて過ち　無きことお

「ここでイサナギが醜女の厄難を避けるため、とっさに用いた呪具について、その霊力の程を観察すると、山葡萄《やまぶどう》はさほどの効力を持ってはいないようです。また櫛は、竹より黄楊《つげ》の方が霊力において優れていそうです。桃はさすがにウビチニ・スビチニのシンボルとされているだけあって、素晴らしい霊力を持った樹木でした。このことから、イサナギは桃の実を『オホカンツミ（大神つ実）』と称えられたのです。

　それはさておき、まだ夢の中に在りながら、現実を認識するに至ったイサナギは、イサナミに永遠の別れを申し渡します。まだ恨みの心が解けないイサナミは言いました。

『ああ、何と悲しいことでしょうか。この私に辱しめを与えたまま、あなたは永遠に私から離れて行ってしまうのですね。そのような仕打ちをなさるなら、私はあなたの領民千人を毎日殺してしまいますよ』

えびゆるく　くしはつけよし
もものなお　おほかんつみと
いさなみと　よもつひらさか
ことたちす　いさなみいわく
うるわしや　かくなささらは
ちかふべお　ひひにくひらん

イサナギは毅然として言い放ちました。

『本当に悲しいことだ。お前の心情は分かるが、せっかく一緒に苦労して国の礎を築いてきたのだから、お前が千人を殺すなら、私は千五百人生まれるようにしてみせよう。お前がいなくとも、この国の安定と繁栄は私が守ってみせる』

こうしてイサナギは、『ヨモツヒラサカ』でイサナミに『コトダチ（言断ち）』ちをしました。イサナギはヨモツヒラサカに『限り岩』を立て、夢から覚めました。

この限り岩は『道返《チカエ》しの神《カミ》』といって、自由に行き来することをできなくした、この世とあの世とを隔てる岩の扉です」

イサナギ悟りを啓く～音無川に　みそぎして

「死後の世界を覗き見たイサナギは、さすがにそのショックと汚らわしさを拭《ぬぐ》い切れずに、本《モト》つ宮《ミヤ》（熊野本宮）に打ち萎《しお》れて帰ってきました。

イサナギはこの汚れを濯《そそ》いで何とか立ち直らなければいけないと、本つ宮の脇を流れる音無川《オトナシカワ》で来る日も来る日も禊《みそぎ》を繰り返し、身の内から『ヤソマカツヒの神』（八十禍津日神）を引き出しました。それらは、元々イサナギの身の内にいて、健全な精神と健康を支えてくれる善神なのですが、不浄の体験によってすっかり捻じ曲がってしまった神々でした。

イサナギはこの神々の曲がりを直して身の内に戻しました。曲がりが直った

いさなぎも　うるわしやわれ
そのちゐも　うみてあやまち
なきことお　まもるよもつの
ひらさかは　いきたゆるまの
かきりいわ　これちかえしの
かみなりと　くやみてかえる
もとつみや　いなしこめきお
そそがんと　おとなしかわに
みそきして　やそまかつひの
かみうみて　まがりなおさん

神々のことを『カンナオヒ神』（神直日神）とか『オオナオヒ神』（大直日神）と呼びます。

　こうして失意のどん底から立ち直って身の汚れを一切浄化したイサナギは、改めて大御心に目覚められました。これまでイサナミと共に国の骨格を整え、産業の振興や文教政策を行なって国の安定を計って成果を上げてきましたが、自分の心に大御心が不足していたことを悟られたのです」

禊で神々を勧請～ツクシ アワキの みそぎには

「その後イサナギは単身巡幸し、ツクシ（筑紫）の『アワキ宮』に滞在されて、ナカ川（現新別府川かその支流）で行なった禊《みそぎ》でソコツツヲ・ナカツツヲ・ウワツツヲの三神を生み出されました。ツツヲという神はツツガ（災禍、牢）を祓うためにツツシム（斎戒する）ことを意味し、イサナギ自身の体験に基づいて生み出された神と思われます。この三神はカナサキに祭祀をお命じになりました。

　また北九州に行かれてアツ川（現在の釣川か？）での禊から、底・中・上のワダツミ三神を生み出され、ムナカタ（宗像神社ご祭神）に祭祀を命じられました。

　そして、シガ海（玄海灘）で行なった海水の禊から霊感を得られ、シマツヒコ・オキツヒコ・シガ三神の祭祀をアツミ（安曇命　福岡市志賀島志賀海神社ご

かんなおひ　おおなおひかみ
うみてみお　いさきよくして
のちいたる　つくしあわきの
みそきには　なかかわにうむ
そこつつを　つきなかつつを
うわつつを　これかなさきに
まつらしむ　またあつかわに
そことなか　かみわだつみの
みかみうむ　これむなかたに
まつらしむ　またしがうみに
しまつひこ　つぎおきつひこ
しがのかみ　これはあつみに

祭神）にお命じになりました。この三神は船を発明した神として古来崇敬されてきた神々です」

まつらしむ　のちあわみやに
みことのり

導きの歌

「年老いたイサナギは近江に戻り、余生を『アワ宮』で過ごされました。後の『タガの宮』です。イサナミ亡き後、精神修養に没頭されたイサナギは、自ら得られた崇高な世界観を国家統治の柱に据えるべく思索を巡らせました。そして晩年、集大成である『導きの歌』を勅《みことのり》として公布されたのです。私の拙《つたな》い解説を聞くよりも、暗誦できるようになるまで、繰り返し音読してみて下さい。いかに芸術的で精神的な含蓄《がんちく》に富んだ歌であるか、お分かりになるはずです」

導きの歌
アワギミよ　別れ惜しくと
妻送る　夫《ヲウト》は行かず
行けば恥　醜女《シコメ》に追わす
良し悪しオ　知れば足引く
黄泉《ヨモツ》坂　言断ち裂くる
器あり　禊に民の

みちひきのうた
あわぎみよ　わかれおしくと
つまおくる　をうとはゆかず
ゆけははぢ　しこめにおわす
よしあしお　しれはあしひく
よもつさか　ことたちさくる
うつわあり　みそぎにたみの

整いて　イヤマト徹る
足引きの　千五百《チヰヲ》の織田の
瑞穂成る　マトの教ゑに
カカンして　ノンアワ州《くに》は
デンヤマト　引きて明るき
葦原の　歌も悟れよ
マト道の　徹らぬ前の
足引きの　枕詞は
歌の種　足引きは山
ほのぼのは　明けヌバタマは
夜の種　島つ鳥の鵜《う》
沖つ鳥　鴨と船なり
この味オ　ヌバタマの夜の
歌枕　覚《さ》めて明るき
前詞《まえことば》　心オ明かす
歌の道　禊の道は
身オ明かす　ヤマトの道の
大いなるかな

ととのいて　いやまととほる
あしびきの　ちゐをのおたの
みつほなる　まとのをしゑに
かかんして　のんあわくには
でんやまと　ひきてあかるき
あしはらの　うたもさとれよ
まとみちの　とほらぬまえの
あしひきの　まくらことばは
うたのたね　あしひきはやま
ほのほのは　あけぬばたまは
よるのたね　しまつとりのう
おきつとり　かもとふねなり
このあちお　ぬばたまのよの
うたまくら　さめてあかるき
まえことば　こころおあかす
うたのみち　みそきのみちは
みおあかす　やまとのみちの
おおいなるかな

（解釈文）

「アワウタで世を造り固め、人々からアワギミと呼ばれた私たち夫婦（イサナギ・イサナミ）だったが、妻の急逝《きゅうせい》が余りにも突然だったため、惜別の念を抑えられず、あの世まで追い掛けて会いに行った。しかしたとえ夫であっても行ってはならない世界で、結局亡き妻に恥を掻かせてしまった。醜女《しこめ》に追わせるほど怒った妻の心情を知って、足取りも重く（足を引いて）あの世から帰ってきた。この世とあの世の境である黄泉坂《よもつさか》には、厳然と両世界を分け隔てる越えてはならぬ境界が存在するのだ。

　黄泉の国から生還した私は禊《みそぎ》によって穢《ヱ》を拭い去り、天神としての勤めを全うし平和な治世を取り戻すことができた。

　初代天神のクニトコタチから伝えられた神宝『瓊《ト》と矛《ほこ》』を授けられて天神になった私は、神宝の価値を深く知らず、唯々一心不乱に治世を行なってきたが、禊を行なうことによって初めて『大いなる真実であるト（瓊）の教ゑ（イヤマト、ヤマト、マト）』の奥義に達することができた。

　イヤマトを悟ったことで、私は精神を高揚させ前向きに生きることができるようになった。妻への未練の心である『足引き』は、国の豊穣を願う心である『葦引き』に換わり、葦を引き抜いて稲を植える事業に情熱を傾けることによって多くの湿地が新田に変わり、稲穂がたわわに稔った。

『マトの教ゑ』を実践（カカン）した私に、天御祖神《アメノミヲヤカミ》は恩頼《ふゆ》を降し賜り（ノン）、

「導きの歌再掲」

あわぎみよ　わかれおしくと
つまおくる　をうとはゆかず
ゆけははぢ　しこめにおわず
よしあしお　しれはあしひく
よもつさか　ことたちさくる
うつわあり　みそぎにたみの
とどのいて　いやまとどほる
あしびきの　ちゐをのおたの
みつはなる　まとのをしゑに
かかんして

またその御威光を人々に分け与えたことによってアワ州《くに》は理想郷となり、やがて日本全土へと広がりを持つ（デン）ことになったのだ。クニトコタチ以来、国政の柱とされてきたトの教ゑは普遍の原理なのだ。

のんあわくには
でんやまと　ひきてあかるき
あしはらの　うたもさとれよ
まとみちの　とほらぬまえの

『トの教ゑ』の奥義は『ヤマ』⊕♀のヲシテ二文字に集約される。『ヤ』⊕のオシテは天を表わす『丸』と地上に立てられた『アンテナ』を表わし、神に御霊を降し賜ることを祈る行為を意味する。また、『マ』♀のオシテはその祈りを聞き届けて御霊を降し賜る神の御意志を意味する。

精神的に未熟だった私に、この奥義に達するイヤマトの悟りを開かせてくれた『足引き』の体験が、いかに貴重な神の御差配であったかを、歌の様式として、後の世の人々に伝えたい」

枕詞で教訓を伝える～まくらことばは　歌のタネ　心おあかす　歌の道

「つまり、ヤマを歌に詠み込む時に、自動的に『足引き』という私の体験が連想されるように様式化するのだ。『足引き』を歌枕とか枕詞と呼んで、ヤマを詠《うた》う場合の歌の種とすれば、イヤマトの悟りを開いた私の貴重な体験を、後世に伝えることができるのだ。

あしひきの　まくらことばは
うたのたね　あしひきはやま

我が日嗣《ひつぎ》の皇子であるワカヒト（アマテル大御神）が生まれた時の記録の歌に

先々代オオヤマスミは、

久方の　光生れます　ウヒナメヱ　…

と詠い込んだ。この歌から『久方』は『光』を導く歌の種となり、人々は自動的に日の神ワカヒトの誕生という歴史事実を連想するようになった経緯がある。このような歌の種を枕詞と呼んでワカ（和歌）の形式に採り入れることにしよう。すでに『ほのぼの』は『明け』、『ぬばたま』は『夜』、『島つ鳥』は『鵜』、『沖つ鳥』は『鴨または船』のそれぞれ歌の種とされているが、今後はこれらを枕詞と呼ぶことにする。

次の一節で、枕詞の使い方とその文学的効果を味わってみて欲しい。

この妙味《あじ》オ　ヌバタマの夜の　歌枕
覚めて明るき　前詞《まえことば》

歌の道は人の心の内を明らかにし、禊の道は身の内を清浄にする。この二つの道があいまってイヤマト（ヤマト）の道になるのだ。

国中の人々がこの道を志し、身も心も明るく晴れやかになる時、日本は真にヤマトの国と称えられる素晴らしい国家になるのだ」

ほのほのは　あけぬばたまは
よるのたね　しまつとりのう
おきつとり　かもとふねなり
このあちお　ぬばたまのよの
うたまくら　さめてあかるき
まえことば　こころおあかす
うたのみち　みそきのみちは
みおあかす　やまとのみちの
おおいなるかな

『ホツマヱトとホツマ暦』

ホツマツタヱ時代には､｢ヱト｣の周期算法が存在しており､日数､年数の計算に使われるとともに､吉凶の占いにも適用されていました｡『キツヲサネ』『アミヤシナウ』『ヱト』の組み合わせで構成される60周期で一巡りとなります｡

1	キアヱ キノエ·子	2	キアト キノト·丑	3	ツミヱ ヒノエ·寅	4	ツミト ヒノト·卯	5	ヲヤヱ ツチノエ·辰	6	ヲヤト ツチノト·巳
7	サシヱ カノエ·午	8	サシト カノト·未	9	ネナヱ ミズノエ·申	10	ネナト ミズノト·酉	11	キウヱ キノエ·戌	12	キウト キノト·亥
13	ツアヱ ヒノエ·子	14	ツアト ヒノト·丑	15	ヲミヱ ツチノエ·寅	16	ヲミト ツチノト·卯	17	サヤヱ カノエ·辰	18	サヤト カノト·巳
19	ネシヱ ミズノエ·午	20	ネシト ミズノト·未	21	キナヱ キノエ·申	22	キナト キノト·酉	23	ツウヱ ヒノエ·戌	24	ツウト ヒノト·亥
25	ヲアヱ ツチノエ·子	26	ヲアト ツチノト·丑	27	サミヱ カノエ·寅	28	サミト カノト·卯	29	ネヤヱ ミズノエ·辰	30	ネヤト ミズノト·巳
31	キシヱ キノエ·午	32	キシト キノト·未	33	ツナヱ ヒノエ·申	34	ツナト ヒノト·酉	35	ヲウヱ ツチノエ·戌	36	ヲウト ツチノト·亥
37	サアヱ カノエ·子	38	サアト カノト·丑	39	ネミヱ ミズノエ·寅	40	ネミト ミズノト·卯	41	キヤヱ キノエ·辰	42	キヤト キノト·巳
43	ツシヱ ヒノエ·午	44	ツシト ヒノト·未	45	ヲナヱ ツチノエ·申	46	ヲナト ツチノト·酉	47	サウヱ カノエ·戌	48	サウト カノト·亥
49	ネアヱ ミズノエ·子	50	ネアト ミズノト·丑	51	キミヱ キノエ·寅	52	キミト キノト·卯	53	ツヤヱ ヒノエ·辰	54	ツヤト ヒノト·巳
55	ヲシヱ ツチノエ·午	56	ヲシト ツチノト·未	57	サナヱ カノエ·申	58	サナト カノト·酉	59	ネウヱ ミズノエ·戌	60	ネウト ミズノト·亥

ホツマツタヱでは､ホツマヱトの六十進法と､周年成長する｢アメノマサカキ｣という名の植物（アマテル大御神ご崩御後に枯れ尽きてしまいました）の成長具合を記録して年数を数える暦法を使っていました｡｢鈴暦｣と称します(神武天皇以降は新たな暦法「天鈴暦」が編み出されます)。

「鈴暦」の全容はまだ解明されておらず、現代暦への置換も研究者によって見解が異なりますが、本書では、大略以下の計算法にてホツマ時代の暦を西暦に変換しています。１穂が一年。１鈴千枝、即ち20年。また、千枝は6万穂。鈴紀1021年を天鈴紀21年と継ぐものと見なす計算方法。

ホツマツタヱ御機《ミハタ》の六《ム》
日《ひ》の神《かみ》十《ソ》二《フ》妃《きさき》のアヤ

天照神のハラミ山（原見山）遷都～日のヤマト

ふそひすす　ももふそむゐだ
としさなと　やよいついたち
ひのやまと　にいみやつくり
あめみこは　ひたかみよりぞ
うつります

時は二十一鈴百二十六枝サナトの年（紀元前一一六〇年頃）。鈴暦通年百二十万七千六百一八鈴穂（伝暦年）。サナトはヱト暦で五十八番目の年。鈴暦については二十八アヤで詳述されます。

弥生一日、日の山（ハラミ山＝富士山）の麓にあったハラミの宮の再建が成って、日高見《ヒタカミ》での勉学を終えた天皇子《あめみこ》ワカヒト（アマテル大御神）は帰郷されました。

トヨケ大神に帝王教育を委ねた時に、両神《フタカミ》からすでに日嗣を受けていたのですが、新築が成った生誕の宮に戻られたワカヒトは、いよいよ正式に国政を担うこととなったのです。第七代天神《あまかみ》の両親から政権を引き継ぐに当たって、天神ではなく『ヒノカミ（日の神）』という新たな呼称を名乗ることになったのは、トヨケ大神の意思によるものだったのです。

トヨケ大神が八千回の禊《みそぎ》を決意した時に、思い描いていたのは日の神の誕生でした。これまで代々の天神は、初代天神クニトコタチが築き上げた国家組織を、天上の神の理想世界に近づける努力を重ねてきましたが挫折《ざせつ》の危機に直面しました。まさにその時、両神《フタカミ》は崩壊しかけた国家を見事に立て直し、平穏を取り戻されました。

その間も、トヨケ大神は理想国家の実現に向けて新しい形を考えておられたのです。全国民が生きる喜びを味わえるようにするには、平等な世の中を実現させなければならない。トヨケ大神はワカヒトに、すべての国民を平等に照らす太陽のような存在になることを願って帝王教育を施してきました。今その理想を実現するために、ワカヒトを国家統治者の立場に立たせたのです。

ふたかみゑめお
みことのり　かんみむすひの
やそぎねが　もろとはかりて

事実上の即位に先だって、両神は重臣たちにワカヒトの妃選びをお命じになりました。この時、両神にも重臣たちにも、ある共通の思いが胸中を去来していただろうと思われます。

それは両神の先代である第六代の天神《あまかみ》オモタル・カシコネに子供が無かったため、ひとたび成し遂げた国家統一もたちまち瓦解してしまったという教訓です。両神が苦労を重ねて再建した国家を、二度と崩壊させてはならないと、誰もが肝に命じていたことが十二妃《ソフキサキ》という形を生み出しました。

筆頭重臣であるカンミムスビのヤソキネは諸臣と協議し、新たにツボネ制度を設けて十二人の妃を選出することにしたのです。

十二妃の制定、月と日の位　～日の山の名も　オオヤマぞ

大内宮《オウチミヤ》の東西南北にツボネが置かれ、各ツボネにはスケ、ウチメ、オシモメ（典侍、内侍、裳侍）が一人ずつ配されることになりました。

まず北のツボネにクラキネの娘二人が選ばれました。イサナギの実弟であるク

ラキネに敬意を表した人選で、姉のマス姫モチコはスケに、妹のコマス姫ハヤコはウチキサキに決まったのです。二人は特別扱いを受け、特にハヤコは他のウチメより高位のウチキサキに格付けされました。

次はヤソキネの娘二人が東のツボネに入り、姉のオオミヤ姫ミチコがスケに、妹のタナハタ姫コタヱがウチメに推されました。ヤソキネはトヨケ大神の長子で、イサナギの姉シラヤマ姫（ココリ姫）の後添えでもあり、第六代タカミムスビの位が約束されていながら、重ねて『カンミムスビ』（神皇産霊尊）の称え名を持つほどの人望を得ていました。

南のスケにはサクナタリ・セオリツ姫（瀬織津姫）ホノコが、南のウチメには妹のワカ姫ハナコが選ばれました。二人はハラミ山を含むこのホツマ州（東海・中部地方）最大の氏族であるオオヤマスミ一族の領袖《りょうしゅう》サクラウチの愛娘です。

カナサキの末娘ハヤアキツ姫アキコ、別名シホノヤヲ姫アイコが西のスケとなり、同族ムナカタの娘オリハタ姫オサコが西のウチメになりました。カナサキを筆頭とするこの一族は近江（琵琶湖周辺）に興り、船の発明と実用化によって、ナカ州からツクシ州（近畿から九州）までの勢力を持つに至った大氏族で、イサナギの国家再建には西日本の統治に多大な貢献をした家柄です。

以上でスケとウチメが決まりました。まず、西のオシモメは同じくムナカタの娘でオサコの妹トヨ姫アヤコとし、カスヤ（これもカナサキの同族でアツミとも）の娘イロノヱ姫アサコを南のオシモ、ウケモチ

くらきねの　ますひめもちこ
ねのすけと　そのとめはやこ
こますひめ　ねのうちきさき
やそきねの　おおみやみちこ
きのすけに　たなはたこたゑ
きのうちめ　さくらうちがめ
さくなたり　せおりつほのこ
さのすけに　わかひめはなこ
さのうちめ　かなさきがめの
はやあきつ　あきこはしほの
やをあいこ　つのすけうちは
むなかたが　おりはたおさこ
おしもめは　とよひめあやこ
かすやがめ　いろのゑあさこ
さのおしも

かだがあぢこは
ねのおしも　つくばはやまが
そがひめは　きのおしもぞと
つさによせ　みこはあまひの
くらゐのる　ひのやまのなも
おおやまぞ　かれおおやまと
ひたかみの　やすくにのみや
きつさねの　つほねはかわり
みやつかゑ　そのなかひとり

の神の子孫であるカダの娘アヂコを北のオシモ、そして両神《フタカミ》の新婚出発地ツクバを本拠とするホツマ州《くに》東北部（関東平野）の雄ツクバハヤマの娘ソガ姫を東のオシモとして、十二人の妃とツボネの配置は決定しました。

ハラミ山で祈った両神の願いが天御祖神《アメノミヲヤカミ》に届き、降された日の御霊によって誕生した天皇子《あめみこ》ワカヒトは、この時をもって名実共に『天日神《アマヒカミ》』として即位されたのです。日の皇子ワカヒト誕生の所縁《ゆかり》から『日の山』と呼ばれていたハラミ山は、ワカヒトが天日神として即位されたので『大山（大いなる山）』とか『大日山』と称えられるようになったのです。

トヨケ大神の元で帝王学を修めたワカヒトは、すでに日高見では次期国家統治者として認知されていましたが、出身地である大山麓（オオヤマト）に戻って天日神として即位されたことから、ホツマ州・コヱ州・ナカ州においても人々の期待を一身に受けるようになりました。それゆえ、新装なったハラミの宮は『オオヤマト　ヒタカミノ　ヤスクニミヤ（大山麓日高見の安国宮）』と呼ばれたのです。

セオリツ姫のウチミヤ昇格 ~ 君もきざはし 踏み降りて

ツボネ制度を試行するに当たっては、東西南北の各ツボネを輪番制とし、宮仕えを定期的に交代させました。各ツボネの宮仕えが一渡りしたところで、ワカヒトの心を捉えたのは南のスケであるセオリツ姫ホノコでした。最も性格が素直で教養溢れる優雅な物腰の女性として、セオリツ姫はワカヒトの目に留まったのです。

ワカヒトは自ら高殿の階段を踏み降りてセオリツ姫の手を取り、大内宮《オウチミヤ》へ招き入れました。セオリツ姫は正后として迎えられ、天下がる日に向かう月に準《なぞら》えて『ムカツヒメ（向つ姫）』と呼ばれるようになったのです。

すなおなる　せおりつひめの
みやびには　きみもきさはし
ふみおりて　あまさがるひに
むかつひめ　ついにいれます
うちみやに

ウリフ姫とウリフツキの起源〜これおコヨミの ウリフ月

空位となった南のスケには、新たにカナヤマヒコの娘ウリフ姫（瓜生姫）ナカコが選ばれ、再び十二人となった妃は皆一斉に部屋に籠もり、機織りに励んで正后になる夢を断ちました。

　　　　　かなやまひこが
うりふひめ　ながこおすけに
そなゑしむ　みなはたおりて
みさほたつ　これおこよみの
うりふつき

天神《あまかみ》の時代から一年は三百六十五日余りであることは知られていましたが、日々の暦は月の満ち欠けを観測することで作ってきました。

新月の日を月はじめの日とすると、満ち欠けが十二回余りで一年になります。けれども、月の運行は見かけ上太陽より遅く、一年で十一日ほど日数が不足するので、月の満ち欠けだけで暦を作っていると、年を重ねるごとに季節がずれて、農事に支障をきたすようになります。そこで、一定年数ごとにこの日数の差を埋め、季節のずれを補正するために、端数月を設ける工夫がなされましたが、これをウリフ月（閏月）と呼ぶようになったのです。

おりしも閏月を迎える時期だったので、十二人の妃は閏月の期間を斎戒に当てられました。

さて、君となったワカヒトの弟モチキネは日神に次ぐ立場を意味する『ツキヨミ』の称え名を与えられ、地方行政を管轄することになりました。

おとつきよみは
ひにつきて　たみのまつりお
たすけしむ　いよのふたなの
をさまらで　つきよみやれは
いふきあけ　とのみやにたす

実はこの時、国内情勢には二つの問題が起こりつつあったのです。

第一の問題は、先に両神《フタカミ》がソアサ州《クニ》（四国地方）をイヨ邦《クニ》とアワ邦の『フタナ（二名）』に分割して統治させました（五アヤ参照）が、この両邦の間に諍いが生じて、紛争は次第に拡大傾向を見せ始めていたのです。日神はこの紛争解決のためにツキヨミを遣わしました。ツキヨミはたちまち二名の治安を回復させましたが、それは天御祖神《アメノミヲヤカミ》が『ウイのひと息』（十四アヤ以降に詳述）を以って天地自然の摂理を整えたという伝承を彷彿とさせる見事な手際でした。ツキヨミはその後も長く二名《フタナ》に留まり、『トノミヤ』（外の宮＝琴平宮）で行政の安定化に努められました。

コクミの怠慢～マスヒト コクミ 怠れば

ちたるくに　ますひとこくみ
おこたれは

第二の問題は、チタル邦《クニ》（山陰地方西部）のマスヒト（モノノベの一職掌だったが、変化してネ州《クニ》特有の地方長官となった）であるコクミの悪政が、中央にまで聞こえてくるという事態の発生でした。この問題にはトヨケ大神が目付けとして行政指導に当たることになりました。トヨケ大神は長子のヤソキネに位を継がせて第六代タカミムスビとして日高見の行政を任せ、ヤソキネの次男タカキネを日高見から呼び寄せてワカヒトの補佐役に抜擢しました。

これまで第五代タカミムスビとして、天《アメ》（国政議会）を預かってきたトヨケ大神ですが、その任務を返上して位も代替わりを済ませると、トヨケ大神は自らサホコ邦へ行って行政を監督されました。サホコ邦で拠点とされたのは『ミヤヅの宮』（京都府大江町皇大神社外宮付近）です。

この二つの懸案に対策を講じ終えると、日神ワカヒトの治世に不安はなくなり、最遠隔地のツキスミ（九州南部）もシマツヒコ以来七代目に当たるカナサキが掌握していたので、族長のカナサキが中央政府の要職にある間は、同族のムナカタとアツミに本拠地を統治させ、安定を保っていました。

こうして天日神ワカヒトの御世は豊かに治まって、八万鈴穂が経過しました。

ひたかみは　たまきねつげて
たかきねお　やそきねにたす
たまきねは　きみのたすけと
くにおたす　ゆきてさほこの
つきすみは　みやつのみやぞ
なにおたす　しまつひこより
なよすむ　いまかなさきの
ゑたかばね　むなかたあつみ
たすけしむ　みよもゆたかに
をさまりて　やよろとしへて

アマテル大御神のマナイ行幸とミチノク

時に二十二鈴五百五枝初（鈴暦通年百二十九萬二百四十一鈴穂。枝の初年はキアヱ。本アヤ冒頭の鈴暦年から計算すると、八万二千六百八十三（伝暦）年が経

ふそふすず　ゐをゐゑはつに
みやつより　はやきじとべは

過したことになる）、宮津から急使が飛んでワカヒトは急遽マナヰに行幸されました。自ら死期を覚ったトヨケ大神からの知らせがあったのです。

トヨケ大神の崩御とアサヒ宮～君は幾代の御祖なり

駆け付けたワカヒトの手を取って、トヨケ大神は言いました。

「君が昔日高見に遊学された折、修め残された教ゑがあります。その教ゑを極めなければ、道の奥を尽したとは言えない究極の教ゑです。それは年齢と経験を積まなければ、修得が困難なので、今日までその教ゑをご伝授申し上げる機会をお待ちしていたのです」

トヨケ大神は臨終の床で、ワカヒトに道の最奥の教ゑを授け、それが終わると、重臣たちをも枕辺に呼んで、次のように宣告されました。

「諸神たちもしっかりと聞きなさい。いまワカヒト君《キミ》は、天祖クニトコタチが理想とした国家統治原理を初めて国政の場に実現されました。この原理が及ぶ限り、生きとし活ける者は皆、生命の尊厳と意義を知り、生きる喜びを分かち合うことができます。これによって後の世の人々から、ワカヒト君《キミ》は民族の始祖として崇敬されることになるでしょう。

代々の統治者もこの原理を受け継いで、クニトコタチの御意志を実践していくことになるのです。そのことをよく理解して、君に仕えなさい」

あまひかみ　いそぎまなゐに
みゆきなる　ときにたまきね
あひかたり　むかしみちのく
つくさねは　ここにまつとて
さつけまし　もろかんたちも
しかときけ　きみはいくよの
みをやなり

この言葉を遺言として、トヨケ大神は自ら入った洞を閉ざし、お隠れになりました。その洞の上に建てられた社が『アサヒ宮』（籠神社奥宮真名井神社、比沼麻奈為神社、皇大神社外宮に伝承あり）です。

天照神の巡狩～ムカツ姫より コトノリし

ワカヒトはねんごろにトヨケ大神を祀った後、安国宮《ヤスクニ》（ハラミの宮）への帰途に就こうと御輦《ミテクルマ》を召されました。するとサホコ邦《クニ》の民は、ワカヒトに留まって欲しいと必死に懇願するのです。ワカヒトは民を憐れみ、しばらくそこに滞在してご親政を敷かれることとされました。

この状況は使者を立てて安国宮に告げられ、君のサホコ邦逗留が長期化することを知ったセオリツ姫は、万事をご自分の判断で采配されました。

まず日高見へ知らせを出し、トヨケ大神の本拠地でのお祀りを命じられ、次に、急支度の行幸から本格的な行幸に体制を組み直すため、新たに北のツボネの三人を現地マナヰの原に行かせて、身の回りの世話を行なわせることとされました。スケのモチコ、ウチキサキのハヤコ、オシモメのアヂコの三人は早々に出立し、宮仕えに加わりました。

ワカヒトはミヤヅの宮を行幸《ぎょうこう》の拠点としてチタル邦までおでましになられ、行政の建て直しを計って軌道に乗せた後、サホコ・チタル両邦を併合させてその人

これとこたちの
ことのりと　ほらおとさして
かくれます　そのうえにたつ
あさひかみ　きみねんごろに
まつりして　のちかえまさん
みてくるま　とゝむるたみお
あわれみて　みつからまつり
きこしめす　おもむきつける
きぎすにて　むかつひめより
ことのりし　たかみにまつる
とよけかみ　もちこのすけと
はやこうち　あちことみたり
はやゆきて　まなゐのはらの
みやつかゑ　ことのりあれは
かとてして　みやつのみやに
あるときに　きみのみかりに
ちたるくに　みちおさためて
をさむのち

事刷新を行なわれました。

ヤソキネ（トヨケ大神の長子）の弟であるカンサヒを新たにマスヒトとして登用し、その補佐役にカンサヒの弟ツハモノヌシとチタルのマスヒトから降格させたコクミの二人を当てたのです。

こうしてサホコ・チタル両邦の改革を終えられたワカヒトは、安国宮に戻られることになりましたが、拠点を残す目的でツボネをミヤヅの宮に止め、前年からワカヒトの補佐として近侍している弟のソサノヲと重臣のアマノミチネを伴って出立されました。

それはネナトの年（ホツマヱト十番目。君の行幸期間は足掛け十年だったことになる）の三月中旬で、一ヶ月後の四月中旬に安国宮にお着きになりました。

やそきねのおと
かんさひお　ますひととなし
またおとご　つはものぬしと
こくみそえ　つほねととめて
かゑらんと　こそよりむかふ
そさのをと　あまのみちねと
かどでなす　ねなとやよいの
もちよりそ　うつきのもちに
かえります

伊勢の地　イサワへの遷宮　～　君は都おうつさんと

国政の難題を処理されて安国宮《ヤスクニ》に落ち着かれたワカヒトは、新たな気持で国政に取り組む決意を固められ、ヒノハヤヒコ（若き日のタケミカツチ）に各地の地図を作成するよう命じられました。ヒノハヤヒコはヤマト（＊当時はホツマ州《クニ》、コヱ州、ナカ州の範囲を含む地方名称がヤマトと推定される）の各地を巡り歩いて詳細な地図を作成提出しました。

ひのはやひこに
みことのり　なんぢくにゑお
うつすべし

ワカヒトは遷都《せんと》を考えておられたのです。この地図によって場所を決められ遷都の勅《みことのり》を出されました。そして造営責任者にはオモイカネを任命されました。新たな都とされたのは後にイセ（伊勢）と呼ばれる地で、新築落成した『イサワの宮』にお遷りになりました。

やまとめくりて
みなゑがく　きみはみやこお
うつさんと　おもいかねして
つくらしむ　なりていさわに
みやうつし　ここにいませは
むかつひめ　ふぢおかあなの
おしほゐに　うぶやのみみに
あれませる　をしほみのみこ
おしひとと　いみなおふれて
かみありの　もちゐたまゑは
たみうたふ

オシホミミの誕生

さて、セオリツ姫はこの時期になってやっと身籠もられました。ワカヒトのご意向によって、イサワの宮に程近い人里離れたフジオカアナのオシホヰ（伊勢外宮境内／聖水の湧く井戸がある）に設《しつら》えた産屋《うぶや》に籠もり、ひっそりとお生まれになったのがオシホミミの皇子、斎名オシヒトです。

嫡子の資格を持つこの皇子の誕生は世間に布れられ、神在りの餅飯が振る舞われると、国民は高らかに祝いの歌を歌って、祝賀の行事は盛大に行われました。

アマテル大御神の御子たち、タケコ、タキコ、タナコ

さきにもちこが
うむみこは　ほひのみことの
たなひとぞ　はやこがみつご

オシヒトの誕生より先に、北のスケであるモチコからアメノホヒ、斎名タナヒト（オシヒト誕生以後は改名してタナキネ）が生まれています。次に北のウチキサキであるハヤコから女の三つ子が生まれました。長女は斎名タケコのオキツシ

マ姫、二女は斎名タキコのエツノシマ姫、三女は斎名タナコのイチキシマ姫です。この三人の姫は後世、琵琶湖竹生島、相模江ノ島及び安芸厳島のご祭神としてそれぞれ奉祭され、神仏習合の後は三大弁財天の名で崇められています。

オシヒトより後に産まれた御子は、西のスケであるアキコが産んだ斎名タダキネのアマツヒコネ、次に東のスケであるミチコが産んだ斎名バラキネのイキツヒコネ、そして末子は西のオシモから北のウチメに昇格したトヨ姫アヤコが産んだ斎名ヌカタダのクマノクスヒで、以上、ワカヒトの御子はすべて五男三女の八人です。

香久宮と大内宮～タチバナ植えて　かぐの宮

イサワの宮でのワカヒトは、正面に橘《タチハナ》（カグの木）を植えた南殿を『カグの宮』と呼び、天御祖神《アメノミヲヤカミ》を祀る高間《タカマ》殿で神議りが行なわれました。東側に桜の木を植えたウオチミヤ（大内宮）は、御寝所とされました。

参議の重臣たちが行なう議事も、ワカヒト自らが下される決裁も、天御祖神の御前で恥じることのない、公明正大な国政となるよう意図されたのです。

こうした国家運営は日本中を安定させ、人民に平穏で豊かな暮らしをもたらしました。

ひはたけこ　おきつしまひめ
ふはたきこ　ゑつのしまひめ
みはたなご　いちきしまひめ
しかるのち　あきこがうめる
たたぎねは　あまつひこねぞ
しかるのち　みちこがうめる
ばらぎねは　いきつひこねぞ
とよひめは　ねのうちめにて
ぬかたたの　くまのくすひぞ
みこすべて　ゐをとみめなり
このとのに　たちばなうゑて
かぐのみや　きにさくらうゑ
うおちみや　みつからまつり
きこしめす　あまねくたみも
ゆたかなり

アマテル大御神の弟たち、外《ト》の宮のツキヨミと熊野のソサノヲ

目を転じて、この時期におけるワカヒトの兄弟親族の消息を訊ねてみましょう。

先に二名《フタナ》（四国）の混乱を鎮めたツキヨミは、その後も外の宮で四国地方の統治を続け、妻に迎えたイヨツ姫（イヨツヒコの娘と思われる）との間に斎名モチタカのイフキドヌシ（息吹戸主神）が生まれました。

それより前、父イサナギからネ州《クニ》のサホコ邦《クニ》を統治するよう命ぜられていた三男のソサノヲは、未だ一邦を統治する器量が具わらず、姉のワカ姫と出身地ミクマノの臣たちが君としての資質を身に着けさせようと懸命の努力を注いでいました。

　　　　　つきよみのつま
いよつひめ　うむもちたかは
いふきぬし　さきにたらちを
はなきねは　ねのくにさほこ
しらすべし　いまだひること
みくまのの　とみがたすけて
のちのきみ　なちのわかみこ
ぬかたたよ　いさなみまつる
くまのかみ

イサナミを祀るヌカタダ ～シコメがシヰお 枯らす神

若くして那智に籠もったワカヒトの末子ヌカタダは、祖母イサナミを熊野神としてお祀りし、『クマノクスヒ』（熊野樟日命　熊野那智神社ご祭神）と称え名を与えられました。熊野神の祭祀を通じてヌカタダは、祖父イサナギが開いた悟り（五アヤ参照）の境地に達しました。

その境地とは、生命の本質は魂であり、生きとし活ける者は天御祖神《アメノミヲヤカミ》から魂に魄《シヰ》と肉体を結い合わせて地上に遣わされているのです。この世での生を終えると、

肉体は滅び魄が分離して、身軽になった魂は天に帰ります。

魂と分離して地上に残された魄は醜女《シコメ》によって枯らされます。魄を枯らす役目を負っている醜女は、カラス神と呼ばれています。

天上に昇った魂は、時を経て再び天御祖神から遣わされて転生するのです。これが『往き来の道』（十三アヤに詳述）の原理です。

ヌカタダがこの原理を悟った時、黒い鳥が群れ騒ぎました。ヌカタダはこの鳥が醜女の遣いであることを確信し、カラスと名付けました。

からすかみ　しこめがしゐお
とりむれて　まつれはくろき
いとなぎは　からすとなつく
ここおもて　あつしれたまふ
かくれます　あわちのみやに
いさおひは　ことはおわれと
をおかゑす　あめにのほりて
ととまりて　あひわかみやに
たがのかみ　やみおたします

伊奘諾尊の崩御 ～ 闇お治します タガの神

さて、ワカヒトの治世を静かに見守っていたイサナギは、いよいよ年老いて『アワジの宮』（淡路島伊弉諾神宮）でお亡くなりになりました。

生涯を奉げて取り組まれた国家の再建は成り、この世における役割は充分に果たしたにもかかわらず、イサナギの国造りへの思いは燃え尽きることなく、天に昇った後も魂の緒を地上にお返しになりました。その魂の緒は『アヒ若宮』（多賀大社）に留まってガ（闇《やみ》）をタ（治《た》）され、死後のイサナギは『タガの神』と呼ばれたのです。

闇を治すとはどういうことでしょうか。この世のあらゆる事象には二面性があります。目に見える光の部分と、目に見えない闇の部分です。人に関していえば、姿形や行動が光の部分であり、心の内が闇の部分です。

イサナギは『足引き』の体験から悟りを開かれました。万物は天御祖神《アメノミヲヤカミ》が創造された自然の摂理の中で生かされており、往き来の道に従って転生を繰り返すという原理です。

このことを国民全員に知って欲しい。イサナギの思いは、天日神《アマヒカミ》となった皇子ワカヒトに受け継がれ、ワカヒトは後に『瓊矛《とほこ》』に『鏡』を加え、三種の神宝とされるのですが、その経緯は十七アヤに詳述されることになります。

オシヒトを養育するワカ姫ヒルコ

ところで、オモイカネの命と結婚してアメヤス川の『ヤマトヤス宮』（滋賀県野洲町附近）にお住まいだったワカ姫は、ワカヒトの日嗣の皇子オシヒトを養育することになり、『アヒ若宮』を養育の宮として引き移られました。

ワカ姫は『シタテル姫』の称え名を授かり、オモイカネと共にこの宮を本拠にイサワの宮の出先機関として、ネ邦《クニ》と共に先に機構改革の成ったサホコ邦を兼ね治められました。

このご夫婦の間に生まれた御子が斎名シツヒコ、後のタチカラヲ（天手力雄神）です。

やまとやすみや
ひきうつし　あめやすがわの
ひるこひめ　みこおしひとお
ひたします　ねとさほこくに
かねをさむ　したてるひめと
あちひこと　いせおむすひて
もろともに　ここにをさめて
うむみこは　いむなしつひこ
たちからおかな

ホツマツタヱ御機《ミハタ》の七《ナ》

遺《のこ》し文《ふみ》祥禍《サガ》お《を》断《た》つアヤ

シラヒトとコクミの悪行～コクミハハコお 犯す罪

良きにつけ悪しきにつけ、世の中に人知の及ばない現象が起こるのは、みな『天の巡り』と呼ばれる天体の運行によって生じているのです。

何かの現象が起こる時には、何らかの予兆があるのではないかと、人は遥か昔から天体の運行と地上の現象との関係を観察してきたので、感性を研ぎ澄ました人であれば、様々な方法で予兆を見出し、吉凶を判断することができます。

そのような人は、例えば、透明度の高い水晶玉を凝視していると、玉の中に濁りや明かりや色が見えてきて、それによって予兆を感じ取るのです。

このように、天体の運行に基づく予兆を見出して、吉凶を判断することを『サガオタツ（祥禍を断つ）』といいます。

吉事なら良いのですが、凶事は予め対策を打って防がねばなりません。イサワの宮に出仕している諸神たちはみなその意識が高く、常に祥禍《サガ》を断ちつつ国政の指針にしていました。

もろかみの　さがおたつとき
さほこより　つはものぬしが
かぐみやに　ききすとばせて

ある時、サホコ邦の副《そえ》マスヒトとして赴任していたツハモノヌシから『カグの宮』（イサワの宮の南殿）へ急使があり、次のような文面の親書がワカヒト（アマテル大御神）宛てに届けられました。

「君（ワカヒト）がサホコ邦の改革をされた（六アヤ参照）時の人事異動で、私と共に副《そえ》マスヒトに任じられたコクミの犯罪を告発致します。

　コクミは政《まつりごと》を怠《おこた》ったかどで民から訴えられ、君命により降格されましたが、その後の私の調べで、大変な余罪を犯していることが判明致しました。

　経緯を辿りますと、ネ州《クニ》三邦《クニ》（ネ・サホコ・チタル）を一括統治するマスヒトの位にあったイサナギの弟君クラキネは、晩年に民の娘であるサシミメを後妻に迎え、生まれたクラコ姫を慈しみ育てられました。

　老いて独り身だったクラキネは、サシミメの兄と称するコクミを我が子の如く重用し、治めていたネ州三邦の内サホコとチタルの二邦を与えてマスヒトの位に就けました。

　クラキネが崩ずると、コクミはならず者仲間だったシラヒトをクラコ姫の夫に据え、まんまとクラキネの後釜として、ネ邦のマスヒトを継がせることに成功したのです。

　クラコ姫は父クラキネの亡骸をネ邦の立山に納めましたが、その葬儀が済むとシラヒトはクラコ姫を離縁し、母のサシミメと一緒に追放して、コクミの領地である西方のサホコ邦に追い遣ったのです。

　すべてはコクミと示し合わせて行なったことで、コクミは母娘を匿《かくま》うと見せかけて共に犯すという、邪悪な計画のもとに仕組んだ罠《わな》でした。

　君の改革でマスヒトになった私の兄カンサヒに、この調査結果を報告したのですが、カンサヒはこの犯罪を裁こうとしません。

ますひとが　たみのさしみめ
つまとなす　くらひめうめは
いつくしみ　あにのこくみお
このことく　さほこちたるの
ますひとや　いまはそえなり
くらぎねが　まかれるときに
しらひとお　ねのますひとに
くらこひめ　みおたてやまに
をさむのち　ははこおすてて
つにおくる　こくみははこお
おかすつみ　かんさひこれお
ただこねは

このような悪事を正さずに捨て置いてはネ州が無法地帯と化し、全国に及ぶ怖れがありますので、高間殿《タカマ》での御裁断を仰ぎたく、告発するものであります」

この奏上によって早速重臣が勅使として派遣され、カンサヒとコクミ、それに母娘が召喚《しょうかん》されました。

みはたより　とみこれおこふ
かんさひと　さおしかにめす
たかまにて　こくみはこと
こくみいふ　かなさきとわく
わがつまよ　さしめはまこと
おしてあり　きみさりますの

コクミの審理～また問う汝 何者ぞ

高間殿《タカマ》での審理はカナサキによる尋問で開始され、コクミは次のような弁明を行ないました。

「私はサシミメを犯したりしていません。実はサシミメは元々私の妻なのです。クラキネ様が身罷《みまか》る時、妻を私の元に返すと言われ、証文をいただきました。ここに持参しております」

ネ三邦《クニ》に君臨したクラキネとは、度々公文書の遣り取りがあり、教養の高さを窺わせるクラキネの筆跡は、裁判長のカナサキも熟知していましたが、コクミが提出した証文は、病床でしたためたとしても、一目で偽作されたものと判定できるものでした。

慎重に質問を重ねてきたカナサキでしたが、怒りの感情がこみ上げてきます。

「汝は自分を何様だと思っているのか。臣の位を得る目的だけのために、卑屈な手段でクラキネに取り入って邦君の地位を得た、獣にも劣るただの罪人である。

　被告人がクラキネの寵愛を受けるに至った経緯は、老齢で後継者もいないクラキネの心理状態に乗じて、美人の誉れ高いサシミメをクラキネの妻に推挙し、自身はサシミメの兄を装ってその功績で側近に取り立てられたものである。

　サシミメも愛する夫の出世を手助けするために、クラキネを欺いたこと明白ではあるが、被告人コクミと妻サシミメが当初に取った行為は、世の批難を受けようとも、刑事罰の対象になることではなく、倫理的な問題である。

　このような背景の下に、被告人がクラキネ亡き後に取った行動は審理の対象になる。被告人はネ州の政権を私物化する欲望に囚われてクラキネの恩を忘れ、あまつさえ自分を邦君に出世するまで助力を惜しまなかったサシミメと、両恩人の間に生まれた一人娘であるクラコ姫に対して行なった獣にも劣る非道を、重大なる刑事事件として断罪するものである。よって判決を申し渡す」

またとふなんち
なにひとぞ　たみといふにぞ
おたけびて　けものにおとる
つみひとよ　さしめささくる
ゆかりにて　ますひととなる
みめくみの　きみなりははよ
さがみれは　きみおわずるる
ももくらと　ははもふそくら
おかするも　おしてのはちも
ももともも　ひめないがしろ

コクミの刑罰 ～ 天めぐり　ミモフソ度お　トホコのり

「まず、クラキネの恩を忘れた罪百『クラ（座）』、次にサシミメの恩を忘れた罪はサシミメにも非があることから二十座、次に母娘を犯した罪百座と、クラキネの遺言状を偽造した罪百座、そして政権を私物化するためにシラヒトと謀ってクラコ姫を追放させた罪五十座、合計三百七十座の有罪を宣告する」

ここに登場する量刑単位の『座《クラ》』は、現代における角度を表わす単位の度と同じ意味です。つまりこの時代の刑法である『トホコ法《ノリ》』では、天（アメ）の巡りの一周三百六十度（座）を四分割し、九十座を越えると所払い、百八十座を超えると流浪刑、二百七十座を超えると世間との交渉を一切絶たれ、三百六十座を越えると死刑という量刑が定められていました。

コクミの罪は天の巡りを越えて死刑に値するものでしたが、両神《フタカミ》が国家再建を果たして以来、死刑執行は慎重に行なわれるようになって、コクミも直ちに斬首されることはなく、牢に繋ぎ置かれ、次の被告人、ネ州のマスヒトに居座っているシラヒトの喚問に移りました。

ゐそくらと　すへてみをなそ
あまめくり　みをむそたびお
とほこのり　ところおさると
さすらふと　ましはりさると
いのちさる　よつわりすぎて
ほころびと　つつがにいれて
ねのくにの　しらひとおめす
たかまにて　かなさきとわく
ははおすて　つまさるいかん
こたえいふ　おのれはさらず
ははよりぞ　ゐゑすていづる
ひめもまま

シラヒトの審理～汝かざりて惑わすや

高間《タカマ》殿に召喚されたシラヒトに対し、カナサキの尋問は次のように始まりました。
「被告人。あなたが義母のサシミメを捨て、妻のクラコを離縁したのは何故ですか」
シラヒトの答弁は
「私は捨てたり離縁などはしておりません。義母が一方的に家を捨てて出て行ったのです。姫も義母と行動を共にしたままでのことで、捨てられたのは私の方です」

尋問が核心に近付いて、元は盗賊に類する暮らしをしていたことが露顕しかかると、シラヒトは平然と言い放ちました。

「私は代々高貴な臣の家柄なので、民の娘だったサシミメを取り立てて、クラキネの妻の座に就けてやったのに、それを感謝するどころか恩を仇で返すようなまねをしたので、追い出してやったのです」

これまで厳粛な面持ちで審理を進めて来た裁判長のヤソキネが、珍しく憤怒を露わにして強い口調で言いました。

「被告人シラヒト！　法廷を侮辱することは許さない。

被告人は虚偽の弁明と虚飾によって真実を覆い隠そうとしている。

トヨケ大神がミヤズの宮に赴任して以来、調査結果はすべてここに記録されている。その客観的事実から、被告人がコクミと共謀、また義母の協力があって、はじめて現在の地位と権力を得るに至ったことは明らかである。

被告人はサシミメに取り縋《すが》って出世できたのだ。また、クラコ姫との結婚はマスヒトの位を得るために、世間を欺く政略結婚だった。そのことがクラコ姫と世間に知られることを恐れる余り、計画的に行った犯罪なのだ。もしサシミメがクラコ姫にこのことを漏らせばクラコ姫の恨みを買い、真実を公表されないとも限らない。

被告人にとって最も安全な方法は、秘密が漏れないよう、先手を打って二人の

またもとおとふ
こたえいふ　よよのとみゆえ
ことなせり　はははたみのめ
すすめてぞ　きみのつまなり
をんめぐみ　なにわすれんと
ゐゐながす　かんみむすびの
しかりてぞ　なんぢかさりて
まどわすや　われよくしれり
ともおこゑ　ちからおかして
ははがあげ　まつりさづけて
ごとなすお　ははにしたえは
ひめがうむ　かくさんために
ながしやり　たみのめうばひ

口を封じることだった。被告人はコクミと共謀してこの犯罪を実行したのだ。
よって、判決を申し渡す」

シラヒトの刑罰 ～ 踏むがヰソ 掴むのムソで

ちからかす　めくみわするる
ふももくら　さるももくら
ふむがゐそ　つかむのむそと
よをそくら　これのかるるや
こたゑねは　つつがにいれて

「被告人シラヒトは、サシミメが自分を邦君の位にまで出世させてくれた、その恵みを忘れた罪二百座、地位保全のために二人を追放した罪百座」

裁判長ヤソキネは、世間を欺き、また法廷を侮辱した罪について、どのような判決理由にするか決め兼ねていたのですが、これ以上時間を費やすのは無駄とばかりに、次のように締め括りました。

「踏み付けにした罪五十座、掴み取った罪六十座、合計四百十座の有罪とする。最後に被告人に申し開きの機会を与える」

高間《タカマ》殿を舐めてかかっていたシラヒトは、一瞬後悔の表情を浮かべましたが、やがて居直りの表情に変わって押し黙ってしまいました。こうして高間殿での裁判は閉廷され、シラヒトも獄中の人となったのです。

国中の注目を集めた一連の裁判が終わると、天日神《アマヒカミ》ワカヒトへの信頼度は一気に高まり、誰いうとなくワカヒトは『大御神《ヲヽンカミ》』と呼ばれるようになりました。

ヤソキネのネ州守への補任 ～ イサナギは 祀れど弟の

をゑんかみ　もろとはかりて
やそきねお　ねのくにかみと
いさなきの　うぶやにおぢと
おばなれは　まつりたゑすと
みことのり　もちてたみたす
おぢとおば　しらやまかみそ
いさなぎは　まつれとおとの
くらきねは　まつらずもちが

アマテル大御神《ヲヽンカミ》は改めて諸臣と協議し、ネの州守《クニカミ》にヤソキネを任命されました。州守はネ州三邦《クニ》のマスヒトだった亡きクラキネよりも一段高い官職です。

アマテル大御神にとって、ヤソキネは母イサナミの兄であり、その妻シラヤマ姫は父イサナギの姉です。アマテル大御神が生まれる時このご夫婦は、イサナギが建てた産屋に駆け付けて諸事万端を切り盛りした上に、シラヤマ姫はアマテル大御神に産湯を使わせてくれた（四アヤ）、親族の中でも最も信頼し得るカップルです。

だからアマテル大御神は安堵の表情で、

「これでネ州の政治的不安は解消し、万事うまくいくようになった」

と諸臣に語られ、伯父伯母もネ州の人々からシラヤマ神と慕われたのです。

すなわち、『愚弟賢兄』という言葉通り、イサナギは国家建設に民衆教育にと政治的手腕を発揮して大いに貢献されたましたが、弟のクラキネは晩年にネ州の混乱を招いてしまわれました。

さて、ネ州は国の出先機関となっているミヤヅの宮が管轄していますが、先にミヤヅに派遣されていた北のツボネのモチコが采配を振るって、組織改革が行なわれました。

アマテル大御神はクラキネの娘であるスケのモチコに改革を一任されました。父親の没後の汚名を晴らす機会を与えた措置でしたが、正后の地位への望みを絶たれ、身内に不名誉の烙印を押されたモチコには、胸の内に妖しい炎が燃え上がっていたのでした。

モチコに救われたシラヒトとコクミ ～ 父マスヒトの マツリ継ぐ

モチコはまず、正式なクラキネの後継者として、先に（六アヤ）アマテル大御神《ヲヽンカミ》の人事でマスヒトに就任したカンサヒの子のアメオシヒ（天忍日命）を起用し、マスヒトの位に就かせるため、腹違いの妹であるクラコ姫の入り婿としました。アメオシヒはチタル邦《クニ》のヒカワに本拠を置きました。

次にモチコは、この婚礼祝いの特赦を理由に、獄中の死刑囚シラヒトとコクミを減刑し、所払いの処置として放免させたのです。二人は放浪しながらネ州を西に向かい、ヒカワに至ると、マスヒトのアメオシヒが救いの手を差し伸べて臣の列に加えました。

モチコがこの作為的とも受取れる一連の処置を済ませると、ミヤヅの宮は出先機関の機能を終えて北（ネ）のツボネはイサワの宮に戻され、モチコもイサワの宮に帰還しました。

くらひめお　かんさひのこの
あめおしひ　めあわせすけが
あにとなし　ちちますひとの
まつりつぐ　しらひとこくみ
このいわひ　なかばさおゑて
さすらひお　ひかわにやるお
ますひとの　わがとみとなす

ソサノヲとハヤスフヒメ～たおやめ在れば　これお問ふ

ミヤヅ宮とネ州《クニ》の間の調整役を担い、モチコが立案した改革を実務面で遂行したのは、アマテル大御神《ヲヽンカミ》からネに派遣された弟のソサノヲでした。

ソサノヲは父イサナギの遺言もあり、行く行くはネ州を治める立場に立つための訓練の場を与えられたものと、気を良くして精力的に動いたのですが、モチコの真意については知る由《よし》もなく、モチコの意向通り忠実に実行して、手際良く組織改革を終えたことに満足し、自信を持った様子です。

ソサノヲがネの改革実務を終えてイサワの宮へ帰還する途中、マナヰに立ち寄って祖父トヨケ大神が眠るアサヒ宮に詣でた時、そこに仕えるうら若い乙女に会いました。ソサノヲがその素性を問うと、乙女はありのままを答え、アカツチ（赤土命）の娘ハヤスフ姫とのことです。

ソサノヲは直ちにアカツチに宛てて使者を立て、ハヤスフ姫を得たいと申し入れたのです。

アカツチは折り返し『娘をあなた様の宮に嫁がせましょう』と返事を返してきました。

けれども、ソサノヲは未だ部屋住みの身で、自身の宮を持っていません。

アカツチは古くから天神の重臣として建国事業を支えてきたオオヤマスミ一族

そさのをは　これととのひて
まなゐなる　かみにまふでる
そのなかに　たおやめあれば
これおとふ　まかたちこたふ
あかつちが　はやすふひめと
きこしめし　きじおとばせて
ちちにこふ　あかつちみやに
とつがんと　いえどみやなく

の分家筋に当たる家柄なので、それなりの格式をもって姫を迎えなければ、アマテル大御神の弟という自分の立場も、アカツチの名にも傷をつけることになります。
ソサノヲは早急に宮を持つ算段をし、その上でハヤスフ姫を迎えようと心を決めました。
イサワの宮へ帰還して大内宮へ昇り、アマテル大御神への報告を済ませると、イサワの宮の一隅にある自室には戻らず、モチコとハヤコの元に向かいました。

をそうちの　おりおりやとる
ねのつぼね　ゑとやすめとて
うちみやの　とよひめめせば
ねのつほね　さがりなけけば
そさのをが　たたゑかねてぞ
つるぎもち　ゆくおはやこが
おしととめ　いさおしならは
あめがした

ソサノヲとモチコ・ハヤコ～イサオシならば　天が下

以前からソサノヲは北の局へ出入りし、時には夜を明かすこともあったのです。その報告を受けていた正后セオリツ姫は、意を決してモチコ・ハヤコ姉妹に蟄居を申し渡し、西のオシモメだったトヨ姫アヤコを召して、北の局の管理を命じました。

北の局を追われてイサワの宮の一隅に部屋を与えられたモチコとハヤコは、ソサノヲを誘い盛んに嘆いて訴えます。

するとソサノヲがやにわに剣を持って廊下に飛び出しました。ハヤコはそれを追いかけ、袖をつかんで押し止めました。

「セオリツ姫を斬ったとて、天下を取るのでなければ、何にもなりません。私たちが下地工作をして、各地に同胞を集めますから、それまでは事を荒立てないでください」

　そこへ折悪しく、南のウチメのハナコが通りかかりました。ハナコは何も気が付かぬ様子で涼しげな顔をして通り過ぎたのですが、ハヤコの言葉をしっかりと聞き取っていました。ハナコはその一部始終を姉セオリツ姫に告げ、セオリツ姫はハナコに口止めをして、時を待ちました。

モチコ・ハヤコの筑紫蟄居 〜 必ず待てよ 時ありと

　ある日、アマテル大御神《ヲヽンカミ》が重臣たちを伴って行幸された留守に、セオリツ姫はモチコ・ハヤコ姉妹を召し、次のように申し渡されました。

「そなたたちの企みは露顕しています。本来なら公の場で重罪に処されるべきところですが、アマテル大御神の心を煩わせることになるので、私の一存で処罰します。しばらくの間、遠隔地へ行って冷や飯をお食べなさい。ツクシでの蟄居を命じます」

　こうして、モチコ・ハヤコ姉妹はツクシに流されることになりました。御子たちに罪があるわけではなく、各々《おのおの》本人の意志で去就が決められましたが、モチコの子でアマテル大御神の長子タナキネ（アメノホヒ＝天穂日命）は父の元に残り、ハヤコの三人の娘はまだ幼いこともあって、母親と共にツクシに下ることになりました。

はなごきたれば
ほこかくす　みぬかほすれど
うちにつげ　あるひたかまの
みゆきあと　もちこはやこお
うちにめす　ひにむかつひめ
のたまふは　なんちらゑとが
みけひえて　つくしにやれは
つぐみおれ　たなきねはとる
をはちちに　めはははにつく
みひめこも　ともにくたりて

周囲の者たちは三人の姫に同情を寄せて、ハヤコに次のような言葉を掛けて諭《さと》しました。

「ツクシでじっくりと姫たちを養育していればきっと良いことがあるから、くれぐれも短気を起こさずに辛抱しなさい」

ツクシでは宇佐のアカツチがその受け入れを命じられ、住まいを『宮』と呼ぶに相応しい景観に建て替えました。

けれども、モチコ・ハヤコ姉妹はツクシに到着しても、恨みつらみは日毎に募って、アカツチもなす術を知らないというありさま。最大の問題は、ハヤコが怒りに身を任せて三人の姫を養うどころではなかったことです。

ひたしませ　かならずまてよ
ときありと　むべねんころに
さとされて　つくしあかづち
これおうけ　うさのみやゐお
あらためて　もちこはやこは
あらつほね　おけばいかりて
ひたしせず

大蛇に変ずるモチコとハヤコ ～サスラなす ふたサスラ姫 憤り

この状況が内宮に伝えられると、正后セオリツ姫は三人の姫をトヨ姫の元に引き取って養育することにし、改めてモチコとハヤコに流浪の刑を申し渡しました。

ふたサスラ姫となったモチコ・ハヤコ姉妹は恨みと憤りに身をやつして、チタル邦《クニ》のヒカワに至ると大蛇になってとぐろを巻きました。嫉妬に駆られて人間性を失った人を大蛇に例えるのです。

ヒカワには、マスヒトのアメオシヒをはじめ、姉妹に恩義を感じている者たちが集まっています。コクミやシラヒトも姉妹を受け入れて献身的に仕え、ここに

　　　　　うちにつくれば
とよひめに　ひたしまつらし
さすらなす　ふたさすらひめ
いきどほり　ひかはにいかり
なるおろち　よにわたかまり
こくみらも　つかえてしむお
うばいはむ

両サスラ姫を擁してアマテル大御神への対抗勢力ができあがったのです。イサワの宮にいるソサノヲは、自身の意志とは無関係に、この勢力から旗頭に据えられ、否応なく泥沼の政治闘争に巻き込まれていくのです。

素戔嗚命の乱行、諭《さと》しの御歌～苗代頻蒔《ナシロシキマ》き　畦《ア》お放ち

さて、謀反の中心人物にされてしまったソサノヲは、本人に自覚がないことから、責めを負わずに済んではいたのですが、人々の見る目が変わってどうにも居心地悪く、ストレスが昂じて、次第に子供の頃に戻ったかのように、凶暴性を発揮し始めました。

その所業も手におえない悪童のようで、神田の早苗が出揃った苗代《ナシロ》に再び種を撒いて稲の成長を阻害したり、田の畦《あぜ》を壊して干上がらせたりと、アマテル大御神《ヲヽンカミ》の政事を妨げる狼藉を行なって、ニイナメ（新嘗）の祭りに供える初穂が心配される事態に陥りました。

また、アマテル大御神がニイナメの祭りに着用される神御衣《カンミハ》を織る殿を汚すに及んだので、さすがのアマテル大御神もソサノヲを叱責され、斎衣殿《キンハトノ》への立ち入りを禁じて扉を閉ざしました。

逆に怒ったソサノヲは、斎衣殿《キンハトノ》の甍《いらか》を穿《うが》って斑の馬を投げ入れたのです。中で神御衣を織っていたハナコが身をかわす間もなく下敷きになり、機織りの梭《ひ》が身

　　　　そさをのしわざ
めぢきなく　のしろしきまき
あおはなち　みのらずみその
にいなめの　かんみはおれば
とおけがす　これたたされて
そさのをが　ひとりかふむる
ゐんはとの　とづればいかる
ぶちこまお　ゐらかうがちて
なげゐるる　はなごおどろき

体に突き刺さってお亡くなりになってしまいました。

　ハナコの突然の訃報に泣き騒ぐ声で、事の次第を察知されたアマテル大御神は、意を決して怒りを表わされ、ソサノヲに向かって次のように宣告されました。

「お前は卑劣な手段で国を得ようと企んでいる。たとえ国を手に入れたとしても、『道なす歌』の精神を理解していないお前に治められるわけがない。

　　天が下　和して巡る　日月こそ
　　晴れて明るき　民の親《タラ》なり

　この歌の通り、日と月が地上を明るく照らすように、天下万民の和を計り、恵みを与える政を行なってこそ、人民から親の如く慕われ、国家社会を維持して行けるのだ」

　兄と違って君子教育を受けていないことが、ソサノヲのコンプレックスとなっていました。その兄から痛いところを突かれて、ソサノヲの頭には一気に血が昇り、岩を蹴散らして荒れ狂ったのです。

ひにやふれ　かみさりますと
なくこえに　きみいかりまし
そさのをに　なんぢきたなく
くにのぞむ　みちなすうたに
あめがした　やわしてめぐる
ひつきこそ　はれてあかるき
たみのたらなり
そさのをは　いわおけちらし
なおいかる

天照大神の岩室隠れ ～ 入りて閉ざせば 天が下

アマテル大御神《ヲ、ンカミ》は身の危険を感じ、また深い自省の念をおこされて岩室に入って中から戸を閉ざしました。重臣たちはソサノヲを取り押さえてアマテル大御神にお出ましを願ったのですが、岩室の戸は閉じたまま応答がありません。

一日二日と経過するうちに重臣たちは不安に襲われました。アマテル大御神がいない今、日々動く国政にどう対処すれば良いのか、右往左往するばかりで為す術を知らない有様です。

思えば、人々は天下泰平に慣れ切っていました。太陽のように当り前の存在だったアマテル大御神が姿を隠されただけで、この世が暗闇に包まれたかの如くに感じられたのです。

　　　　　きみおそれまし
いわむろに　いりてとさせば
あめがした　かがもあやなし
やすがはの　やみにおどろく
おもいかね　たびまつにはせ
こにとひて

高間殿《タカマ》での神議り ～ 闇に驚く オモイカネ

中央政府の要職から退いて、妻ワカ姫と余生を送りながら、近江多賀宮でオシヒトの養育をしていたオモイカネが、野洲川辺におられてこの異変を知ったのは、人々のおののきが伝わってからでした。

驚いたオモイカネは闇の中、松明《たいまつ》を翳《かざ》して伊勢に駆け付けました。イサワの宮に到着するとアマテル大御神に仕える息子のタチカラヲに事の詳細を聞き、直ぐに高間殿《タカマ》の議会を招集しました。アマテル大御神《ヲ、ンカミ》の心を読める者は他に誰もおらず、全員がオモイカネの指示に従って、岩室におられるアマテル大御神にお出まし願うための祈りを行なうことになりました。

役割分担が決められ、先ずツハモノヌシ（兵主神）が、マサカキの上の枝に瓊《ニ》玉《タマ》を、中程の枝にはマフツの鏡を、そして下の枝には和幣《ニギテ》を掛けて、祭りの場を設《しつら》えました。

ウスメらの常世の踊り～トコヨの踊り　ナガサキや

ウズメ等を踊り手として、日蔭蔓《ひかげのかずら》の蔓《つる》で襷掛《たすきか》けし、錦《にしき》で柄《つか》を巻いた矛《ほこ》を持たせました。

また朮《おけら》を焚いて庭火とし、篠《しの》を活けて結界を作り、笹で湯を撒《ま》き、その場を浄め、中央に御座をしつらえて、舞台を照明する篝火《かがりび》を灯しました。

こうしてオモイカネが深く思いを巡らせた準備は整い、いよいよ『常世の踊り』が始まりました。

常世の長鳴き鶏の鳴き声に似せたメロディーに、クニトコタチを想う詩を付けたと伝承される『ナガサキ』という題名の歌を、声量豊かな専門歌手が魅力一杯に歌いました。

たかまにはかり
ゐのらんや　つはものぬしが
まさかきの　かんゑはにたま
なかつゑに　まふつのかがみ
しもにきて　かけゐのらんと
うすめらに　ひかげおたすき
ちまきほこ　おけらおにはび
ささゆはな　かんくらのとの
かんかがり　ふかくはかりて
おもいかね　とこよのおどり
ながさきや　わざおきうたふ

カグの木枯れても匂ゆ　萎《しお》れても良や
吾が夫《つま》　アワ　吾が夫《つま》アワヤ
萎れても良や　吾が夫《つま》アワ

（訳文）愛しい人は逝ってしまわれたけれども、その思い出は今でも私を幸福にしてくれる。楽しかった日々の思い出は優しく私を包んでくれている。愛しい人、ああ、私の愛しい人よ、今でも私を優しく包んでくれている、私の愛しい人、ああ。

諸神は岩戸の前に陣取り、歌と踊りに酔いしれました。歌詞に登場する愛しい人は、アマテル大御神《ヲヽンカミ》ともイメージがダブり、男女を問わず誰もが心を同じくし夢心地のようになりました。

かくのき　かれてもにほゆ
しほれてもよや　あがつま
あわ
あがつまあわや
しほれてもよや　あがつま
あわ

もろかみは　いはとのまえに
かしまどり　これぞとこよの
ながさきや

アマテル大御神のお出まし ～ツワモノヌシが しめ縄に「な帰りましそ」

人々を魅了する澄んだ歌声は岩戸の中にも微かに伝わったので、アマテル大御神《ヲヽンカミ》は聞き耳を立てておられましたが、次第に心が和んで、もっと間近で聞き、踊りも見たいと思われ、隙間ができる程度に戸を動かされたのです。

待ち構えていたタチカラヲはその機を逃さず、隙間に手を入れ渾身の力を込めて岩戸を開け放ち、アマテル大御神の御手を取って外界へお連れしました。

きみゑみほそく
うかかえは　いはとおなぐる
たちからを　みてとりいだし
たてまつる

すかさずツハモノヌシが岩室の入り口に注連縄を張り渡し、「もう岩室にはお戻りにならないで下さい」と申し上げました。

つはものぬしが
しめなわに　なかえりましそ

素戔嗚命の刑罰とセオリツ姫の助命 ～シタタミの サスラ遣らひき

無事にアマテル大御神《ヲヽンカミ》のお出ましがなり、高間殿《タカマ》でソサノヲが裁かれることになりました。

ソサノヲの咎《とが》は千座《くら》を越え、トホコ法の規定では死刑に相当する量の三倍にも達したので、死刑よりも重い罰を与えられました。即ち髪を引き抜き、もう一つ爪を抜いてから死刑を執行するという判決です。

この時セオリツ姫から助命の申し立てがなされました。セオリツ姫は次のような内容で重臣たち一人一人を説得したのです。

ソサノヲが　仕業は血脈《シム》の
虫なれど　祥禍《サガ》無《な》く獄舎《ツツガ》
無からんや　ワヤ

しかるのち　たかまにはかり
そさのをの　とがはちくらの
みきだがれ　かみぬきひとつ
つめもぬき　まだとかねば
ころすとき　むかつひめより
さおしかに　うけものゐのり
よみかえす　はなこのよもさ
つくのゐは　さがおあかせよ

そさのをが　しわざはしむの
むしなれど　さがなくつつが
なからんやわや

「ソサノヲの命を奪っても、決して妹ハナコが浮かばれる訳ではありません。ソサノヲが己の行為を反省して罪の大きさを覚り、この世に生き長らえて、回生と償《つぐな》いの努力をすることこそがハナコの恨みを解き、安らかに天上に昇ることを可能にするのです。

　ソサノヲの所業は心の中に巣食った虫の仕業で、一族の汚点をなしてその罪は重いのですが、前非を拭い去る道は殺す以外には無いのでしょうか。きっとあるはずです」

　セオリツ姫の説得は重臣たちの心を動かしたので、高間《タカマ》殿で再度の協議が行なわれ、減刑が決まって君もその結論を採択されました。

　千座を越えていた罪は、先の体罰によって四割方は償いが済んでいました。協議の焦点は残る科量をどうするかに絞られたのですが、結局残りの罪科を三百座に半減させることに決まって、世間との交わりを絶たせ放浪させる刑で再審は決着されたのです。

　トホコ法では死刑の次に重い刑で、戸籍が抹消され人格も剥奪されます。世間からはシタタミ（下民）と呼ばれて敬遠されるから、獣《けもの》同様の放浪生活を余儀なくされるのです。菅笠《すげかさ》と蓑《みの》は必需品で、『青色の衣』を着せられ、所在や行動については監視の目があるので、悪事を働けばたちまち捕らえられます。更正が認められて許されるまで、放浪生活は続きます。江戸時代に無宿人と呼ばれた人々の存在はこの制度の名残りなのです。

ことのりお　もろがはかりて
あめもとる　おもきもしむの
なかばへり　ましわりさると
すがさあを　やゐはゐもとむ
したたみの　さすらやらいき

ミチスケの歌～チワヤフルとぞ　楽しめば

一方、岩戸隠れの一件以来、アマテル大御神《ヲヽンカミ》の治世は安定度を増して、太陽のような君という認識が定着して、いつしか『アマテル』とか『アマテラス』と尊称されるようになりました。人々の表情は輝きを増し、生活を楽しむ余裕も生じたので、世相を反映して東のスケ大宮姫ミチコが詠った『ミチスケの歌』が流行しました。

あはれ　あな面白　あな楽し
あなさやけ　オケ
さやけ　オケ
あはれ　面白
さやけ　オケ　あな楽し

誰もかもが手拍子を打って、歌ったり舞ったり、心を高揚させて楽しんでいる様子をお聞きになり、アマテル大御神は満足げにおわしました。

さて、流浪の刑に処せられた人間は、あてどもない旅暮らしを強要されますが、行先を選ぶ自由は与えられていました。ただし一度行先を決めたら、その街道を外れることは許されないのです。

ををんかみ　しろしめされは
あまてらす　ひとのおもても
たのしむに　みちすけのうた

あはれ　あなおもしろ
あなたのし　あなさやけ
おけ　さやけおけ
あわれ　おもしろ
さやけおけ　あなたのし

あひともに　ておうちのべて
うたひまふ　ちはやふるとぞ
たのしめは　これかんくらに
あまてらず　ををんかみなり

素戔鳴命のヤスカワ訪問～姉問わく「さ心は何？」

ソサノヲは父イサナギの遺言もあり、かつて兄や北のツボネと共に治めた経験から、特別の思い入れがあったので、行先をネ州《クニ》に決めました。その道すがら、姉のワカ姫に会見を申し入れました。姉は、

「世間との交渉を一切絶たれた罪人であるそなたに会えば、法を犯すことになるけれど、立寄るだけなら許されましょう」

と承知しました。

ソサノヲがヤス川辺の館に昇って行くと、その足音は軍馬の響きのように聞こえ、大地は轟き、風は雄叫びのようにうなりをあげました。

ワカ姫は、ソサノヲがサスラ男となっても、その荒々しい性状は治っていないことを知っており、元々警戒心を抱いていたので、驚き考えました。

「弟が来るのは他でもない、この邦を奪おうと思ってのことに違いない。父母から受け継いだ明るく豊かで住み心地の良いこの邦を、身を賭して守ることをしなければ、姉にさえも刃を向けて奪い取ろうとするだろう」

ワカ姫は髪を揚巻《あげまき》に結い直し、御裳裾《みもすそ》を両足に縛って袴《はかま》とし、五百連のミスマル連珠を身体に巻き付けました。そして千本矢の靫《ユキ》と五百本矢の靫を肘に着けて、弓を高々と振りかざし、右手には剣を携えました。

さすらをは　みことおうけて
ねにゆかん　あねにまみゆる
しばしとて　ゆるせはのぼる
ゐすかはべ　ふみととろきて
なりうこく　あねはもとより
さすらをが　あるるおしれは
おとろきて　おととのくるは
さはあらじ　くにうばふらん
かそいろの　よざしのくにお
すてをれは　あゑうかがふと
あげまきし　もすそおつかね
はかまとし　ゐをにみすまる
からまきて　ちのりゐをのり
ひらにつけ　ゆはずおふりて
つゐぎもち

こうして戦闘態勢を整えたワカ姫は庭の地面に裸足で降り立ち、力足を踏んで腹の底から大音声を発して、来訪の目的を詰問しました。

するとソサノヲは穏やかな口調で答えました。

「姉上、恐れることはありません。昔父上から命じられていたので、放浪の行先をネ州に決めました。姉上にお目にかかってから行こうと思っただけなのです。遠方から弟が訪ねて来たのですから、疑いを解いて労をねぎらってくれてもよいではありませんか」

姉はなおも警戒を解かずに問い掛けました。

「そなたがここへ来た本心をはっきりと答えなさい」

素戔嗚命のウケヒ ～ 女ならば穢れ 男は清く

ソサノヲは答えて話し始めました。

「私は流浪の罪に落とされ、追放されましたが、兄上より私の方が、国家統治者の資質に優れています。それを証明してくれるのは天御祖神《アメノミヲヤカミ》です。私が神に誓って占いますから、その誓約《ウケヒ》に証人として立ち会っていただきたいと、こうしてやって来たのです。

かたにわふんて　けちらして
いつのおたけに　なじりとふ
そさのをいわく　なおそれそ
むかしねのくに　ゆけとあり
あねとまみゑて　のちゆかん
はるかにくれば　うたがわで
いつかゑしませ　あねとわく
さこころはなに　そのこたえ

私はネ州に着いたら妻を娶《めと》って子をもうけるつもりです。その子が女なら私は汚れており、男だったら私の心は清く澄んでいることが証明されたことになります。

これが天御祖神に占う誓約の内容です。

昔、兄君はマナヰの仮宮でサホコ邦《クニ》の改革をなされた時、私は傍に仕えていたのでよく知っていますが、ミスマルの連珠を清水で濯《そそ》ぎ、兄君はタナキネをモチコに生ませました。

それは良いのですが、正式に床神酒の儀式を行なって、ハヤコをお召しになったら、その夜兄上は夢を見られました。十柄《とつか》の剣が三段に折れ、折れた剣を念入りに噛み砕くと、それは三タ（タは民《たみ》、貴《とうとい》、咫《タ》の意味が重複）になったという夢です。

夢のお告げでハヤコが生んだのは三つ子の姫で、兄上はこの三人の姫にタから始まる斎名を付けられました。タケコ、タキコ、タナコです。

私が汚れているなら姫を得ることになります。もしそうであれば、私も兄上と同じく、君に相応しくない、取るに足りない恥曝しの男ということです。

この誓約をよく覚えておいて下さい」

ねにいたるのち　こおうまん
めならはけがれ　をはきよく
これちかいなり　むかしきみ
まなゐにありて　みすまるの
たまおそそきて　たなぎねお
もちにうませて　とこみきに
はやこおめせは　そのゆめに
とつかのつるぎ　おれみきだ
さかみにかんで　みたとなる
みたりひめうむ　たのいみな
われけがれなは　ひめおゑて
ともはぢみんと　ちかいさる

こう言い残して、ソサノヲはネ州に向けて去って行きました。

三女神の誕生と陰のミヤビ ～ 過ちお 晴らして後に

余談ですが、アマテル大御神《ヲヽンカミ》の三人の姫は成人した後、タケコはオキツ島姫として琵琶湖竹生島に、タキコはエツノ島姫として相模江ノ島に、またタナコはイチキ島姫として安芸の宮島（厳島）にそれぞれ祭られて人々から崇敬され、この自業自得でサスラ男となった叔父の中傷を後年見事に払拭したのでした。

　　　　　ひめひとなりて
おきつしま　さかむゐのしま
いつくしま　みからさすらふ
さすらをの　かげのみやびの
あやまちお　はらしてのちに
かえります

両神の遺教《のこしのり》 ～ 必ずこれお な忘れそ此れ

さて、両神《フタカミ》イサナギ・イサナミは存命中に後世に宛てて次の教えを遺《のこ》されました。

「天の巡りには、日食や月食のような不吉な現象があり、人の生命活動にも影響して様々な節《ふし》が生じます。天の節を予見するには、『マサカニ』という水晶玉を凝視して観測するのです。

マサカニの内部が凝って濁りが現われる時は天の節に当たっており、そのような時に生まれてしまったソサノヲは、魂の緒が乱れて国家に害をなす存在となったのです。このような過ちを繰り返してはなりません。

　　　　　むかしふたかみ
のこしふみ　あめのめぐりの
むしばみお　みるまさかにの
なかこりて　うむそさのをは
たまみたれ　くにのくまなす
あやまちそ

子の正しい育成とは、男児の場合は、父親の信条を受け継いで、高い理想と、包容力を持った人間になるように育てます。また女児の場合には、母親の信条を受け継いで、運命に順応しながら道を切り開いていく人間になるように、育てなければならないのです。

結婚とは、仲人を介して縁を結ぶべきです。それによって当人同士は元より、仲人も加えた親類縁者の輪が広がり、しいては社会との絆も深まるからです。

妻となった女性は月潮が納まった三日後に、身も心も清浄に保ち、朝日を拝む心境で夫の愛を受け入れれば、生まれ来る子の未来も明るく豊かになります。

人の生命現象は、天地自然の運行の下に営まれています。その条件が満たない時に孕《はら》んだ子は、必ず荒れて社会に害悪を及ぼすのです。

理想国家の建設に生涯をささげてきた中で、ヒヨルコとソサノヲと、前後二回の誤りを冒《おか》してしまいました。

この我が恥を後世への教訓として、より良い国家造りに生かして欲しいものです。

決してこのことを忘れてはいけません。くれぐれも」

をはちちにゑて
はおいだけ　めはははにゑて
あとゐねよ　うきはしをゑて
とつぐべし　めはつきしほの
のちみかに　きよくあさひお
おがみうけ　よきこうむなり
あやまりて　けがるるときに
はらむこは　かならずあるる
まえうしろ　みたれてながる
わがはぢお　のちのおきての
うらかたぞ　かならずこれお
なわすれそこれ

『フトマニ』

上記のとおり「ホツマ文字（ヲシテ）」を放射状に配列して、ひとつひとつの文字によって象徴される神々（はたらき）の関係性を表したもので、正確には「モトアケ」と称される図です。
『フトマニ』は、128首の和歌によって物事を占う謂わば「易経」のようなヲシテ文献です。『ホツマツタヱ』の中でも何度も引用されて登場人物に示唆を与えています。吉凶判断の基準となる原理は、この「モトアケ」の配座によって導き出されていると考えられます。
・中央に「アウワ」モトモトアケの天御祖神
・一番目の輪「トホカミヱヒタメ」ヤモトカミ（左巻き）
・二番目の輪「アイフヘモヲスシ」アナミカミ（右巻き）
・三、四番目の輪（二文字ひと組）16組の音韻　ミソフカミ
という形状で配座されています。この配座の関係性は、宇宙の有様を捉えた概念図でもあると考えられます。中央の「モトモトアケ」とそのまわりを外向きに囲んで並ぶ「ヤモトカミ」は、合わせて「コホシ（九星）」とも呼ばれ、また、「ココノホシ（九曜の星）」あるいは、「アメトコタチ（天常立）」とも呼ばれます。全部で４９音座（51文字）あり、ホツマの48音声と異なりますが、それは、中央の「アウワ」が「初のひと息」と称される原初のエネルギー発動を意味して特別に配座されているからです。

ホツマツタヱ御機《ミハタ》の八《ヤ》
魂返《たまかえ》しハタレ討《う》つアヤ

アメのフシ～植ゑ替ゑて 節にあたれば

日の御霊《みたま》を受けて生まれ、太陽の申し子と言われている通り、アマテル大御神《ヲヽンカミ》の治世は地表のすべてを平等に照らし、人々に心豊かで快適な生活をもたらしました。満ち足りた日々は鈴暦伝暦年で二十三万二千三百八十二年（約二十年）を数えてもなお変わらず、時は緩やかに流れておりました。アマテル大御神は長い治世の疲れも見せず、ますます若やいで坐します。

五百継ぎ天のマサカキも、今年二十四本目の寿命が尽きて枯れる年に当るので、アマテル大御神は二十五本目の苗をお手植えされました。

マサカキの寿命が尽きることをサクスズ（拆鈴）と言って、拆鈴《サクスズ》の年は天の節に当り、必ず大きな異変があると古来言い伝えられています。何か良からぬことが起るのではないかという不安が人々を襲い、変事の予感は黒雲のように国中を覆っていきました。

事の発端はマスヒト問題でした。七アヤでの事件は解決したかに見えたのですが、消え残った火種はその後もくすぶり続け、今再び燃え上がったのです。

をそんかみ　あめがしたてる
くしひるに　たみもゆたかに
ふそみよろ　ふちみをやその
ふたとしお　へてもやすらや
みかたちも　なおわかやぎて
をわします　ことしふそよの
さくすずお　ふそゐのすずに
うゑかえて　ふしにあたれは
ねのくにと　さほこのくにの
ますひとが　うちのしらびと
こくみらが　をやもおかして
こもおかす　とがあやまちも

類は友を呼ぶ、ハタレの発生～まいない掴む マメならず

高間《タカマ》殿の裁判で、ひと度死刑が確定したシラヒトとコクミは、ネ州の行政管理

を任されたモチコ・ハヤコ姉妹の依怙贔屓《えこひいき》によって減刑され、死罪を免れて流浪刑となっていました。チタル邦ヒカワでネ州のマスヒトに就任したアメオシヒは、モチコ・ハヤコ姉妹の傀儡《かいらい》だったので、放浪中のシラヒトとコクミに手を差し伸べ、召し抱えてネ州政庁での行政を任せたのです。

　モチコ・ハヤコ姉妹の実家に持ち上がった騒動とはいえ、根っからの悪人である二人の処分をこの姉妹に任せたことは、アマテル大御神《ヲ・ンカミ》にとって唯一の悔まれる失政となりました。

ふためとの　かしこところの
ひきつりに　ゆるせはかかゑ
くにおたす　まいないつかむ
まめならす　ついにおろちに
なめられて　のりのくずるる

シラヒトとコクミに支配されるネ州の人々は、以前にも増して苦渋をなめることになったのです。二人の行状はと言えば、賄賂《わいろ》は要求する、怠けて行政は滞らせる、法を曲げる等と、悪政の限りを尽くしていました。

　更に、悪いことは重なるもので、モチコとハヤコが罪を得て宇佐のアカツチの宮に流され、そこでまた罪を重ねて流浪罪となりました。両《ふた》サスラ姫となったモチコとハヤコもまた、放浪の果てにヒカワへ流れて行き、シラヒトとコクミは両サスラ姫を迎えて臣従したのです。

　モチコとハヤコの罪は、アマテル大御神が自分たちを差し置いてセオリツ姫を正后に選んだことから、激しい嫉妬と憎しみに駆られ、ソサノヲを立てての反乱を企てたことにありました。この反乱計画が露顕して罪を得た二人は、ますます嫉妬と憎悪を募《つの》らせて、遂には大蛇《おろち》に化身したのです。モチコの九頭竜とハヤコの八岐大蛇《ヤマタノオロチ》です。巨大な大蛇になった両サスラ姫は簸川《ひかわ》上流の地にとぐろを巻きました。

　こうして無法地帯と化したチタル邦の政情が、邪《よこし》まな野心を抱く者たちを刺激して、各地に不穏分子の台頭を許したのです。美味い汁にありつこうと悪に群がり、五月蝿《さばえ》のように不気味な唸りを発しました。これがハタレの発生です。

タカマ議り、ハタレの正体～天にも居らず カミならず

　ここに至って、地方政庁と高天原宮（タカマ　朝廷）の間に伝令の行き来が頻繁になりました。

　高間殿《タカマ》では対策を練る臨時議会が召集され、勇猛をもって鳴る偉丈夫《いじょうふ》のタケミカツチ（武甕槌神）に鎮圧を命ずるにしても、敵となるハタレの正体を誰も知らないため、手の打ちようがありません。作戦計画の総責任者である左大臣のカナサキも、軍議を進めることができず、すべてはアマテル大御神《ヲヽンカミ》の双肩に懸かってきました。

　アマテル大御神は、次のように勅《みことのり》されました。

「各地からの情報でわずかに知り得たのは、ハタレなるものが我々とはまったく違う価値観を持つ者たちであることです。人の心根が極度に捻じ曲がって凝り固

ふしぶしに　はたれのものの
うぐめきて　さはいのこゑの
おそろしく　ここさわやまの
はやききす　ひなぐるつげの
たかまには　かみはかりして
すすみでる　たけみかづちが
そむたけの　よろにすぐるる
ちからにも　しらぬはたれの
いぶかさお　うつやひたりの
かなさきも　こたゑおしらで
うかかゑは　あまてらします
みことのり　ややしるまこと
はたれとは　あめにもおらず
かみならず　ひとのねぢけの
ときすぐれ

まると、動物の霊魂に支配されて六種類のハタレになります。嫉妬の心が凝り固まると錦大蛇《にしきおろち》のシムミチになり、功名心が凝り固まると鵺《ぬえ》のハルナハハミチになるのです。また誇る心が強過ぎて蛟《みづち》のイソラミチになり、欺く心が群れて狐《きつね》のキクミチとなり、卑屈な心から猿のイツナミチになり、他人を軽侮する心から天狗のアメヱノミチになります。

これらの者たちは皆、人間本来の特質である調和の精神を捨て去って、欲望の赴くままに行動し、あまつさえ他人を妬むことによって、人体を構成する五元素の内の火が燃え上がり（十五・十六アヤ参照）、日毎に三度も身の内から焼かれるような苦しみに苛《さいな》まれているのです。これら拗《ねじ》けた連中をどうして恐れることがあろうか。我々は神の力を持っているのです。

連中に取り憑いた霊を祓い除けば、ハルナハハミチでもイソラミチでも呪力を失い、我が軍は射る矢を受けることなく、我が軍の矢は神の力によって必ず当ります。動物霊を祓い除くことで、ハタレの化けの皮を剥がすのです」

ハタレ討伐戦略～ただ和らぎお　手だてなり

勅《みことのり》に一同は勇気を奮い立たせ、再び軍議に入ったところでフツヌシ（経津主神）が質問しました。

「戦いの進め方についてですが、敵をどの様に扱ったら良いでしょうか。容赦な

こりゑてむつの
はたれなる　にしきおろちの
しむみちや　はるなははみち
ゐそらみち　みたるきくみち
ゐつなみち　なるかみもとむ
あゑのみち　みなそのしむお
ぬきとりて　わざにもゑつく
わごりひの　ひひにみたびの
なやみあり　いかでおそれん
かんちから　はらいのぞかは
おのつから　ははもいそらも
よりかゑし　いるやもうけず
かみのやは　かならずあたる
はたれみの　わざやあらわず
ふつぬしが　てたておとえは

く殲滅させてしまいましょうか」

　カナサキはアマテル大御神《ヲヽンカミ》に代わって答えました。

「敵とはいえ、憎んでかかってはいけません。相手は動物霊に取り憑かれた者たちなのです。慈《いつく》しみを持って、自分が神そのものになりなさい。姿形も心も神そのものになって、神の力を信じて行動すれば、神通力が得られます。神の霊を呼び寄せることができるのです。ただ和らぎを持って事に当りなさい」

　すでに神が乗り移ったとも思えるカナサキの言葉に、アマテル大御神も深く頷き、この作戦計画を『禊祓《ミソギハラエ》作戦』と位置付けて、カナサキを総大将ではなく禊司《ミソギツカサ》と呼ぶことに決定。フツヌシを副司《ソエツカサ》、タケミカツチを次席として征討軍は組織され、アマテル大御神は霊力を宿すとされる『天のカゴ弓』と『ハハ矢』（＊破魔矢のもと）を神軍に賜わり、出発の準備は整いました。

　そうこうしている内に、各地に発生した六種類のハタレ軍は互いに連携を取り合い、巨大な連合軍に成長していました。キクミチ軍は三人の兄弟が全軍の指揮を執り、他のハタレ軍は各々頭目《カミ》一人で指揮を執っていました。この八人の頭目の下に、正規軍として九千人の将兵が七十万人もの兵卒を率いていました。兵卒は、実際には将兵共に取り憑いた動物霊が妖術によって人間の姿を幻出《げんしゅつ》したもので、ハタレマとかモノマと呼ぶのです。ハタレマも、元は人間がハタレ化して天上に帰れなくなった浮遊霊です。

かなさきの　をきなこたゑて
われもなし　ゐつくしおもて
かんかたち　なかこすなおに
かんちから　よくものしるは
かんとほり　ことなふたもつ
くしひるそ　たたやわらきお
てたてなり　かみのみこころ
うるはしく　みそぎつかさお
かなさきに　ふつぬしそゑて
みかつちも　いさおしあわせ
うたしむる　あまのかこゆみ
ははやそゑ　はたれやぶれと
たまいけり　むつのはたれは
やまたあり　ここちつかさに
ななはかり

ハタレ共は各地域に群れ集まって、地方政庁を襲って打毀《うちこわ》しや焼討ちを始めました。集団の猛威は、あたかも巨大な怪獣が群雲を起こし、焔《ほのお》を吐いて暴れ回るようで、石礫《つぶて》は霰《あられ》のように降り注ぎ、鬨《とき》の声は遠雷のように鳴り響いたものです。こうしてハタレの騒乱は国を揺り動かす大事となり、ハタレ軍は民を恐怖に陥れつつ次第にイサワの宮に迫ってきました。

むれあつまりて
かきやぶり　むらくもおこし
ほのほふき　つふていかつち
くにゆすり　たみおゆすりて
せめよする

アマテル大御神の禊《みそぎ》～さくなだり 早川の瀬に

一方、アマテル大御神は一人山に籠もり、早川の滝に打たれて一心に祈られました。

アマテル大御神は次のようにお考えでした。

「神の霊力を宿すカゴ弓とハハ矢は神軍を守るだろう。だが、敵は動物霊の妖術を使う大軍である。神軍の将兵たち個々の命を守るには、一人一人が妖術から身を守る呪文を知らねばならない。また、神軍を勝利に導くには、ハタレの術を破って無力化する強い力を持つ呪具が必要である」

アマテル大御神は先ず呪文を編み出されました。そして、ハタレ軍と対峙している神軍に遣いを出し、この呪文を伝えさせました。

あまてるかみは
さくなたり　はやかはのせに
みそぎして　はたれやぶるの
まじないの　たねおもとめて
さつけます　もろかみうけて
これおうつ

シムミチの乱～カミいくさ 勝ちて生け捕る ハタレマお

最初の敵であるシムミチは、妖術を使って山河を湧き立たせ、大蛇に火焔を吐かせて神軍を威嚇したので、神軍は釘付けにされてしまったのです。カナサキは暫し戦列を離れ、イサワの宮に立ち帰ってアマテル大御神《ヲヽンカミ》にその有り様を報告しました。

アマテル大御神はカナサキにカダススとワラビ縄を賜わりました。カナサキはこれを受けて戦場に戻り、最前線の将兵に配りました。そしてアマテル大御神から教えられた呪言を一斉に唱えるとハタレの術は破れ、ハタレ共が術を使おうとしてもまったく効かなくなりました。慌てふためいたハタレ共は散り散りになって逃げようとするのですが、神軍はハタレマを皆生け捕りにして、乾燥した日照りの中に繋ぎ置き、最後に頭目も追い詰めて生け捕りにしました。

はたれしむみち
なすわさに　やまかはあぶれ
うおろちが　ほのほおはきて
おとろかす　かなさきしばし
たちかゑり　あめにつくれは
ををんかみ　たまふかだすす
わらびなわ　かなさきうけて
せめくちの　もろにさつけて
ましなゑば　はたれのものの
わざならず　にけんとすれど
かみいくさ　かちていけとる
はたれまお　かわくひでりに
つなきをき　ついにいけとる
はたれかみ

カダススとワラビ縄はシムミチ軍に対して完璧な呪力を発揮しました。滝行をするアマテル大御神にこの呪具を得させるため、天上の神がアマテル大御神に与えた啓示は手荒いものでした。

二十八アヤからそのいきさつを引用すると、アマテル大御神が幽谷《ゆうこく》に分け入り、滝壷へ降りようとされた時、御裳裾《みもすそ》が岩に引っ掛かったので強く引いたところ、その岩は崩れて水と一緒に怒涛の如く滝壷へ落下しました。アマテル大御神はこの様をサクナダリと形容されています。アマテル大御神が滝に打たれて祈っていると、崩れた岩と共に落ちたと思われる葛《くず》が流れて来て御裳裾に絡み付きました。その葛に巻き付いていたのでしょうか、蝮《まむし》がアマテル大御神の足に噛み付いたのです。

アマテル大御神はとっさに蝮を追いかけて捕まえ、葛の弦（これをワラビという）で括《くく》ってお捨てになりました。滝行から戻られたアマテル大御神は、葛の根を乾燥して燃やした煤《すす》を塗って蝮の毒を消し、痛む足を癒されました。これが天上の神がアマテル大御神に与えられた啓示で、アマテル大御神は蛇霊が取り憑いたハタレのシムミチを破る呪具を得られたのです。

この呪具は毒消しや解熱の効力だけではなく武具としての効力も持ち、アマテル大御神が神軍に授けた作戦は理詰めでした。即ち、カダススは軽い煤《すす》なので、撒き散らすと風に乗って煙幕状になり、目蓋《まぶた》を持たぬ蛇類は目を覆われて視力を奪われます。また葛の弦で編んだワラビ縄は視力の衰えたハタレ共からは仲間の蛇に見えて攻撃できなくなるのです。そして湿地を好む冷血動物の蛇類は日照りの中では極度に活動が鈍ります。すべてはアマテル大御神の祈りに感応した天上の神が与えられた啓示によるものでした。

さて、シムミチは牢駕籠《ろうかご》につないで運び、三千人におよぶモノマ（ハタレマと同じ）はその地の役人に引き渡して諸神はイサワの宮に引き揚げました。

　　つつがにおきて
みちものま　しむにあつけて
もろかえりけり

イソラミチの乱～叢雲や　幾日かがやき　驚かす

この騒乱を皮切りに、次々とハタレの乱が起りますが、程なくしてハヤキジ（急使）にてネ州《クニ》の立山（富山県付近）に大ハタレの出現があったとの報告があり、そうこうする内にアノ（三重県安芸郡安濃町）にまで攻め寄せて来ました。

イサワの宮では急ぎ議会を開いてフツヌシを討伐隊長に任命し出発させました。

今回のハタレはイソラミチで、蛟《みづち》の霊に執り憑かれた者たちです。頭目は野山の景色を一変させ、群雲を湧き立たせた上に、太陽を幾つも出現させて強烈に輝かせてみせたのです。

イソラの頭目《カミ》が矢を射かけてきたので、フツヌシは身を交わしながら飛んで来る矢を掴み取ると、それは棘矢《とげや》で、フツヌシの指が破れて血が吹き出しました。

フツヌシはとっさに退き戦線を離れて、伴の者数名とイサワの宮に馬を飛ばし、アマテル大御神《ヲ・ンカミ》に直接情況を報告しました。アマテル大御神はしばしお考えの上で、対イソラミチの呪具としてヲコゼ（虎魚《おこぜ》）とフキ（蕗）をフツヌシに賜わりました。フツヌシと伴の者は棘矢に対する備えとして弓懸《ゆが》け（弓射ち用の手袋）をし、戦場に戻りました。

しかるのち　またはやきじは
おおはたれ　ねのたてやまに
あらはれて　あのにいたれは
かみはかり　ふつぬしやりて
これおうつ　ときにはたれの
いそらかみ　のやまおかゑて
むらくもや　いくひかかやき
おとろかす　とげやはなせは
ふつぬしが　てにとるときに
ゆびやぶれ　まづはせかえり
あめにつぐ　きみかんがゑて
いそらみち　をこじとふきと
たまわれば　ふつぬしもろと
ゆがけして　さらにむかいて

ヲコゼとフキ～焚き燻す　ハタレむせんで　退くお

再び前線に姿を見せたフツヌシは、イソラの頭目に矢を射かけてくるよう挑発すると、ハタレは多少の憐憫をこめてフツヌシに問い掛けます。

「矢に当たって死んだと思ったが、蘇って来たか。傷は痛まぬのか」

フツヌシは答えます。

「我は弓懸けをしている。何で痛むものか。今度は我が矢を受けてみよ」

ハハ矢を放つとハタレもさる者で、空中で矢を掴み取り得意げに笑って見せるではありませんか。フツヌシも

「汝なかなかやるではないか」

共に高笑いをした後に、フツヌシが言いました。

「大御神《ヲヽンカミ》から汝に賜わった土産があるぞ。それ、ヲコゼだ」

ハタレは大いに喜んで、

「汝の頭《かしら》はどうして我が好物を知っているのだ。我々がヲコゼに目がないことを汝も知っていたのか」

フツヌシはそれには答えず、笑いながら言いました。

「ヲコゼを囮《おとり》に使って汝等を殺すのだ」

ハタレは怒って、

「何故だ」

やおもとむ　はたれおもえり
やにあたり　よみかえるかや
いたまぬか　ふつぬしいわく
ゆがけあり　なんぞいたまん
うけよとて　ははやはなせは
はたれとる　ともにわらいて
みやげあり　かみよりをこぜ
たまはれば　はたれよろこび
かみいかん　わがすきしるや
またいわく　なんちもしるや
こたゑねは　わらつていわく
ころすなり　はたれいかりて
なにゆえぞ

と叫びました。フツヌシは続けて
「汝は、下等な化け術を身に付けたことを誇りにして、無闇に化けかかるから、その化けの皮を剥いで撃ち殺してやるのだ」
ハタレはますます怒り、岩を蹴上げて罵詈雑言《ばりぞうごん》を浴びせかけます。フツヌシはハタレの軍勢に向けてヲコゼを投げ入れました。ハタレマはたちまち群り、ヲコゼを奪い合って争い始めました。頭目が慌てて制止しても、まったく手におえません。

この間に味方の軍勢は風上に回り、薪《まき》の上に蕗《ふき》を積んで火を点け、焚《た》き燻《いぶ》しました。ハタレ共は咽《むせ》んで咳をしながら逃げ惑いますが、それを追い詰め、次々と組み伏せて縛り上げました。こうして千人余りの雑兵共を捕えると、神軍の将兵たちはアマテル大御神から賜わった呪具が持つ霊力の強さを知ってますます勇み立ちました。神軍は四方から包囲して、ゆっくりと囲いを狭めていき、遂にイソラ頭《カミ》を生け捕りにして牢駕籠《ろうかご》に放り込みました。
千百人に達したハタレマの捕虜もその地方の行政官に引き渡して、諸神はイサワの宮に凱旋《がいせん》したのです。

なんちほこりて　ばくるゆえ
いそらうつなり　なおいかり
いわおけあげて　ののしれは
ふつぬしをこぜ　なけいるる
はたれまうばひ　あらそえは
みかたはふきお　たきいぶす
はたれむせんて　しりぞくお
おいつめしはる　ちはたれま
これもひるねと　なおいさみ
よもよりかこみ　いそらかみ
ついにしばりて　つつがなす
ちをのものまも　そのくにの
しむにあつけて　もろかえりけり

ヰツナミチの乱～イカヅチも　汝もひしぐ　縄うけよ

また次のハタレが蜂起しました。今度は四国伊予の山中に群れ集まった者たちが紀伊水道を渡ってキシヰ邦《クニ》（和歌山県）に攻め寄せて来たのです。外《ト》つ宮（四国の金比羅宮。六アヤ参照）からの急使があって、臨時議会が召集されました。

アマテル大御神《ヲヽンカミ》はすでに対応策を練り、呪具も用意しておられました。アマテル大御神はタケミカツチを指揮官に任命し、敵を殺さずできる限り懐柔するよう勅《みことのり》され、呪具のフトマカリを賜わりました。フトマカリとは餅を油で揚げた揚げ煎餅《せんべい》のことです。

今回のハタレ、ヰツナミチは様々な獣に姿を変えて化けかかりました。化け技に惑わされることなく、陽光《ようこう》が万民をやさしく撫でるように相手の心を和ませ、自ら更生するよう導けと、アマテル大御神の勅を心に刻み付けたタケミカツチがタカノ（高野山／和歌山県伊都郡にある標高約千メートル前後の山々）に姿を現すと、ハタレの頭目《カミ》も進み出て言いました。

「捕えられているシムミチとイソラミチの頭《かしら》を引き渡せ。返さぬと言うなら、汝等を人質にして交換するまでだ」

タケミカツチは笑いながら答えます。

またはたれ　いよのやまより
きしゐくに　わたりせむるお
とつみやの　つけにもろあい
かみはかり　かねてかなての
みことのり　たけみかつちに
ふとまかり　たまえはいそぎ
かなてんと　たかのにいたる
ゐつなみち　よろのけものに
ばけかかる　みかつちゆけは
はたれかみ　すすみていわく
さきふたり　われにかえせよ
かえさすは　かみもとらんそ
みかつちが　わらひていわく

「我が力に及ぶ者などいはしない。雷をもひしぐ力なのだ。汝など物の数ではない。大人しく縄を受けよ」

ハタレは激怒してたちまち戦端が開かれました。味方は用意のフトマカリを敵中に投げ入れると、ハタレ共は我先にと奪い合って貪り食べます。

ハタレマは戦いなどそっちのけで、包囲され捕えられるまで夢中で食べ続けています。神軍は捕えた者共を後ろ手に縛って首に縄を掛け、遂にイツナミチもワラビ縄に掛けました。

こうして捕えたハタレを太縄一本に百人ずつ繋いで、合計九千九百人を継ぎ縛ったので、その有り様はヒヨドリ草の穂のようです。

キツナのモノマが大量死～「それはヒトかや」「如くなり」

大勢の捕虜を一括して収容する場所は山上の台地しかないため、タケミカツチは自ら縄の先端を持ち、将兵たちにも引かせて山を登りました。山上に着いてタケミカツチが振り返ると、ハタレの多くは途中で首が締まり、息絶えて引き摺られており、生き残ったハタレは百人そこそこです。ハタレの死骸は累々と山を埋め尽くす程の数でした。生き残りのハタレを取りあえず笹山の山上に柵の牢を設けて収容しましたが、タケミカツチは後悔の念にさいなまれました。アマテル

わがちから　よろにすくれて
いかつちも　なんちもひしぐ
なわうけよ　はたれいかりて
たたかえは　みかたのなくる
ふとまがり　むれむさほりて
はたれまお　うちおいつめて
みなくくり　ついにいつなも
わらびなは　ももひとつれに
ゆいすへて　ここちこももの
つきしばり　ひよどりぐさの
ことくなり

みつからやまに
ひきのほる　みなくひしまり
まかるもの　やまにうつみて
いきのこる　ももささやまに
つつがなす　かなてからせる

大御神《ヲヽンカミ》から、殺さずに懐柔せよと命じられていたにも拘わらず、過失とは言え大勢を殺してしまった自分を責め、心から喪に服し、死者の冥福を祈りました。

　アマテル大御神はこの知らせを受けると、御子のクマノクスヒを派遣して、事の真相を調べさせました。クマノクスヒの問いにタケミカツチは答えます。

「血気にはやって一万人近くものモノマを引き摺り殺してしまいました。すべては私の過ちです」

　クスヒはまた問いました。

「その者たちは人ですか」

「どうやら人のようなのですが」

　クマノクスヒの報告をお聞きになって、アマテル大御神は自ら現地に赴かれました。

ヰツナの正体～むかし母　真猿に嫁ぎ　代々を経て

　牢に到着したアマテル大御神《ヲヽンカミ》が捕虜のハタレたちをご覧になると、その体形はまさに猿で顔は犬そっくりです。アマテル大御神がその由来をお聞きになると、ハタレは答えました。

「昔、先祖が猿との合いの子を生んだのが最初で、世々を経て我々一族は皆、猿のような姿で生まれるようになってしまったのです」

あやまちと　もにつつしむお
きこしめし　みこのくすひに
とわしむる　とみあやまちて
よろものま　ひきからしけり
またくすひ　それはひとかや
ことくなり　かえことあれは
をとんかみ　つつやにいたり
みたまえは　かたちはまさる
かほはいぬ　そのもときけば
むかしはは　まさるにとつき
よよをへて　みなさることく

みことのり　たまかえしせは
ひとならん　さきにまかるも
をおときて　ひとにうまるぞ
ときにもも　ねかわくはかみ
ひとになし　たまわれとみな
まかれけり　ここすとのみち

　アマテル大御神は仰せられました。

「魂返《タマがえ》しをすれば、次の世に人として生まれて来ることができよう。先に死んでしまった者たちも猿の霊を除いて魂を浄化すれば、人として生まれ直すことができるぞ」

　この時生き残っていた百人のハタレは、来世に人として生まれ変われるようにして欲しいと、口々にアマテル大御神に懇願して崖から身を投じたのです。

　猿との合いの子として生まれ、卑屈さゆえにハタレと化したヰツナ一族は、来世に真人間として生まれ直したいと、切なる願いをもって絶滅しました。アマテル大御神がこの願いを叶えるためには、死んだハタレの霊魂から猿の霊を取り除いた上で、天御祖神《アメノミヲヤカミ》の元に送り届ける必要があります。魂を浄化して天に昇らせるのです。

　天御祖神は昇天した魂にしばしの休息を与えた後、生命体として再び地上に降誕するようお取り計らいになるので、浄化された魂であれば、再び生命を得る時に真人間として生まれることができるのです。この神業を『ココストの道』といいます。

魂の浄化とタマカエシ～さるさる沢に 興る道かな

アマテル大御神《ヲヽンカミ》はまず死んだハタレたちの魂を浄化するために、猿の霊を祓《はら》い除く祈祷を行なわれました。次にツワモノヌシ・フツヌシ・タケミカツチの三名に命じて、浄化された魂を天に帰す魂返しの祈祷を行なわせました。

こうして猿の霊を祓い除かれたハタレたちは、真人間として来世に生まれ直してくる道が開かれたのです。

をゝんかみ　つはものぬしと
ふつぬしと　たけみかつちに
たまかえし　さるさるさわに
おこるみちかな

キクミチの乱～あおたま吐けば 進みえず

また新たなハタレ騒動が起こりました。今度はツクシから三人の頭目《カミ》に率いられた軍団が、ナカクニのハナヤマ（京都府山科区付近）の野に集結したのです。

アマテル大御神はウケモチ神の子孫カダマロに勅《みことのり》されました。

「カダマロよ。そなたの領国がハタレに蹂躙《じゅうりん》されている。情況を確認して来なさい」

カダマロが現地に到着すると、ハタレは野山に咲き乱れる菊の花に化け、様々に色を変えて驚かせます。頭目《カミ》である三人のキクミチは、一面に咲き乱れた菊の花の中に、女の姿になって妖艶《ようえん》で下卑《げび》た踊りを踊って見せます。かと思うと突然群雲を湧き起して辺りを暗くし、あちこちにゆれる鬼火や、飛び交う蛍火を出現させ、笑いあざけりの声をこだまさせました。

またはたれ　つくしのみたり
なかくにの　はなやまののに
ともあつむ　ときにあまてる
みことのり　うけもちのまご
かたまろに　くにみてかえれ
かたまろが　いたれははたれ
いろかえて　さきみたれたる
きくみちの　ここさわゆくや
ひめおとり　むらくもたびや
ほたるびの　わらひあざけり

カダマロが勇気を奮い立たせて近付くと、青玉の焔《ほのお》を吐いて威嚇します。

いかりびの　あおたまはけば
すすみゑず　かたまろかえり
もふすとき　しばしかんがゑ
みことのり　これきくならん
きつねとは　きはねよりなる
つさおへて　ねにきてすめる
ねすみおば　あぶらにあげて
いとふべし　くはちとたがふ
くはきうの　をのほおいとふ
はじかみの　をがめがふすべ
ひしがんと　みことおうけて
かたまろが　もろにをしゑて

キツネ・クツネの霊 ～命お乞えば カダマロが みな解き許し

さすがのカダマロもそれ以上進むことができず、引き揚げてイサワの宮に戻り報告すると、アマテル大御神《ヲヽンカミ》はしばし考えておられたが、次のように勅《みことのり》されました。

「このハタレはキツネとクツネの霊が乗り移った者たちの集まりであろう。

キツネという動物は、方位に支配されているのだ。すべての樹木は根によって支えられているように、太陽は地球の裏側である北を通ることによって東から昇るのだ。この動物は太陽が東から昇って西に傾くまで寝ている習性を持っており、太陽が沈んで地球の裏側を通っている間を活動の時間帯としている。だから、同じく人が寝ている真夜中を活動時間帯とする鼠《ねずみ》を捕食して生きているのだ。鼠を油で揚げると狐の霊を祓い除くための呪具となるであろう。

キツネと同類だがクツネの性状には少し違いがある。

『ク』はカ行のウ列でキツネよりも身の火が強く、常に暗く冷たい穴倉での生活を好む。クツネの霊を祓い除く呪具としては、生姜や茗荷を焚き燻すのが最も効果的だろう」

アマテル大御神からこのお言葉を頂戴して、カダマロは前線に戻り将兵たちに教えました。神軍が再びハタレのたむろする野に至ると、三人の頭目に率いられたハタレたちは一面の野菊に変身し咲き乱れて、次々と色を変えて神軍を驚かせます。

カダマロがその中に揚げ鼠を投げ入れたところ、菊の群生はにわかにざわめいてハタレの多くは正体を現わし、揚げ鼠を奪い合い、むさぼり食べました。

神軍諸将はここぞとばかり攻勢に出ました。正体を現わしたハタレマは、化けの皮を剥がされたので我先にと逃げ出し、神軍はこれを追い詰めて千人を捕えたのです。とりあえず捕縛した千人を引き据えて首を撥《は》ねようとすると、ハタレたちは必死に命乞いを始めます。

「命ばかりはお助け下さい。絶対服従いたしますので、お味方にお加え下さい」

元より即座に首を撥ねるつもりはなく、恐怖心を起こさせて改心を迫る作戦だったので、ハタレたちの態度に二心《ふたごころ》がないことを読み取ったカダマロは皆解き許しました。

雑兵として神軍に加えた元ハタレマに、ワラビ縄を大量に綯《な》わせます。そして、神軍は風上に回ってかねて用意の生姜《しょうが》と茗荷《みょうが》を茎ごと焚き燻すと、まだ残っていた菊の花園はにわかにざわめき、咽《むせ》んで咳き込む声と共にまた多くのハタレが正体を現わしました。この者たちにも神軍が襲いかかり、ことごとく捕えました。

新たに捕虜となったハタレマも、先の者たちと同じ経過を辿って皆神軍に帰属し

のにいたる　はたれみたりが
さきみたれ　いくゑかわりて
おどろかす　かたまろなける
あげねづみ　きくたみうばい
むさぼるお　もろかみつよく
たたかえば　ゆつりにくるお
おいつめて　ちたりとらゑて
きらんとす　ふつくなけきて
やつかれら　かえりもふでん
あめたみと　いのちおこえは
かたまろが　みなときゆるし
わらなわお　さわになはせて
はしかみと　めがおいぶせは
みたるるお　さらにたたかい
おいつめて　ふつくとらゑて
さきためし　つひにおいつめ

ました。三人の頭目《カミ》も追い詰めてお縄にしました。

キツネとクツネの霊が祓い除かれ、人間に戻った者たちはすべて神軍に帰属し、三人の頭目も捕虜にしたのですが、祓《はら》い除かれて本来の獣に戻ったキツネとクツネが、まだそこかしこに潜んでいるのです。

神軍はハタレから帰属した雑兵たちに幅三里の網を作らせ、野に張り巡らせてその中にキツネとクツネを皆追い入れて捕え、イツナミチの時のように玉繋ぎにしました。捕えたキツネとクツネは三十三万匹にもなりました。三人の頭目は牢に繋いで神軍はイサワの宮に凱旋しました。

みはたれお　しばるわらびに
きくつねお　みさとのあみお
のにはりて　みなおひいれて
たまつなき　きくつねすべて
みそみよろ　みたりはつつが
もろかえりけり

ハタレ・ハルナハハミチの乱～ひすみひたかみ　かぐやまと

またまたハタレが蜂起しました。今度は日隅（津軽地方）に発生し、日高見（東北地方）全域に広がって動き出し、カグ山下（富士山周辺）まで迫ってきたとの報告が、次々と船で二岩浦（二見ヶ浦）にもたらされました。

諸神は高天《たかま》の議会に計って、アマテル大御神《ヲヽンカミ》に行幸《ぎょうこう》を願い出ました。カグ山はアマテル大御神の生まれ故郷で、長年国政を執られたハラミの宮があります。

またはたれ　ひすみひたかみ
かくやまと　ふたいわうらに
つくつけの　くしのはひけは
もろかみは　たかまにはかり
みゆきとぞ　ねがゐはかみの
みゆきなる

アマテル大御神の行幸　最前線へ～イフキヌシ クマノクスヒと マテにあり

アマテル大御神もこの度はお出ましになることを決断されました。輦《テクルマ》（山車）の内にはアマテル大御神の左手にセオリツ姫が天の象徴である九星を染めた天蓋《てんがい》を、右手にはハヤアキツ姫がアマテル大御神の象徴である旭日を染め抜いた天蓋を翳して坐します。輦の左手にはアマテル大御神の甥でツキヨミの息子イフキドヌシが白馬に跨り、右手にはアマテル大御神の五男で北の内妃トヨ姫の子クマノクスヒが黒駒に打ち跨って守り、輦の前後を諸神が固めての行軍です。

神軍がヤマダ（愛知県豊川市付近か）に至ると、先鋒隊から急使が届き、敵軍が間近に迫っていることが知れました。この度のハタレ、ハルナハハミチは妖術を使って野山の景観を一変させ、怪獣に変身して神軍に迫って来ました。その妖術はすさまじく、群雲を湧き起し、火焔を吹き、棘矢の霰を降らせ、雷鳴を轟かせるのです。程なくして戻った先鋒隊から、このような情況が詳しく報告されました。

　　　　　てくるまのうち
せおりつめ　あめのみかげに
あきつめは　ひのみかげさす
いふきぬし　くまのくすひと
まてにあり　しろくろこまに
もろそひて　やまたにいたり
きじとべは　はるなははみち
のもやまも　かゑてむらくも
ほのほふき　とげやのあられ
なるかみに　みかたかえれは
をそんかみ　かねてさつさに
うたみつけ　なくれはたしむ
はたれまお　さつさつづうた

サツサツヅウタ～ハタレ怒りて 矢のあられ

アマテル大御神《ヲヽンカミ》は事前に作戦を立て、サッサ（粽《チマキ》）にウタミ（歌を記した短冊）を紐で結び着けた呪具を用意されていました。この呪具をハタレ軍の中に投げ込むと、ハタレマは舌鼓《したづつみ》を打って粽を食べ始めました。アマテル大御神は頃合を見て諸神に命じ、ウタミに記した歌を一斉に歌わせます。

サスラでも　ハタレもハナゲ
三つ足らず　カカンなすがも
手立て尽《ツ》き　故れノンテンも
天《ア》に効かず　日月と我は
天地《アワ》も照らすサ

さすらでも　はたれもはなげ
みつたらず　かかんなすがも
てたてつき　かれのんてんも
あにきかず　ひつきとわれは
あわもてらすさ

（訳文）流浪刑を受けた罪人やハタレは、獣と同じく頭の毛が三本足りない。そのような者たちが天御祖神《アメノミヲヤカミ》の御神意を受けようと思って数々の呪いを身に付けたとて、まやかしの信仰で御神意を受けられるわけがなく、すぐに化けの皮が剥がれるのだ。天御祖神の御神意を受けて公明正大な政《まつりごと》を執《と》っているのは我が方なのだ。）

この歌は五十五音からなるツヅウタと呼ばれる形式です。ツヅウタには十九音の歌と五十五音の歌があり、何れも御神意を仰ぐ三音の言葉を歌の最初・中・最後に読み込むことによって、歌に呪力が宿ります。

アマテル大御神はこのツヅウタにサッサの音を読み込まれていました。即ち、第一音が『サ』、第二十八音が『ツ』、第五十五音が『サ』で、繋げると『サツサ』となります。サツサ（粽）は男児が天恩を受けて健やかに成長していることを祝って、旧暦五月五日（現在の端午の節句）に天御祖神への供え物とする呪具です。この歌が天恩を招来し、ハタレの妖術を破る強力な呪具となることを祈ってアマテル大御神は読まれたのです。サツサの音を読み込んだこの歌は、『サツサツヅウタ』と呼ばれます。

さて、サツサツヅウタを諸神が声を合わせて歌うと、ハルナハハミチは怒って棘矢《とげや》の霰《あられ》を降らせました。棘矢はすべて天恩を受けた諸神の尊い御姿をよけて地上に降り注ぎます。

ハルナハハミチはなおも烈火の如く怒り、神軍に向って火花を吹き掛けました。アマテル大御神は呪文を唱えて水の神ミズハノメを招くと炎は消えました。ハルナハハミチは焦って次々と妖術を繰り出しますが、ことごとく破られ、遂には手立てが尽きて逃げ出そうとします。すかさずオモイカネの神の子で力自慢のタチカラヲがハルナハハミチに飛び掛かり、格闘の末に組み伏せて縛り上げました。ハタレマも皆生け捕りにして輦《てくるま》の前に引き据えます。

もろうたふ　はたれいかりて
やのあられ　かみのたみめに
やもたたず　いやたけいかり
ひばなふく　かみつはめお
まねくとき　ほのほきゆれは
むなさわぎ　にげんとするお
たちからを　はたれはるなに
とびかかり　ちからあらそひ
おししばる　はたれまもみな
とりしばり　まえにひきすゑ

ヤタ鏡に写るハタレの正体～いさおし成らば　クニツカミ

垂張《タレ》が上げられると、アマテル大御神《ヲヽンカミ》はヤサカニのマカル玉を、アマテル大御神の左側にはセオリツ姫がマフツのヤタ鏡を、右手にはハヤアキツ姫がクサナギの八重剣をそれぞれお持ちになって優雅に坐しておられます。輦《テクルマ》の正面には、後ろ手に縛られたハルナハハミチが跪《ひざまづ》いています。

イフキドヌシが問いただすと、ハルナハハミチは答えました。

「私めに、ネ州《クニ》のマスヒト様がお教えになりました。世直しに協力して功績を挙げたら、国守として取り立ててやろう。ソサノヲ様がそうお約束しておられるのだぞ、と」

この答えにイフキドヌシは言いました。

「お前の言うことが本当かどうか、確かめよう」

セオリツ姫からヤタ鏡を受け取ったイフキドヌシは、アマテル大御神の正面に跪《ひざまづ》いているハルナハハミチを後ろ向きにさせ、ハルナの眼前にヤタ鏡を差し出しました。鏡に写し出されたハルナハハミチは、翼を持っており、容姿は怪獣・鵺（ヌエ）鴆（チン）そのものでした。アマテル大御神が確認された後、イフキドヌシは鏡を巡らし、諸神もそれを確認しました。ハルナハハミチだけではなく、手下のハタレマも皆翼を持っています。

イフキドヌシは言いました。

たれあぐる　きみやさかにの
まかるたま　せおりはまふつ
やたかがみ　あきつくさなぎ
やゑつるぎ　ときにいふきど
ゆゑをとふ　はるなこたえて
やつかれに　ねのますひとが
をしえけり　いさおしならは
くにつかみ　これそさのをの
みことなり　ときにいふきど
まふつなら　かんがみんとて
みかがみに　うつせはふつく
つばさあり　いふきといわく

「このハタレ共は悪心を抱いて、鵺の霊に支配されている。さっきのハルナハハミチの弁明も、ネ州のマスヒトに騙されたことにして、罪を逃れようとしただけなのだ。妖術を使って人をたぶらかすような者は皆斬り殺してしまいましょう」

このはたれ　ぬゑあしもちぞ
ばけわざに　たふらかすもの
みなきらん

ヌカタダの温情とカラスの誓紙～クマノ神 招けばカラス 八つ来たる

この時クマノクスヒが興奮するイフキドヌシを押し留めて、熊野神イサナミに祈りを捧げました。アマテル大御神《ヲヽンカミ》の母で、自分の祖母でもあるイサナミを祭祀する役にあるクマノクスヒは、冥界にいて霊界の秩序を取り仕切っている熊野神イサナミに、お伺いを立てたのです。

間もなく、熊野神の使いである八羽の烏が何処からともなく現われました。クマノクスヒは熊野神から受けた啓示に従って儀式を始めます。先ず、精神を入れ替えて、真人間になることを誓わせるための『誓紙』を作りました。そしてハタレには、一人ずつ全員の右手親指に切り傷をつけて血を絞り、誓紙に記された誓いの詞《ことば》を唱えさせた上で血判を押させたのです。血判を押したハタレには海水で禊《みそぎ》を行なわせ、再びヤタ鏡に写してみると、最初に行なった六マスタリ（六十万人のハタレマ）全員から翼が消えています。心から誓ったことによって真人間に戻ったのです。真人間にさえなれば、誰でも浮遊霊を脱して天上に帰ることができるのです。

ときにくすひが
くまのかみ　まねけはからす
やつきたる　ここにはたれの
らおしぼり　ちかひとどめて
うしほあび　かげうつすとき
むますたり　ひとなるはみな
たみとなる

カダマロの温情とキツネの臣従～諸きつね ウケノミタマお 守らせよ

さきのつつがの
むはたれも　はるながものま
ゐちたりと　くにあつけよち
みなめして　ちをそそくとき
きくみたり　すぐにきつねの
かけあれば　なもみつきつね
みそみよろ　たまたちせんお
かだがこふ　もろゆるさねは

こうして、先に牢籠《ろうかご》に繋いだ六人の頭目《カミ》をはじめ、捕えたばかりのハルナハハミチのモノマ五千人と、あちこちの地方機関に預け置いた四千人もすべてここへ集め、同様に血判を取って鏡に写すと、キクミチの頭目三人には、はっきりとキツネの影が写し出されました。

アマテル大御神《ヲヽンカミ》はこの三人を三つ狐と命名されました。三つ狐には三十三万匹も狐の霊が取り憑いており、もはや、取り憑いた狐の霊と共に魂絶《たまだ》ちするしか、残された道はないように思われます。

魂絶ちとは、殺した上で魂の緒を絶つことです。生命あるものはすべて霊魂を持ち、通常、生命を終えた魂は肉体と魄《シヰ》を離れて天御祖神《アメノミヲヤカミ》の元へ帰って行きます。天に帰り着いた魂はしばしの休息を与えられた後、再び地上に遣わされ、魄を宿すと新たな生命体として誕生するのです。魂には魂の緒が着いていて、魂と魄とを結び付けるのは緒の働きによります。そして緒はまた、魂が天と地を往復するエンジンの働きもするのです。だから、緒を絶ち切られた魂はもう天に帰ることができず、消滅することになります。

アマテル大御神も三つ狐の魂絶ちはやむなしと判断を下されましたが、カダマロが助命を願い出ました。狐の霊に取り憑かれたまま生かしておくことはできないと、諸神はこぞって助命に反対しました。カダマロは一切の責任を負うからと、一人一人説得して回り、七人の重臣をすべて説き伏せ、やっと反対者はいなくなりました。

アマテル大御神もお許しになって、次のように勅《みことのり》されました。

「狐の霊は取り憑いたままだが、カダマロの恩情で魂絶ちを免れることになったので、名を三つ彦と改めよう。三つ彦にはカダマロ一族の祖神ウケノミタマを守らせなさい。そしてもし、再び狐の本性を現わして悪さを行なったら、速やかに魂絶ちを実行しなさい。その取り決めさえ守るなら、末永く汝に任せることにしよう」

アマテル大御神の勅は三つ彦にも告げられ、正式にカダマロの監察下に置かれることになりました。三人を一緒にしておくと良くないので、兄彦は当地（愛知県豊川市）に留め、中彦はヤマシロのハナヤマ（京都府伏見区）に、また弟彦は東国のアスカ野（東京都北区王子）に分け、それぞれ田畑の鳥を追う勤労に従事させました。ウケノミタマは日本に稲作農耕技術を初めて普及させた神で別名をウケモチ（保食神）といい、カダマロはその七代目の子孫です。

かたのかみ　ななたびちかふ
のりこちに　ややゆるさるる
みことのり　みつひこがこと
もろきつね　うけのみたまお
まもらせよ　もしもたがはば
すみやかに　たまたちなせよ
このゆえに　ながくなんちに
つけるなり　あまつみことの
おもむきお　つげてあにひこ
ここにとめ　なかはやましろ
はなやまの　おとはひがしの
あすかのえ　きつねもみつに
わけゆきて　たはたのとりお
おわしむる　うけのみたまと
うけもちも　かたのかみなり

山岳修行はハタレ更生の場 ～ 斬らば三の炎に 悩まんぞ

さて、ハルナハハミチとキクミチの処分は終わりました。続いて先に捕虜となっていたシムミチ、ヰソラミチ、ヰヅナミチを血判で誓わせ、海水の禊《みそぎ》をさせた上でヤタ鏡に写すと、シムミチは大蛇の影が、ヰソラミチには蛟の影が、そしてヰヅナミチには猿の影が写し出されたのです。濯《そそ》いでも除霊できない百三十人については、殺すよりほか道はないのでしょうか。

この時、アマテル大御神《ヲヽンカミ》が勅《みことのり》を出されました。

「たとえ相手がハタレであっても、人を斬れば身体を構成する五元素（空風火水土）の内の火が強まって、魂の緒が乱れ、悩むことになるぞ。これらのハタレ共には更正の道を与えて、真人間に戻るまで生かしておくのが良かろう。真人間にさえなれば、神になる可能性もあるのだ」

アマテル大御神の御意向に沿ってこの百三十人のハタレは、各地の山岳道場に送って修行させることになりました。ハタレ軍に加わって捕虜となったハタレマ九千人と、投降して民となった九万人に血判を押させた誓文書は、タカノのタマガワ（和歌山県高野山付近　丹生川流域に玉川峡がある）に埋められました。

しむみちも　ゐそらゐづなも
ちおぬきて　おしてにちかい
しほあびて　うつずかがみに
なおさると　おろちとみづち
かげあれは　そそいてはげぬ
ももみそは　すでにころすお
みことのり　きらばみのほに
なやまんぞ　ひとなるまては
たすけおき　ひとなるときに
かみのたね　みねにあつけて
そのをして　はたれまこちと
たみこよろ　うつむたかのの
たまかわぞこれ

アメヱノミチの乱～曰く「汝お 奴とせん 故に乗るなり」

その後、金剛山麓のチワヤ（大阪府南河内郡付近）からアメヱノミチの使いがアマテル大御神《ヲヽンカミ》に面会を求めて来ました。「言うことがあるので出向いて来い」という、まったく礼を失したアメヱノミチからアマテル大御神への呼び出しだったので、応対に出た重臣は使者の口上を聞いただけで追い返したが、アマテル大御神はもちろんご自身でお出ましになるつもりはなく、イフキドヌシに対応を一任して派遣されたのです。

イフキドヌシはアマテル大御神が行幸に使われる輿に乗り、供回りを従えて悠然と敵地の砦《とりで》へ乗り込みました。アメヱノミチの前に輿を据えて簾《すだれ》を上げると、ハタレは問い掛けました。

「お前が神頭《カンカミ》なのか」

イフキドヌシは平然と答えました。

「我は神頭の奴《やっこ》（下僕）である」

「奴がどうして、輿に乗って来るのだ」

「神頭の奴である俺が、汝をまたその奴にしてやろうと輿に乗って来たのだ」

「若造のくせに偉ぶりやがって、恥ずかしげもなくよく言うわ。俺の方こそ汝を奴にしてくれるわ」

ちわやより　あめゑのみちが
をんかみに　ことかたらんと
よばらしむ　きみいふきとに
しつめしむ　いふきとぬしは
みゆきこし　はたれがとわく
かんかみか　こたえてかみの
やつこなり　またとふやつこ
こしはなに　いわくなんちを
やことせん　ゆえにのるなり
またはたれ　なんちわかばゑ
はらみずる　やつことせんと

アメヱノミチは言うや否や、妖術を使って竜巻を起こし、それに乗って姿をくらませ、辺りには雷鳴を轟かせたのです。

イフキドヌシが呪文を唱えてウツロイの神を招くと、雷鳴は嘘のように鳴り止みました。

アメヱノミチは、今度は、辺り一面に群雲を湧き起しその中に隠れると、イフキドヌシは風の神シナトベを招いて、群雲を吹き払います。

アメヱノミチが炎を吐いて室屋を焼き払うと、イフキドヌシは水の神タツタ姫を招いて火を消しました。ハタレは咽《むせ》んで退き、木っ端のハタレマを前面に押し立て、神軍の兵に向って石礫《いしつぶて》を雨霰《あめあられ》と降らせます。味方は予ねて準備していた防護用のヒレ（衣）を着けました。ヒレには緩衝用にカグの実（蜜柑）をクッションとして縫い込んでありました。ヒレの紐を引くと中のカグは一斉に転がり落ちる仕組みになっており、接近戦になって、味方はヒレの紐を一斉に引きました。転がり落ちたカグを見て、ハタレマは戦闘などそっちのけで、奪い合って食べ始めたのです。その間に神軍はカグに気を取られているハタレマを次々と捕えて縛り上げました。

アメヱノミチの正体は天狗～ホラ貝吹かせ　マヒレ消し

アメヱノミチは、手下のハタレマがカグの実にすっかり気を取られて戦意を失

なりめくる　はたたかみなり
いふきとは　うつろいまねき
これおけす　むらくもおおい
くらませは　しなとおまねき
ふきはらふ　ほのほおはきて
むろやけは　たつためまねき
これおけす　はたれむせんで
このはして　つぶてあられに
たみせめる　みかたひれきて
かぐいれて　うちこほさせは
はたれまの　うはいはむまに
とりしはる

い、次々に捕虜となるのは、カグの実が呪力を持っているからだと考えました。アメヱノミチが呪文を唱えると、残っているハタレマはマヒレ（呪力を避ける布）に覆われました。マヒレを着たハタレマはバヰ（ばい貝、べーゴマ）を回し始めたのです。バヰも呪力を避ける道具で、ハタレマは個々に携えていたのです。

イフキドヌシはカグの呪力を封じられたのを見て驚きました。神軍の呪力を封じるとは、敵も中々のものです。こうなったら、とことん呪力戦でいくしかあるまいとイフキドヌシは考え、次の手としてホラ貝を吹きました。

同じ巻貝でも、ホラはバヰに比べて桁違いに大きく、遠くまで鳴り響くから、呪力に優るだろう。イフキドヌシの判断は正しく、ハタレマの身体を覆っていたマヒレは消えて、ハタレマの多くは再び目の色を変えてカグの実を追い求め、貪《むさぼ》り食べたので、神軍は次々と捕えて縛り上げて行きました。

アメヱノミチとその側近の者たちは、神軍に槌《つち》を振りかざして迫って来ました。これに対して神軍は和幣《にぎて》で応戦したのです。アメヱノミチが撃ちかかり、イフキドヌシが和幣で払うと、アメヱノミチが持つ槌の頭は砕けてトベラ（海桐花）の葉団扇《うちわ》になってしまいました。

アメヱノミチ（＊原典には「ハルナ」とあるが誤りと解釈する）は急に胸騒ぎを感じました。自信を持って臨んだ呪力戦にまさかの敗退を喫したのです。パニック状態に陥ったアメヱノミチが一目散に逃げ出す手を逸早く掴んで組み伏せ、ワラビ縄で縛り上げたのはタチカラヲでした。

はたれもひれし
まはすばゐ
みておとろけは
かんがゑて
ほらかゐふかせ
まひれけし
かぐむさほらせ
これおうつ
はたれつちもて
かみおうつ
かみはにぎてに
うつつちの
やれてとへらの
はうちわや
ここにはるなが
むなさわぎ
にぐるおつかむ
たちからを
ついにわらびの
なわしばり

「さあ、捕まえたぞ。約束通り奴にしてやろうか。汝はどうだ、観念して奴になるか」

アメヱノミチは屈辱と冷めやらぬ興奮状態から、返事の代わりに睨み返し、プイと横を向きました。タチカラヲは剣を抜いて振り上げ、まさに斬り殺そうとした時、イフキドヌシが止めました。

捕虜にしたハタレをヤタ鏡に写すと、その内一マス（十万人）のモノマにはアヰヌ影（＊天狗の相）が確認されたのですが、前例通り更正を誓わせた後に再び写すと悪霊の影は無くなっていました。真人間に戻ることができた者たちは神の恵みを実感して、心の底から神を拝むようになりました。

　　　　なんぢやつこと
なすべきや　なるやといえど
ものいわず　きらんとすれは
いふきぬし　ととめてこれも
ちかいなす　ひますのものま
あゐぬかげ　ほのほものがれ

マフツの鏡と二見の岩〜マフツの鏡 見るために 二見の岩と 名付けます

こうして六度にわたって起こったハタレ騒動はすべて鎮圧され、悪霊に取り憑かれていた総勢七マスと九千人すべてが、最終的に人の魂を取り戻すことができました。

それはセオリツ姫が携えていたマフツの鏡によって、己の魂を実見することができたからなのです。

常々アマテル大御神《ヲ、ンカミ》は海辺にマフツの鏡を持ってお出ましになり、海水で禊《みそぎ》をされた後、ご自身や政事を執る臣、その他諸々を写して見られました。それにちなんでこの海岸にある岩を『ふた見の岩』と名付けられたのです。

ちわやふる　かみのめくみと
ちちをがむ　すべてななます
ここちみな　ひとなるのりの
みかがみと　せおりつひめの
もちいでて　のちのはたれの
ひととなる　まふつのかがみ
みるために　ふたみのいわと
なつけます

後世、アマテル大御神亡き後も代々の君はこれに倣い、マフツの鏡は荒波を被り潮風に曝《さら》されることもありましたが錆《さ》びることはなく、神鏡として縄文時代の末期にあたる現在も変わらずに光沢を放っていることを申し添えておきます。

よよあらしほの
やをあひに　ひたせとさびぬ
かんかがみ　いまながらえり

ハタレ討伐の論功行賞 ～ 高野神　スミヨロシ　香取　要石ツチ

さて、イツナミチのハタレマが戦闘で多くの命を落としたタカノ（高野山）には、化物が出没するとの報告があり、イフキドヌシが出向いて宮を建て、慰霊祭を行なったところ鎮まりました。アマテル大御神《ヲヽンカミ》はイフキドヌシに『タカノ神』の称え名を賜わり、またカナサキには『スミヨロシ（住吉）神』の称え名と御衣のソヲ（下重ね）を賜わり、更に、父イサナギが特に力を入れて開拓したツクシ（九州）を『我が代わりに民を結い総べて治めよ』の勅《みことのり》と共に賜わりました。

また、フツヌシにはカグヤマ（富士山）を司れとお命じになり、『カトリ神』の称え名を賜わりました。

タケミカツチは雷神のような勇猛をもって国の治安に寄与するに相応しく、『タケモノヌシ』の称え名に『カフツチの剣』と、先にクニヱ（地図）を顕わしてアマテル大御神の新しい都を定めた功績に叶う『カナイシツチ』（要石）も賜わりました。

たかのには　ばけものいでて
いふきぬし　みやおたつれは
しつまるに　をしてたまわる
たかのかみ　またかなさきは
すみよろし　かみのをしてと
みはのそを　たまふつくしの
たみすべて　ゆひをさむへし
わかかはり　またふつぬしは
かぐやまお　つかさとれとて
かとりかみ　たけみかつちは
なるかみに　たけものぬしの
かふつちと　さきのくにゑに
ゆりしつむ　かないしつちも

ツハモノヌシが修得した魂返しの技は、天御祖神《アメノミヲヤカミ》が清き誠の心に感じてこの能力を下し与えるもので、単に妖術を身に着けた者と違って、この能力を具える者は宇宙の中心に坐す天御祖神と直接コンタクトを取ることができるのです。

ココストの文～魂返し　ココストの根お　結ぶフミ

アマテル大御神《ヲヽンカミ》は、ツハモノヌシにシキアガタ（奈良県桜井市）の領地に加え、『天成し大神（アナシオオカミ・穴師大神）』の称え名を賜わりました（＊奈良県磯城郡巻向に穴師坐兵主神社あり）。ツハモノヌシはアマテル大御神からオシホミミへ譲位の際に、祝い主を務めた人物であり、『ウツシヒカンヲヂ（神伯）』の称え名を持ち、トヨケ大神の四男でイサナミの弟だからアマテル大御神の叔父に当ります。
魂返しの技はツハモノヌシの二男ヰチチが文書化し、魂の緒を整えて天に送り届ける修法の書ココストの根を結ぶ文として後世に残しました。ツハモノヌシはまた、『ココトムスビ（興台産霊）』の称え名でも知られ、アマテル大御神は更に『カスガ殿』という名も賜わって、人々の尊敬を集めさせました。

ハタレ騒動が収束するとアマテル大御神はしみじみとカナサキに述懐されました。
たまふなり　つはものぬしが
たまかえし　きよきまことの
はなふりて
みちにあもなし
しきあがた　あなしうをかみ
をしてそえ　すゑてうつしひ
かんをぢぞ　ゐちちがゑなむ
たまかえし　ここすとのねお
むすぶふみ　こことむすびの
なにすゑて　かすがとのとぞ
たふとませ　きみかなさきに
のたまふは　よろものきれど

魂返し　乱れを解けば
神となる　心地カスガ（春日）と

「国を治める上ではやむを得ず、多くの人を斬るよう命じたり、殺めたりせざるを得ない。たとえ間接的にでも、人を斬れば自分の魂の緒が乱れる。『魂返し』という技があるお蔭で、私はいつも健全な精神状態を保っていられる。実に私は魂返しによって救われているのだ」

アマテル大御神は先の褒賞ではまだ足りないと、更にカスガ（奈良市内）とヲキナガ森（滋賀県野洲市兵主大社）の地をツハモノヌシにお与えになりました。

ツハモノヌシの妻は、カトリ神フツヌシの妹アサカ姫で、長男のカスガマロ・ワカヒコが後のアマノコヤネです。

たまかえし　みたれをとけは
かみとなる　ここちかすがと
さとのなも　をきながもりも
たまわれは　かとりがいもと
あさかひめ　こことむすびの
つまとして　うむかすがまろ
わかひこぞこれ

『ホツマツタヱ』の時代の日本

ヒタカミ州
ケタツボ
（タガノコフ）
ナコソ
ネ邦
ネ州
ホツマ州
ツクバイサ宮
チタル邦（後の出雲邦）
コヱ州
ハラミの宮
ハラミ山
サホコ邦
タガ宮
ヤスカワ宮
ナカ州（アシハラ）
ヒロタ宮
ニシトノ
アヒの
前宮
イサワの宮
トの宮
ソサ州
クマノ宮
タマツ宮
アハヂ宮
キシヰ邦
ツクシ州
ソアサ州
（後のフタナ）
ツキスミノ宮

ホツマツタヱ御機《ミハタ》の九《コ》

八雲《やくも》打《う》ち琴《こと》作《つく》るアヤ

下民に落ちたソサノヲ～アラカネの　土に堕ちたる　サスラ男の

あらかねの　つちにおちたる
さすらをの　あめのおそれの
みのかさも　ぬがでやすまん
やどもなく　ちにさまよひて
とかめやる　すりやわことに
たとりきて　ついにねのくに
さほこなる　ゆけのそしもり
つるめそが　やどにつぐむや
しむのむし

イサナギ・イサナミ（両神《フタカミ》）の三男として生まれながら、粗野な性格が禍《わざわい》して罪を犯し、流浪刑となったソサノヲは、晴雨にかかわらず蓑笠《みのがさ》を身に付けてあてのない旅をしていました。

ホツマツタヱ編著者のクシミカタマは、溶鉱炉から地面に流れ落ちた粗金《あらかね》と表現しています。

晴天に蓑笠をまとい、人目を気にしながら街道を行く者は、誰が見ても流浪の罪人と知れます。宿を乞うても野良犬のように追い払われるのです。わずかに同情して食物を恵んでくれる人の、情けにすがってさまよう以外に生き続けるすべもありません。

やっとの思いでネ州《クニ》のサホコ邦《クニ》まで辿り着いたソサノヲは、庇護《ひご》を求めて旧知のツルメソの家に転がり込みました。以前、中央政府の高官としてサホコ邦に滞在していたソサノヲは、この地を本拠とする弓の製作集団の中で、削り職人の長をしていたツルメソの腕を見込んで、なにくれとなく面倒を見た経緯があったのです。

今は放浪中の罪人として訪れたソサノヲですが、ツルメソは過去の恩義に報いるべく、密かに匿《かくま》いました。

ツルメソの好意にあまえて長逗留《ながとうりゅう》したソサノヲは、次第に心を癒しその態度からは周囲を威圧する激しさが消えていきました。

　そんなある日、集落の人々が集まって噂話を始めたのです。居合わせたソサノヲを気にするでもなく、人々は話に熱中していたので、ソサノヲは黙って一部始終を聞きました。


　話は次のような内容です。

　ここから西方に徒歩で半日ほど行くと、サダ（島根県松江市北西部）という村があります。アレオサ（村長）のアシナヅチは、ソヲ（鹿児島県曽於郡）のハデカミ（カナサキの長子）に見込まれ、娘テナヅチを妻に迎えたことから、出世して村長となった人物で、八人の娘をもうけて幸せな家庭を築いていました。けれども思わぬ不幸に見舞われ、一家は悲しみに打ちひしがれているというのです。

　サダは宍道湖と日本海に挟まれて肥沃な農地が広がり、魚介類にも恵まれた資源の豊かな地です。宍道湖の西端にはヒカワ（斐伊川）が流れ込んでおり、ヒカワは地方名ともなっています。斐伊川の支流の一つである三刀屋《みとや》川の上流にはヤエダニ（八重滝）という幽玄な地があって、常に叢雲《むらくも》が立ち昇っており、沢の源頭の尾根には松や栢《かや》がうっそうと茂っています。

　そこにヤマタノオロチ（八岐の大蛇）が出現したというのです。ハハヤカガチというこの大蛇は度々斐伊川に沿って下って来て、アシナヅチに人身御供《ヒトミケ》を要求しました。応じなければ村人全員に危害を及ぼすというのです。

さたのあれをさ
あしなつち
そをのてにつき
やめうめど
おひたちかぬる
かなしさは
ひかわのかみの
やゑたには
つねにむらくも
たちのほり
そびらにしげる
まつかやの
なかにやまたの
おろちゐて
ははやかがちの
ひとみけと
つつがせらるる

アシナヅチ一家は村を救うために娘を犠牲にしましたが、大蛇の要求は止まりません。七人まで娘を獲られて残るただ一人のイナダ姫もまさに食べられようとしているという話です。

ソサノヲはこの話しを聞くとツルメソの宿を辞してサダに向いました。

ヤマタノオロチ～「御名は誰ぞ」とうら問えば

今まさに、アシナヅチ夫婦がイナダ姫の手足を撫で、別れを惜しんで悲嘆に暮れているところへソサノヲが訪れました。緊張に引き締まったソサノヲの顔は凛々《りり》しく、容貌も物腰も神の使いとしての気品に満ち溢れていました。突然の訪問にもかかわらず、一家はこの貴人にたちまち心を許し、ソサノヲの問いに一部始終を話したのです。

おおよその内容はツルメソの家で聞いていた通りでしたが、ソサノヲは細部を確認しながらじっくりと話しを聞き終わると、姿勢を正して決然と問い掛けました。

「姫を娶《めと》ろうと思うが」

アシナヅチは突然の問いに驚きましたが、まだこの貴人の素性を知らないことに気が付いて問い返しました。

「あなたはどなた様でしょうか。どうぞ御名《みな》をお聞かせ下さい」

ななむすめ　のこるひとりの
いなたひめ　これもはまんと
たらちねは　てなであしなで
いたむとき　そさのみことの
かんとひに　あからさまにそ
こたゑけり　ひめおゑんやと
いやといに　みなはたれぞと
うらとえは

一家はこの貴人が日本国を統治する日神《ひかみ》アマテル大御神の実弟であることを知りました。明日をも知れぬイナダ姫の命、その命運を共に担おうという申し出です。両親もイナダ姫も、藁をも掴む思いで一切を委《ゆだ》ね、ソサノヲとイナダ姫はその日の内に契りを結びました。

童の袖の脇開け～スサは休みの姫姿

今までの身も凍るような恐怖の慄《おのの》きから一転して、ソサノヲの燃えるような情熱を受け入れたイナダ姫の心はその変化に対応し切れず、炎の中に身を置くような苦しさに苛まれました。ソサノヲはその苦悩を察して、姫の着物の袖を引き裂いて脇の下に風を入れると、姫を悩ませた炎も冷めて快く眠りに着くことができました。このことが元になって、児童や少女の着物は脇の下を開けて仕立てるようになったのです。

さて、大蛇《オロチ》が動き出したという報を受けたソサノヲは、まず、姫を母屋から移して弓削《ゆげ》屋に隠し入れ、自身は姫の姿に変装して、結い上げた髪には悪鬼から身を守る霊力を持つと言われる黄楊櫛《つげくし》を刺しました。

大蛇がやって来る山側の門前には栈敷《さじき》を設《しつら》え、その上に充分に醸成した強い酒を満たした八槽の桶を置いて、ソサノヲは静かに時を待ちました。

あらはれて　あめのおととと
いなたひめ　ちぎりおむすぶ
くるしさお　やめるほのほの
かせいれは　そでわきさきて
ほのほもさめて
こころよく　わらへのそでの
わきあけぞ　ひめはゆけやに
かくしいれ　すさはやつみの
ひめすがた　ゆづのつげくし
つらにさし　やまのさすきに
やしほりの　さけおかもして
まちたまふ

オロチ退治～眠るオロチお　ヅタに斬る

やまたかしらの
おろちきて　やふねのさけお
のみゑいて　ねむるおろちお
づだにきる　ははがをさきに
つるぎあり　ははむらくもの
なにしあふ

突然辺りが黒雲に覆われ一陣の風が吹くと、ヤマタノオロチが姿を現しました。巨大な胴体から八つの鎌首がせり上がって、十六の目玉は周囲を睥睨《へいげい》し、その目で睨まれたら蛙でなくとも身がすくんでしまうでしょう。

大蛇は用心深く、桟敷の上に置かれた八槽の桶には一瞥《いちべつ》をくれただけで、そのまま母屋に向かおうとします。けれども、桟敷の前を通り過ぎようとした時、桟敷に一番近い端の首が、酒の匂いに惹かれて桶を覗き込みました。馥郁《ふくいく》と香りを放つ酒の魅力には抗し切れず、その首は端の一槽に頭を突っ込んで酒を飲み始めました。他の首は進むことができず、引き戻されると各々《おのおの》の首の前には一槽ずつ桶が並んでいるのです。皆一斉に頭を突っ込んで飲み始めました。我先にとがぶ飲みをしたので、すべての桶は空になりました。

酔った八岐の大蛇は、八つの首がそれぞれ勝手な動きをして、進むことができません。その内に寝てしまう首もあって身動きが取れなくなり、しばらくするとすべての首が桟敷を枕に眠り込んだのです。

ソサノヲは大蛇が完全に眠ったのを確認すると、手早く八つの首を切り落とした上で、頭も胴体もズタズタに切り刻みました。最後に尾を切り刻むと尾先から一振りの剣が出てきました。後にソサノヲからアマテル大御神へ献上され、『叢雲の剣』と呼ばれて国の宝となる名剣です。

こうして大蛇を退治したソサノヲはヒカワの人々にも受け入れられ、イナダ姫を妻として平穏な日々を送るようになりました。

誓約《ウケヒ》の勝利宣言 ～ 姉が目に「なお汚しや その心」

第一子として男の子が生まれると、ソサノヲは大いに喜んでオオヤヒコ（大屋彦命）と名付け、そそくさと旅支度を整えました。無論行先は野洲川に住む姉の元です。

姉ワカ姫に面会するとソサノヲは言いました。

「以前お会いした時に（七アヤ参照）誓った通り、私は男の子をもうけました。これは私が潔白であり、兄アマテル大御神《ヲヽンカミ》よりも指導者の資質に優れていることを、天御祖神《アメノミヲヤカミ》が証明されたのです。私は大御神に勝ったのです。姉上だけは信じて下さいますね」

姉の目に写ったソサノヲは、汚らわしい心根を持ち続け、自分本意で勝手気侭《きまま》に振る舞う、以前と少しも変わらぬ姿でした。ワカ姫は答えました。

「少しは反省するかと期待していたが、まだそのようなたわ言を言って。恥をも知らぬお前の心根が世の乱れを招いていることに気が付かないのか。お前の所業を思うと世間に申し訳なくて、顔向けができなくなる。さっさと帰って罪の償いを続けなさい」

いなたひめして
おおやひこ　うめはそさのを
やすかわに　ゆきてちかひの
をのこうむ　あかつといえは
あねがめに　なおきたなしや
そのこころ　はぢおもしらぬ
よのみたれ　これみなそれの
あやまちと　おもえはむせぶ
はやかえれ

さすがのソサノヲも恥じ入って、しおしおとネ州《クニ》に帰って行きました。その後のソサノヲは中央政界に復帰する夢を捨て、イナダ姫との間にオオヤ姫、ツマヅ姫、コトヤソをもうけてひっそりと暮らしていました。

一方中央政界においては、次々と蜂起するハタレの乱に、文字通り蜂の巣を突付いたような騒ぎになっていました。御前での臨時議会が開かれ、討伐軍を組織して出征するという事態が六度にも及んだのです。

幸いアマテル大御神が禊の滝行によってハタレ鎮圧の呪法を得られ、治安を取り戻すことができたことは八アヤで詳述した通りです。

この騒乱の根本原因がネ州のマスヒトにありましたので、ハタレの乱が平定されると、中央政府はイフキドヌシを総大将とするマスヒト征討軍を派遣することになりました。

そさのをはぢて　ねにかえる
のちおおやひめ　つまづひめ
ことやそうみて　かくれすむ
たかまはむつの　はたれかみ
はちのことくに　みたるれは
かみはかりして　はたれうつ
きみはみそぎの　さくなたり
はたれゐとふの　たねおゑて
みよをさまれど　みなもとは
ねのますひとに　よるなれば
いふきどぬしに　うたしむる

イフキドヌシのマスヒト討伐 ～ 出雲路の　道に佇む　シタタミや

国の行く末を左右する重要な戦に馳せ参じようと、多くの将兵が使命感に燃えて征討軍に加わりました。

一行はまず、サホコの宮でアサヒ神に戦勝を祈りました。アサヒ神とはかつてサホコの平安を維持するために自らこの地に赴き、任地で亡くなられたトヨケ大

うなつきむかふ　やそつつき
さほこのみやの　あさひかみ
をがみていたる

神の贈り名（六アヤ参照）です。

征討軍が出雲路を西に進路を取って行軍していくと、行く手に一人の下民が佇んでいます。その下民は道端に除けて行軍を見守っていましたが、イフキドヌシが差し掛かると、身に着けていた笠・蓑・剣を投げ捨て、前に進み出て跪《ひざまづ》き、両手をついてイフキドヌシを見上げました。何かを訴えるように大きく見開いた眼から、大粒の涙がどっと溢れ出て滝の如く頬を伝いました。

いつもぢの　みちにたたずむ
したたみや　かさみのつるぎ
なげすてて　なにのりこちの
おおまなこ　なんだはたきの
おちくたる　ときのすがたや

イフキドとソサノヲの再会～「思い思えば　ハタレとは　驕る心の　我から」と

訝《いぶか》しげに近付いたイフキドヌシがよく見ると、身をやつしてはいても紛れないソサノヲの姿がそこにありました。八年振りの再会です。

自分の驕慢《きょうまん》な心がハタレ騒動を引き起こしたことに、ようやく思い至ったソサノヲの心情が、かつてのソサノヲを知るイフキドヌシには痛いほどに感じ取れました。

父ツキヨミの弟であるから、ソサノヲはイフキドヌシにとって叔父に当たります。甥の前に跪き涙を流している姿は、一族と世間に対して許しを乞う心の発現に違いありません。

ソサノヲは歌いました。

やとせふり　おもいおもえは
はたれとは　おごるこころの
われからと　ややしるいまの
そさのをが　くやみのなんだ
をぢわいの　しむのあやまち
つくのえと　なげきうたふや

天下《あも》に降る　吾が蓑笠（身の瘡《かさ》）ゆ
シムの幹《みき》
三千日間《みちひはざま》で　荒ふる恐れ

（訳文）天を追われて蓑笠《みのかさ》で雨露を凌《しの》ぐ境遇を、私は自ら求めてしまいました。これは身から出た錆《さび》という他はありません。天神《あまかみ》以来の家系に傷を付け、国政の根幹を揺るがしたのは、自分の荒ぶる心が引き起こしたことだと悟り、この三千日（八年）の間、再び荒ぶる心が頭をもたげることを恐れ、また後悔の念に苛《さいな》まれて暮らして参りました。

ハタレ根を討伐～「マスヒト討たば　マメなり」と

ソサノヲは三度歌い、これを聞いたイフキドヌシは、込み上げてくる同情の涙を抑えることができず、馬から降り、ソサノヲの手を取って立ち上がらせて言いました。

「一族全員が納得し、国民の理解が得られるか否かは、今後の忠誠に掛かっています。国家の為に何か大きな功績を挙げれば、過去の罪は一挙に晴れるでしょう。私の征討軍に加わって、一緒にマスヒトを撃てば忠誠の証しとなります」

こうして、イフキドヌシはソサノヲを伴って、サダの館を前線基地の宮として

あもにふる　あがみのかさゆ
しむのみき　みちひはさまで
あらふるおそれ
かくみたび　きもにこたえて
なさけより　さすがにぬるる
いふきかみ　しむのつくばえ
ともなんた　こまよりおりて
そさのをの　ておひきおこす
しむのより　あいゐることは
のちのまめ　いさおしなせは
はれやらん　われおたすけて
ひとみちに　ますひとうたは
まめなりと　うちつれやどる
さだのみや

駐屯し、乱れた地方行政の立て直しを図るとともに、ハタレ根（ハタレ発生の原因となる悪の温床を作っている）となっているマスヒトの権限を剥奪し、シラヒトとコクミや大蛇《オロチ》等をことごとく撃ち治め、アマテル大御神の朝廷議会に報告しました。

タカマは戦勝祝賀ムードに沸き返りました。鳴弦の儀式が執り行われ、その中で女官ウズメは六張りの弓を並べて、楽曲を奏でるかのように打ち鳴らす芸当を披露しました。

アマテル大御神《ヲヽンカミ》はこれにヒントを得て、桑の木を削って六弦の琴を作られワカ姫に賜わりました。

琴の名人でもあるワカ姫は、早速六音階の曲を作曲して演奏しました。ウズメのアイデアは、六つのハタレを六種類の弓で撃ち治めるという発想から得たものであり、アマテル大御神はこれをヒントに、自ら早川での禊《みそぎ》によって得たハタレ封じの呪いの種を琴の弦に準えられ、六本の弦にはそれぞれカダ（葛）、フキ（蕗）、カナデ（曲）、メガ（茗荷）、ハ（羽）、ヒレ（領布）という名を付けられたのです。

はたれねも
のりおさためて
おろちらも
しらひとこくみ
おもむきお
うちをさめたる
たかまには
あめにつくれは
うすめみの
ゆつうちならし
をゝんかみ
かなでるおみて
むゆづこと
くわもてつくる
むつにひく
たまふわかひめ
めがはひれ
かだふきかなて
いさなぎの
そのことのねは
いとすすき
かきのかたうつ

琴の起源～その琴のネは　イサナギの

さて最初に琴を考案されたのはイサナギです。宮の垣に植えられている葛の葉に糸薄の穂が風に揺られて当たり、妙なる音を発したのをヒントにして、イサナギは三弦（三筋）の琴を作られました。その形状は葛の花と葉を象《かたど》って蔓《つる》を弦としており、この琴を奏することはカダガキ打ちと呼ばれました。

三筋の琴から発展して作られたのが五筋の琴です。五筋の琴は人の臓器、特に循環器系に働きかけ代謝を活発にするので、この琴の音に併せて地《ワ》のアワ歌を教えれば、脳の発達を促し聡明に育つのです。五筋の琴を奏することをイスキ打ちと呼びました。

アマテル大御神《ヲヽンカミ》が新たに開発された六筋の琴は、酔って眠った大蛇《オロチ》の魂が再び目覚めて悪さをすることを封じる呪力を持たせたものです。つまり、六つのハタレを破ったと同じ呪縛で、二度と目覚めないように呪縛を継続させるのです。この六筋の琴を奏することはヤクモ打ちと名付けられました。先にご説明した通り、この琴の各弦にはカダ、フキ、カナデ、メガ、ハ、ヒレの名でそれぞれハタレ封じの呪力が込められているのです。

ソサノヲ許される ～ ガは消えて 賜ふヲシテは ヒカワ神

さて、首尾よくハタレ根を征伐したイフキドヌシに対し、アマテル大御神《ヲヽンカミ》は琵琶湖東部のヤマダを領国に加え、併せて神格を賜りました。

伊吹山とは、アワのイフキドヌシを崇敬する人々が、領内に悠然とそびえる山を、ご神体として祀ることで付けられた名なのでしょう。

これおみすぢの
ことのねぞ　かたちははなと
くずのはお　かだかきとうつ
ゐすことは　ゐくらにひびく
ねおわけて　わのあわうたお
をしゆれは　ことのねとほる
いすきうち　むすぢのことは
ゑひねふる　おろちにむつの
ゆつかけて　やくもうちとぞ
なつくなり　かだふきかなて
めがはひれ

これもてたての
なにしあふ　やまだあがたお
もちたかに　たまえはあわの
いふきかみ

そしていよいよソサノヲの処分を決める段になりましたが、アマテル大御神も人の子ですから、実弟に対する私的な感情が入り込むことを避け、諸神の決定に委ねられましたので、議会で討議することになりました。

諸神の意見は専ら、ソサノヲがイフキドヌシの前で詠んだ『シムの歌』に集中し、この歌が、心の奥底から発した嘘偽りのない感情で詠まれたことを全員が認めました。心が澄み透れば身の垢も洗い流され、すべての蟠《わだかま》りは消え去ります。

諸神が出した結論に従い、アマテル大御神はソサノヲの過去の罪状をすべて許し、ハタレ根を撃ち治めた功績を認めて『ヒカワ（氷川神）』の称え名を賜わり、ヒカワの地に住み着いて新たな一族の基を築くよう命じられました。そして従来のマスヒト制度に代え、天神《あまかみ》一族から臣籍降下してサホコ邦《クニ》の統治者になった標（しるし）として、八重垣幡をも賜わりました。

こうして重臣に名を連ね、再び晴れてアマテル大御神の御前に昇ったソサノヲは、臣下の礼を尽した後に近況を報告しました。

もろかみはかり
そさのをが　こころおよする
しむのうた　みのちりひれは
がはきえて　たまふをしては
ひかはかみ　はたれねおうつ
いさおしや　そこにもとゐお
ひらくべし　やゑがきはたも
たまはれは　ふたたびのぼる
あめはれて　うやまいもうす
くしひより　すがはにきつく
みやのなも　くしいなたなり

出雲八重垣～サホコクニ　換えて出雲の　クニは此れ

「奇しき因縁で、私にとって神聖な地となったヒカワに導かれ、イナダ姫と結ばれたことから、私の運勢は好転し、贖罪も済み宮を持つお許しまで賜りました。

新たに築く宮の名は奇稲田宮《クシイナダ》と致したく存じます。またサホコという地名はハタレ根によって汚されたので、『出雲邦《クニ》』と改名したく存じます」

ソサノヲは天の道に則って治め、出雲邦の人々は安心して暮らせるようになりました。

奇稲田宮の建築は急ピッチで行なわれましたが、完成しない内にイナダ姫が身籠もりました。ソサノヲはその報告がてら姉ワカ姫に次の歌を奉げました。

八雲立つ　出雲八重垣　妻籠《つまご》めに
八重垣作る　その八重垣オ

大蛇《オロチ》を退治してハタレ根を絶ち、穢《エ》を祓い清めた地に築いた宮に、更に八重垣を巡らすというソサノヲの心情は、単にイナダ姫を大切に思う気持ばかりではありません。一転して幸せの絶頂に立ったソサノヲ夫婦は、一般庶民から見れば羨望《せんぼう》の的であり、羨望が強まれば嫉妬にもなるのです。幸せに酔いしれていれば、嫉妬の念が生み出すヰソラが入り込んで、孕み子の魂の緒に噛み付くのです。この歌の心はヰソラへの備えに意を尽して立派な子をもうけたいとの願望なのです。この思想の詳細は十六アヤに詳しく述べられます。

この歌の真意を感知されたワカ姫は、ソサノヲに六筋の琴を授けて八雲打ちの奏法を伝授されました。先に詳述した通り、六ユヅ琴は悪霊を排除する強力な呪

さほこくに　かえていつもの
くにはこれ　あめのみちもて
たみやすく　みやならぬまに
いなたひめ　はらめはうたに
やくもたつ　いつもやゑがき
つまこめに　やゑがきつくる
そのやゑがきお
このうたお　あねにささげて
やくもうち　ことのかなてお
さつかりて　うたにあわせる

具です。

ソサノヲは出雲に戻ると、イナダ姫にそれを与えました。イナダ姫は来る日も来る日も歌に合わせて琴を奏でる修練を積み、遂に琴の名手となって、独自の奏法をも編み出しました。これが八重垣打ちの琴歌です。

いなたひめ　ついにくしたえ
あらはれて　やゑかきうちの
ことうたぞ

クシキネ・オオナムチ～クシキネは　コトに優しく　治むれば

琴の優美な音色に合わせて歌うことは胎教に最適です。イナダ姫が生んだ五番目の子斎名クシキネは殊《こと》に優しい性格で、長じて父ソサノヲの跡目を継ぐと温和な治世を敷いたので、臣民は『ヤシマシノミのオオナムチ（大穴牟遅神）』と称えました。この日本中を穀物や木の実で満たす偉大な為政者というような意味でしょう。

オオナムチ（クシキネ）の次には、オオトシ（クラムスビ）、その次にはヒトコトヌシ、またその次にはスセリ姫が生まれ、先の二男二女と合わせ、ソサノヲとイナダ姫の間には五男三女の子が生まれました。

アマテル大御神《ヲ、ンカミ》はオオナムチを見込んで右大臣で軍事統括も担う大物主の地位を新設して就かせ、長女タケコを嫁がせました。この二人の間には、上からクシヒコ、タカコ、ステシノ・タカヒコネの二男一女が生まれました。

さてオオナムチは出雲を本拠として、淡海の琵琶湖東岸にも領地を持ち、天に

うむこのいみな
くしきねは　ことにやさしく
をさむれは　なかれおくめる
もろがなも　やしましのみの
おほなむち　つぎはおおとし
くらむすひ　つきはかつらき
ひことぬし　つきはすせりめ
ゐをみめぞ　きみくしぎねお
ものぬしに　たけこおつまと
なしてうむ　あにはくしひこ
めはたかこ　おとはすてしの
たかひこね　くしぎねあわの

出仕している間は淡海を足場にしていました。

オオナムチとスクナヒコナ〜教ゑのユビを もれ落つる

ある時オオナムチが淡海のササ崎にいると、舳先《へさき》に鏡を掲げた舟に乗った人物が漕ぎ寄せてきました。鏡の舟は天神《あまかみ》一族の象徴であるから、オオナムチは湖岸から名を問い掛けましたが、その人物は答えずに黙々と舟を漕ぎ続けています。オオナムチの近習で、諸邦との連絡役にあるクヱヒコが、その人物を見知っていました。

「あの方は、子だくさんで知られたカンミムスビ（神産巣日神＝ヤソキネ）の御子の中でも、安穏な貴族教育を嫌って早くから親元を離れ、諸邦を遍歴しながら研鑽を積み、今や万般に通じた高邁な人物として、評判の高いスクナヒコナ様に違いありません」

　オオナムチは上陸したスクナヒコナ（少彦名神）を丁重に迎え、篤くもてなしました。スクナヒコナはオオナムチの薦めに応じてゆったりと滞在していたのですが、その内に、善政を敷くオオナムチが頭を悩ますような出来事があると、積極的に助力するようになりました。領民の間に流行病いが起きた時には、適切な処方を下して治癒させました。また、鳥獣が作物を害したり穂汚虫《ほをむし》（稲虫）が稲を害した時、祓《はら》いを行なって作物を守るなど、神を呼び寄せて人々に加護を与え

ささざきで　かかみのふねに
のりくるお　とえどこたえず
くゑひこが　かんみむすびの
ちゐをこの　をしゑのゆびお
もれおつる　すくなひこなは
これといふ　くしきねあつく
めくむのち　ともにつとめて
うつしくに　やめるおいやし
とりけもの　ほをむしはらひ
ふゆおなす　すくなひこなは

たのです。

スクナヒコナはこの地アワシマに滞在中、カダガキ打ちの琴歌を習い、逆にこの地域の人々が知らない雛祭りの儀式を教えました。

その後、スクナヒコナはこの地を離れ、加太の浦（和歌山市西北）に至って生涯を終え、淡島《あわしま》神社のご祭神として祀られました。

スクナヒコナから薫陶《くんとう》を得て善政への意欲を増したオオナムチは、一人領内を巡って、悪弊を改め、不足を補う努力を惜しみませんでした。ところで領内では毎年、穂汚虫の被害が激しく食料が不足しがちで、やむなく肉食を許していたので、領民の多くは太って早死にする傾向が目立っていました。

ワカ姫とオオナムチ～種袋　槌は培う　御宝

ある時、オオナムチは野洲川に馬を飛ばしてワカ姫（下照姫）を訪れ、稲虫を祓う呪《まじな》いの方法について教えを乞いました。ワカ姫は一アヤで編み出した呪いを伝授し、オオナムチは修得して戻ると、早速実行しました。日扇で扇ぐとみるみるうちに虫は去り、期待通り稲が若やいで豊作になりました。

オオナムチはワカ姫に感謝して、娘のタカコ（タカ姫）を侍女として奉りました。隣邦のアマクニタマも娘オクラ姫を捧げてワカ姫に仕えさせました。アマク

あわしまの　かだがきならひ
ひなまつり　をしえていたる
かだのうら　あわしまかみぞ
おほなむち　ひとりめくりて
たみのかて　けししゆるせは
こゑつのり　みなはやかれや
そはほむし　くしぎねはせて
これおとふ　したてるひめの
をしえくさ　ならいかえりて
をしくさに　あふげはほをの
むしさりて　やはりわかやぎ
みのるゆえ　むすめたかこお
たてまつる　あまくにたまの
おくらひめ　これもささけて
つかえしむ

ニタマは中山道を拓いたカナヤマヒコの子で、アマテル大御神《ヲ、ンカミ》の妃ウリフ姫ナガコの弟です。

ワカ姫は若い二人の侍女に傅《かしづ》かれて、六筋の琴歌を演奏する八雲打ちで余生を楽しみました。

その後、オオナムチは長男のクシヒコを事代主として天に仕えさせ、自身は本拠の出雲で生活向上の指導を行なうようになりました。事代主とは大物主の職域である軍事統括に加え、施策をアマテル大御神に代わって執り行う重職です。

オオナムチが出雲の農政を行なうようになって、何と十二万三千六百八十二俵の収穫高を記録しました。種袋を肩に掛け、槌《つち》を持つオオナムチの姿は人々の目に焼き付き、偶像化され崇拝されるようになりました。常に『つちかう（土養《か》う）』ことを念頭に置くために、オオナムチは『槌』を祈りの象徴（モノザネ）とし、宝物のように携えたのです。こうして備蓄米も倉に満たし、天候不順による収穫減の折には、『アタタラ（非常用の穀物）』を配給して領民を飢えから救ったのです。

後にワカ姫がお亡くなりになる時、琴の音色を後世に伝えるべく八雲（六筋の琴）、五ススキ（五筋の琴）、カダガキ（三筋の琴）をタカ姫に形見として譲り、『タカテル姫』の称号を与えられました。また、ワカ歌の極意を記した『クモクシ書』はオクラ姫に授けて、自分の称号であったシタテル姫の名を与えて『シタテルオクラ姫』としました。下照オクラ姫は後にワカ姫所縁《ゆかり》のワカの国（現和歌山県）

したてるひめは
ふたあおめ　めしてたのしむ
やくもうち　おほなむちには
くしひこお　おおものぬしの
かわりとて　ことしろぬしと
つかゑしめ　おのはいつもに
をしゆるに　ひふみむもやそ
ふたわらの　ひもろげかぞえ
たねふくろ　つちはつちかふ
をんたから　うゑたずかても
くらにみつ　あめかせひてり
みのらねと　あたたらくばり
うゑさせず　のちにわかひめ
ひたるとき　やくもゐすすき
かだかきお　ゆつることのね
たかひめお　たかてるとなし
わかうたの　くもくしふみは
おくらひめ　さつけてなおも
したてると　なしてわかくに

玉津島神社に『トシノリカミ（歳徳神）』と称えられ合祀されました。

ソサノヲが築いた出雲八重垣の邦《クニ》を受け継いだオオナムチは、功成り名遂げて、母イナダ姫伝授の八重垣打ちを楽しんで、百八十一人もの子に満ち溢《あふ》れた悠々自適の毎日を送ったのです。

たまつしま　としのりかみと
たたゑます　いつもやゑがき
おほなむち　やゑかきうちて
たのしむる　ももやそひたり
こにみつるかな

神様系図１

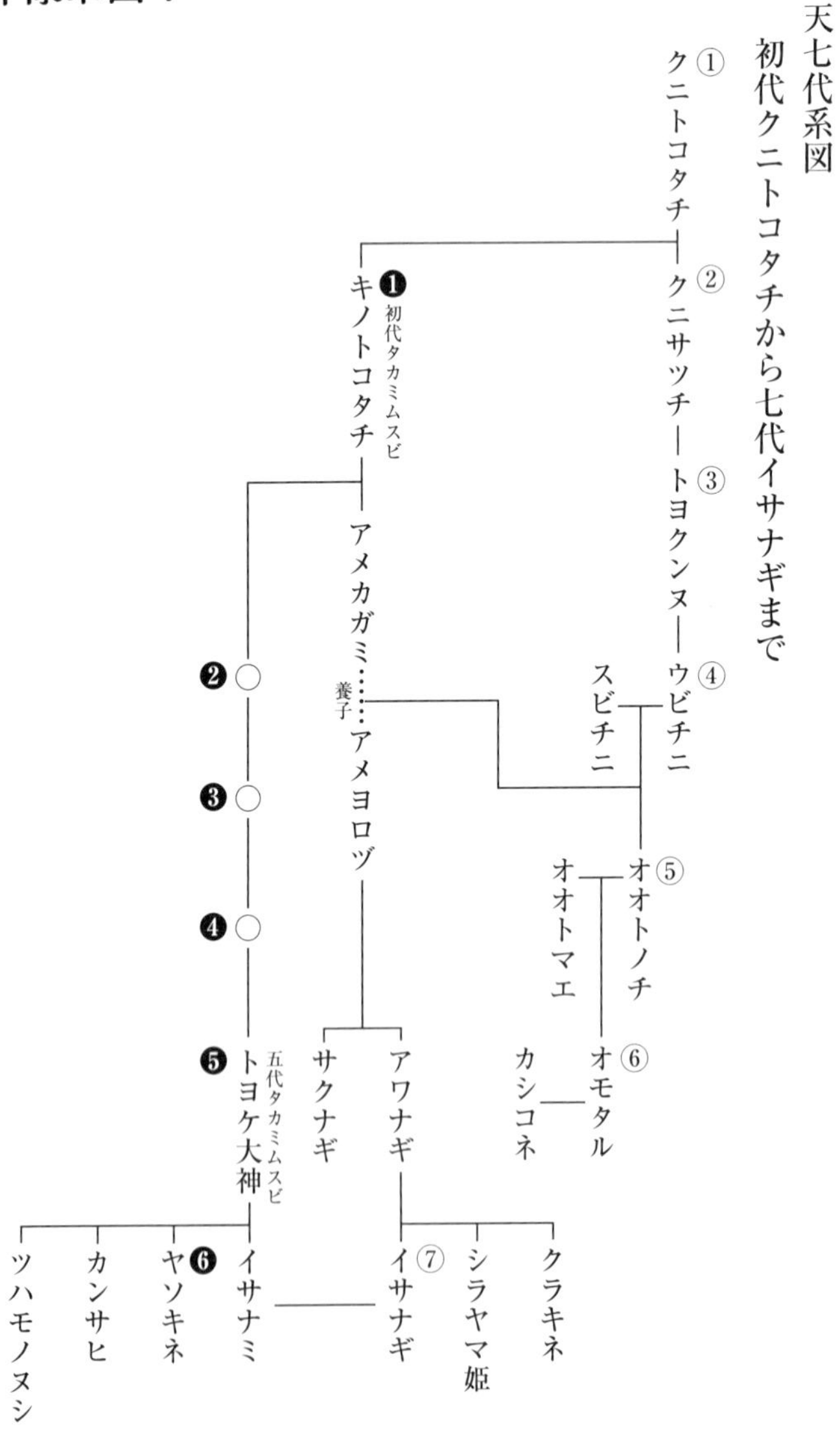
天七代系図
初代クニトコタチから七代イサナギまで
① クニトコタチ
② クニサッチ
③ トヨクンヌ
④ ウビチニ
スビチニ
⑤ オオトノチ
オオトマエ
⑥ オモタル
カシコネ
⑦ イサナギ
シラヤマ姫
クラキネ
❶ キノトコタチ
初代タカミムスビ
アメカガミ
養子
アメヨロヅ
アワナギ
サクナギ
❷ ○
❸ ○
❹ ○
❺ トヨケ大神
五代タカミムスビ
❻ イサナミ
ヤソキネ
カンサヒ
ツハモノヌシ

ホツマツタヱ御機《ミハタ》の十《ソ》

カシマ断《た》ち釣《つ》り鯛《たい》のアヤ

異変の兆し～フトマニの「シチリ」はヤモリ 激しくて

二十五鈴九十三枝、サアヱの年（紀元前千二百年頃）、夏のことです。イサワの宮の南殿前に植えられているカグの木（橘《タチハナ》、六アヤ参照）の枝が突然萎《しお》れてしまいました。クニトコタチ以来、橘は国家の象徴とされてきました。その橘が萎れたとあって、高天原宮（タカマ　朝廷）では何か国家に異変が起こる予兆ではないかと懸念し、フトマニで占って見るとシチリの卦が引かれました。

ふそゐすず　こそみゐとしの
さあゐなつ　かぐゐしぼみて
ふとまにの

シのチリの
誹《そし》りも嘘と　思い草　モノ
ヌシならで　モノや散
るらん

フトマニとは、人知が及ばない問題の答えを天上の神にお聞きする占いの方法です。

天上世界は、アウワの神（アメノミナカヌシとクニトコタチを一体化した神）を八元神が囲む元元明けが中心をなし、その周りを八並神が囲み、更にその外周を十六組の三十二神が囲んでいます。これを『サコクシロ』と呼びます。

フトマニの卦は八並神（ア・イ・フ・ヘ・モ・ヲ・ス・シ）の一音と、二音ずつ十六組にまとめられた三十二神（ヤマ・ハラ・キニ・チリ・ヌウ・ムク・エテ・ネセ・コケ・オレ・ヨロ・ソノ・ユン・ツル・ヰサ・ナワ）の三音で表され、百二十八通りの卦があります。

シチリは百十六番目の卦で、頭音のシ神は、八元神で西北の方位・秋から初冬までの季節と水を司るメ神の支配の下で白色・生産性などを管掌する月神です。またシ神に続くチリ神は、争い・崩壊・散逸・遺失・疾病などを管理する神で、シチリの卦は、太陽神であるアマテル大御神《ヲヽンカミ》のイサワの宮の屋台骨を危うくする事態が、国の西北方に萌芽していることを示唆し、国家・宮を守れと強烈に告げ知らせています。

オオナムチの慢心～満つれば欠くる　ことはりか

しちりはやもり　はげしくて
つねすみのくに　みせしむる
よこべかえりて　もふさくは
いつもやゑがき　おほなむち
みつれはかくる　ことはりか
ぬかおたまかき　うちみやと
これここのゑに　くらふなり
さきにみこもり　おもいかね
しなのいなほら　あちのかみ

高間《タカマ》殿の議会では、早速状況を把握するためにヨコベ（検察使）を派遣しました。ヨコベの帰朝報告によると、出雲のオオナムチは父ソサノヲの功績によって与えられた八重垣の特権に慢心して、居所の回りにもう一重の玉垣を巡らして内宮と称し、アマテル大御神《ヲヽンカミ》の御所である九重とまったく同じ造りにして、民衆に誇示しているとのことです。

これより先のこと、アマテル大御神の日嗣の皇子オシヒト・オシホミミを養育していたオモイカネが亡くなり、信濃の伊那に葬られて『アチの神』（阿智神社ご祭神）となられました。

六代タカミムスビでカンミムスビとも尊称されたヤソキネの長男であるオモイカネは、本来タカミムスビの位を継承する位置におられましたが、皇子守りのまま亡くなられたので、弟のタカギネが七代目タカミムスビに就任し、オモイカネの居所であったヤス川の宮に赴いてオシヒトの養育と後見役を受け継いだのです。その後イサナギを祀る多賀大社の近くにオシヒトの宮である『カフの殿』を新築して移り、オシヒトの養育がてら、アマテル大御神から高間《タカマ》殿の議会を預かって国政を取り仕切っていました。

七代目タカミムスビのタカギネは臨時議会を召集し、出雲の処置について対策会議を行ないました。オオナムチの慢心を糾《ただ》すため、出雲に全権特使を派遣することに決定し、その適任者として多数意見でアメノホヒ（天穂日命・モチコの子）が推挙されました。

アメノホヒは天の代表として、出雲一族を服従させる使命を担って赴いたのですが、逆にクニカミに諂《へつら》い媚びて出雲に居座ってしまいました。

三年経っても戻らぬアメノホヒに、議会は息子のオオセイイ・ミクマノを遣わして様子を見に行かせたのですが、これも父同様に居座って帰りませんでした。

うなめこと　よりてななよの
いまみやに　たかぎねやすの
かふのとの　たがわかみやの
かみはかり　たかみむすびの
たれよけん　いづもただすは
みないえは　ほひのみことと
むけしむる　ほひのみことに
くにかみに　しかれとほひは
みとせまて　へつらいこびて
おおせいい　かえことあらて
ちちがまま　みくまのやれは
　　　　　　かえらねはまた

アメワカヒコと返し矢～「出雲ただすは　誰れ良けん」

議会では次第に武力征伐の機運が高まっていましたが、もう一度だけ糾弾の使節を送ろうと結論が出て、アマクニタマの息子アメワカヒコ（天稚彦）を派遣することに決定しました。タカギネは「威嚇してでも服従させせよ」と命じ、カゴ弓とハハ矢をアメワカヒコに賜わり送り出しました。

この神もまた忠誠心が欠如しており、出雲側に取り込まれてオオナムチの娘タカテル姫を娶り、葦原国（ナカクニ）の支配者を自認して、八年を経るまで帰還しなかったのです。議会はアメワカヒコの行状を探るため、名無しの雉（キギス・隠密）を差し向けました。

アメワカヒコ邸の門前で桂の木陰から屋敷内を窺ってアメワカヒコの行状を観察し、また近隣の住民へ聞き込みを行なっているうちに、探ぐ女（サグメ＝天探女・アメワカヒコ側の女忍者）に察知され、アメワカヒコの知るところとなってしまいました。

アメワカヒコは天が自分の行状を探ろうとして、間諜を放ったことに腹を立てて矢を射掛けました。名無しの雉は胸を射抜かれて深手を負ったが、辛くも逃げ遂《おお》せて高間殿に戻り、タカギネに報告を終えると息絶えました。

名無しの雉に刺さった矢を引き抜いて見ると、その血塗られた矢はタカギネが

かみはかり　つかはすひとは
あまくにの　あめわかひこと
さわまりて　たかみむすびが
かこゆみと　ははやたまいて
むけしむる　このかみもまた
まめならず　たかてるひめお
めとりつつ　あしはらくにお
のらんとて　やとせふるまで
かえらねは　なもしのきぎす
といくたず　あめわかひこが
かどのまえ　かつらのすえに
しわざみて　ほろろほろろと
なくおきき　さくめがつげに
なもなくて　あめおなくやと
わかひこが　ははやおいれは
むねとほり　とびてたかみの
まへにおち　けんけんもなく
ちのははや

アメワカヒコに賜わったハハ矢だったのです。出雲を糾すためのハハ矢は、逆に天の使節を射抜いたのでした。タカギネはこのハハ矢を授けて再度隠密を差し向けました。アメワカヒコへの狙撃命令です。その矢は首尾良くアメワカヒコの胸を貫き、アメワカヒコは亡くなりました。

　この事件によって『返し矢怖るべし』という諺ができました。

アメワカヒコの葬儀～泣く声の　アメに聞こえて

　タカテル姫の嘆き悲しむ声は人づてに天（この時タカギネが預かる『天』すなわち国府は、近江の多賀に置かれていた）にも届きました。アメワカヒコの両親アマクニタマ夫妻は、ただちに早世した息子の亡骸を引き取り、喪屋《もや》を造って仮殯《かりもがり》を行ないました。

　死者の魂を天上に送り届けるのは鳥類の役目と信じられており、葬儀はまず死者の魂を入れて運ぶ布の運び役を川雁《かわかり》とし、装身具の運び手は鶏とし、死者の食事の賄いには雀を当て、屍を乗せる輿《こし》の担ぎ手は鳩とし、ミソサザイには泣き女の役を与え、鳶にはユフ幣を奉げ振る祭主の役、そして烏には塚を造り埋葬する役目を与え、近親の者たちは八日八晩死者を悼んで泣き明かした上で喪を勤めました。

たかみむすびは
これおみて　とがむかえしや
わかひこが　むねにあたりて
うせにしお　かえしやおそる
もとおりや　たかてるひめの
なくこえの　あめにきこえて
たらちねの　はやぢにかばね
ひきとりて　もやおつくりて
かりもかり　おくるかわかり
きさりもち　にわとよはきし
すすめいゐ　はとはものまさ
さざきみそ　とびゆふまつり
からすつか　やひやよいたみ
もおつとむ

アチスキタカヒコネとシタテルオクラ姫〜怒り解かんと短か歌

タカテル姫の兄アチスキタカヒコネ（味耜高彦根命）斎名ステシノは、出雲から多賀に上って弔問に訪れました。その礼装した神姿はアメワカヒコに瓜二つで、余りに似ていることから、親族は皆、アメワカヒコは生きていたのだと錯覚し、思わず縋《すが》り付いて口々に八年間が夢のようだと懐かしがりました。

最初は面喰っていたアチスキタカヒコネも、状況が分かると烈火の如く怒り出しました。

「友だからこそこうして遠方にも拘《かか》わらず駆け付けて来たのに、死者と見間違われるとは縁起が悪い。ああ、けがらわしい。腹が立つ」

アチスキタカヒコネは、やにわに剣を抜き放つと喪屋を切り伏せ、アオハカリと名付けられた名剣の抜き身を下げたままアマクニタマの屋敷を出て行こうとします。そこにシタテル（下照）オクラ姫が進み出てアチスキタカヒコネの行く手を阻みました。昔中仙道を開いたことで有名なカナヤマヒコの孫娘で、死んだアメワカヒコの妹であるシタテルオクラ姫は、九アヤでワカ姫の侍女となった後、歌の指南を受けていましたので、タカヒコネの怒りを解こうと次の歌を詠んで諭しました。

たかてるのあに　あめにのほりて　このかみすがた　うるりわけゐづ　きみはいけりと　やほたまゆらと　いかるあちすき　ともなれはこそ　われおなきみに　あらけがらしや　もやきりふせる　さけてかんとを　むかしなかやま　かなやまひこの　したてるおくら　いかりとかんと　よみてさとせり

たかひこね　もおとえは　わかひこに　しむのもの　よちかかり　まとふとき　たこひこね　おちにとふ　あやまつは　はらたちと　あおはかり　さらんとす　みちひらく　まごむすめ　たかひこの　みちかうた

『ア』メナルヤ　オトタナバタノ
ウナガセル　タマノミスマル
ミスマ『ル』ノ　アナタマハヤミ
タニフタワ　タラズアチスキ
タカヒコネゾ『ヤ』

あめなるや　おとたなばたの
うながせる　たまのみすまる
みすまるの　あなたまはやみ
たにふたわ　たらずあちすき
たかひこねぞや

このうたに　つつきもしれり

（訳文）あなたはそれでも天神《あまかみ》の子孫なのでしょうか。あなたの両親であるオオナムチとオキツシマ姫タケコは共に両神《フタカミ》の孫に当たります。両神はいま天上世界で四十九神に列し星として輝いていますが、天神の精神を継承させようとこの世に魂の緒を留め、闇を治《タ》す神イサナギの斎名タカヒトの『タカ』を、あなたに与えられました。

闇を治す鳥の『タ』（ミミヅク）は星の光を受けて木の洞《うろ》で煌《きら》めく玉（目玉）を光らせ、闇『ガ』の中でも素早く身をこなし、頭には威厳のある二つの羽角を持っているはずでしょう。

けれどもその行状を見ると、あなたは二つの目玉、二つの羽角を持ち合わせていないミミヅクのようですね。アチスキタカヒコネというその名に値するような輝く目玉と羽角があなたには本当にあるのでしょうか。

この歌は五十五音のツヅ歌で、第一音・第二十八音・第五十五音を続け「アルヤツヅ歌」という。有るや否やの問い掛けの歌なのです。

シタテルオクラ姫にズバリと斬り込まれた一撃が、アチスキタカヒコネの肝に応えました。アチスキタカヒコネも最高の教養人であり、このツヅ歌の意味を瞬時に理解したのです。この女性の聡明さに屈服し、尊敬の念が脳髄を支配し、やがて恋心が芽生えました。怒っていた自分に違和感を覚えて思わず太刀を収め、自分の心を率直に返そうと、つぎの歌を詠みました。

『ア』マサガル　ヒナヅメノイハ
タタセトヒ　シカハカタフチ
カタフ『チ』ニ　アミハリワタシ
メロヨシニ　ヨシヨリコネイ
シカハカタフ『チ』

（訳文）私よりも遠い天神の子孫でしかも未婚の娘であるあなたに、すっかりやり込められてしまい、兜《かぶと》を脱ぎました。確かに私は名に恥じる行動を執りました。仰せの通り闇を治す神の斉名《キミナ》から頂いた『タカ』を汚したので『カタ』に、また天神の系統に連なる名の『ヒコネ』も自ら落ちこぼれかけて縁《フチ》に立ったので、私の名は『カタフチ』に替えなければなりませんね。

たかひこも　いかりゆるめて
たちおさめ　みとのみやびお
さとさんと　こたえのうたに
あまさがる　ひなづめのいは
たたせとひ　しかはかたふち
かたふちに　あみはりわたし
めろよしに　よしよりこねい
しかはかたふち

そのカタフチからあなたへのお願いですが、片縁（左右の羽角の間）に網を張り渡して獲物が掛かるのを待ち構えています。その獲物とは、世にも素晴らしい女性です。

その女性の方から網に掛かって来て欲しいと念願しています。私は誇りを捨てて素直に反省しているのですから、どうぞ私の心を汲んで下さい。

アチスキタカヒコネが返した歌は、急所を突かれて痛いとか、お灸を据えられて熱いという意味に、燃え盛る恋の感情を込めた、五十五音の『アチチッヅ歌』でした。

このうたは　のちのゐにしの
あふうすの　かもゐとむすぶ
ひなぶりはこれ

この歌のやり取りは後に、日本国で最初に一夫一婦制をもたらしたウビチニ・スビチニの古事である『雛祭り』に倣って、若い男女の仲を取り持つ相聞歌の形式として『（ヒナブリ）雛振り』と呼ばれるようになったのです。

アチスキタカヒコネとシタテルオクラ姫はこの歌が縁で結ばれ、『カモ（鴨）姓』を名乗って栄達しました。このような男女の運命的な出会いは、生まれながらに『カモ糸』で結ばれていると信じられ、後世には『赤い糸』と呼ばれるようになったのです。

ふたりの剛勇　タケミカツチとフツヌシ～「その心　ままや否やや」

さて辛抱強く温和な処置を講じてきたタカギネも、天から派遣した三人の使節を皆籠絡《ろうらく》して平然としているオオナムチに対し、ついに強硬手段を執ろうとの意志を固めました。

このたびは、枯れて腐った重臣を高間《タカマ》殿の議会から除籍するために、タカミムスビの職権を行使して神軍を派遣する決定を下したのです。この作戦は右大臣（カ）の職分（シマ）を糾す（断つ）ことを目的として『カシマ（鹿島）断ち』と名付けられ、国家の行政機構内部の問題なので、ワスキの神（ウマシアシガイヒコチカミ・宇摩志阿斯訶備比古遅神）を祀る祭礼を済ませてから軍事会議に入りました（ワスキの神は地〈局地〉を司るため。天を司るのはアユキの神）。

総大将としてフツヌシが良いと皆の意見は一致したのですが、そこにタケミカツチが進み出て自薦しました。

「皆様はフツヌシ唯一人を優れた武将として推挙されましたが、私では如何でしょうか。ハタレ退治の折には行き過ぎて失敗もありましたが、名うてのオオナムチを相手として、勇猛という点では引けを取りません。どうぞ私に行かせて下さい」

国家の軍事を取り仕切ってきた大物主を相手としての戦いであることに、参議の重臣たちは改めて思い至りました。確かに勇猛果敢なタケミカツチならカシマ断ちの指揮官として適任です。議会はタケミカツチを総大将に決定し、フツヌシ

このたひは　たかみむすびの
とみかれお　のぞくかどでの
かしまだち　わにすきまつる
かみはかり　ふつぬしよしと
みないえは　たけみかつちが
すすみいて　あにただひとり
ふつぬしが　まさりてわれは
まさらんや　たかきいさみの
みかつちや　ふつぬしそえて
かしまたち

を副将軍としてカシマ断ちを実行に移しました。

さて出雲に到着すると、タケミカツチは杵築《きつき》の浜にオオナムチを呼び出し、カフツチの剣を抜き砂浜に突き立ててその前にあぐらをかき、なじるような口調で詰問しました。

「慢心して臣の身分を超え、国家を危うくする道を歩んでいる汝を、平定して来いと、天（国政議会）が我等を遣わしたのだ。

このまま反抗を続けるのか、それとも服従するのか答えよ」

いつもきつきに
かふつちの　つるぎおうえて
うつくまり　なちりとふなり
みほこりて　あさむくみちお
ならさんと　われらつかふぞ
そのこころ　ままやいなやや
おほなむち　こたゑとわんと
みほさきの　つりえききすの
いなせはぎ　あめのこたえお
とふときに　ことしろぬしが
ゑみすがほ　われすずかにて
たらちねに　ほろろなけとも
ちのたゐぞ　さかなときるも
おろかなり

釣り鯛～コトシロヌシが　笑みす顔

オオナムチは、一族の実力者を呼んで来るので答えを待って欲しいと言って、美保崎（島根県八束郡に美保関あり、美保神社が建つ）で釣りを楽しんでいる長男のクシヒコ・コトシロヌシ（事代主神　＊ホツマでは役職名称）の元へ急使のイナセハギを走らせました。

杵築《きつき》の浜に戻ったクシヒコは笑顔で答えました（ヱミス顔。事代主神クシヒコは、後世恵比寿神として祭られる）。

「以前、私は両親にスズカ（物欲や権力欲を捨てる）の道に従うよう、諭し忠告したにもかかわらず、釣り針に掛かった鯛のように釣り糸を切ろうと、愚かにも必死にもがいて聞き入れなかったのです。高間《タカマ》殿で国政を預る者は常に民が満足するよう、魚に例えるなら笑顔で釣り上げられる鯛にならなければいけない。これは言うまでもなく大御神《ヲヽンカミ》の勅《みことのり》です。もう天に歯向かうようなまねはさせません。父がこの出雲の地を去るなら、私も行動を共に致しましょう」

タケミナカタと力較べ～「まだ一人 あり」と言ふ間に

「待て、実力者ならまだ一人いるぞ」

と言う間に現われたのはタケミナカタ（建御名方神）でした。引き摺るだけでも千人を要しそうな岩を高々と差し上げて、

「誰だか知らぬが、我国を謀略で陥れようとしているのではないか。出て来て俺と力較べをしてみろ」

タケミカツチが近付いて、タケミナカタからその岩を奪い取って放り投げると地響きを立てました。そして間髪を入れずタケミナカタを捕らえて投げ飛ばしたのです。岩のようなタケミカツチの手と、桁違いの強さにタケミナカタは怖れをなして逃げ出し信濃まで逃げ、湖のほとりで観念し、かしこまって降参しました。

「命だけはお助け下さい。この地に住み着き、他所へ行って動き回ることはしません。今後一切背くようなことは致しません」

タケミナカタが覚悟を迫られた土地と湖は、『スワ（諏訪）』と名付けられました。

　　　　　たかまはたみの
ゑみすだゐ　ゐとかけまくぞ
みことのり　わがちちさらば
もろともの　かえことなせは
またひとり　ありといふまに
あらはるる　たけみなかたぞ
ちびきいわ　ささけてたれか
わがくにお　しのびしのびに
おとさんや　いてわがちから
くらへんと　とるてもいわの
みかつちが　とらえてなぐる
あしがひの　おそれてにくる
しなのうみ　すわといふとき
かしこみて　われおたすけよ
このところ　ほかえはゆかじ

オオナムチの服従 ～ 逆ふは斬りつ 服らふは 褒めて

タケミカヅチはタケミナカタを許し、出雲へ戻って再び詰問すると、オオナムチは息子クシヒコの意のままに従うと二将神へ答えました。

「すでに我が子はこの出雲を去りました。私も出て行くことに致します。ですが、今私が出雲からいなくなると、誰かまた騒動を起す者が現われるかもしれません。そのような時には、私が家宝としていたこの『クサナギの矛』をもって平定して下さい」

こうしてオオナムチが去った出雲に暫定政権を打ち建て、逆らう者は斬り、服従する者は褒めるという政策を徹底させ、タケミカヅチとフツヌシは諸神を率いて天に帰りました。

論功行賞 ～ アワウワの 徹る導き さかんなり

カフの殿にてオシホミミは七代目タカギネ（タカミムスビ）の下で帝王教育を受けていましたが、いよいよ国政の第一線に立つこととなり、次のように褒賞の勅（みことのり）を降されました。

「汝フツヌシは天地自然の摂理を徹し、民を教導して国の繁栄に寄与する功績はまことに大きい。またタケミカヅチはカシマ断ちに際し、これまで自分たちを統

そむかじと　いえはたすけて
たちかえり　とえはことふる
おほなむち　そのこのままお
ふたかみえ　わがこさりにき
われもさる　いまわれさらは
たれかまた　あえてなれなん
ものあらし　わがくさなぎの
このほこに　ならしたまえと
いひてさる　さかふはきりつ
まつらふは　ほめてもろかみ
ひきいつつ　あめにかえれは
こふのとの　まつりおとつて
みことのり　なんぢふつぬし
あわうわの　とふるみちびき
さかんなり　またみかつちは
かしまたち　いつおあらはず

率する立場だった大物主を敵として戦わねばならぬモノノベ（軍事集団）たちの心情を察して、その同情心を団結心に転化させ、首尾良くカシマ断ちを成功させた力量を評価し、領地と『カシマカミ（鹿島神）』の称え名を賜う」

もののべの　なんたやわらに
もどすより　たまふかんべは
かしまかみ

オオナムチの津軽転封～百八十カミお 率い来て マメも日陰の 涙あり

　一方、降伏して出雲を退去したオオナムチは、カフの殿の近くに来て沙汰を受けるまでの間、一族百八十神を率いてひたすら恭順の意を表わしました。その大部族の統率には人知れぬ苦労が察せられました。タカギネが当初目的とした大物主の罷免はすでに達せられたので、オオナムチに対しては領地替えという寛大な処置となり、次ぎのように勅が下されました。

「汝オオナムチには、新たにアソベの『アカル宮』（青森県岩木山神社）を賜う」

　天の庇護による寛大な処置を受けてオオナムチは『アカルアソベの大本宮《ウモトミヤ》』に落ち着きました。この一族の命運は百八十世帯を結束して、新天地を開拓できるか否かに懸かっています。オオナムチは宮に接続して千尋《チヒロ》の懸橋を造り、百八十の新築住居をすべて渡り廊下で繋ぎました。この措置によって一族の結束は堅固なものになり、オオナムチは『ウツシクニタマ（顕国玉神）』と一族から崇められて生涯を終え、津軽大本の神となったのです。

　　　　　ときにまつらふ
おほなむち　ももやそかみお
ひきゐきて　まめもひかげの
なんたあり　たかみむすびの
たたしゑた　ことわりあれは
みことのり　たまふあそべの
あかるみや　あふゆおうくる
おほなむち　あかるあそへの
うもとみや　つくるちひろの
かけはしや　ももやそぬゐの
しらたてに　うつしくにたま

オオナムチが去った後の出雲邦《クニ》には『元祭《モトマツリ》』という役職を置き、アメノホヒ（天穂日命）を任命して統治させることになりました。こうしてカシマ断ち作戦はすべての戦後処理を終えたのです。

おほなむち　つかるうもとの
かみとなる　ほひのみことお
もとまつり

クシヒコの処遇～クニつ女娶れば うとからん

七代目タカミムスビのタカギネは、オシホミミの後見役としてアマテル大御神《ヲヽンカミ》から国政を預かる立場から、新たな組閣の方針を打ち出す決意を固め、クシヒコを呼んで厳かに申し付けました。

「汝クシヒコに大物主の役職を授ける。だが、汝の父オオナムチの一件が片付いたばかりなので、もし一般人の娘を娶《めと》るようなことがあれば、我が一族や天の諸神から疎まれるであろう。我が娘ミホツ姫を娶り妻とするなら、タカミムスビ家と縁戚になることによって諸神の間に異存が生じる余地はない。

その上で八十万神（軍事集団モノノベ）を司り、皇孫（ここではイサナギの皇孫であるオシホミミを指す）を守り奉れ」

大物主代理でコトシロヌシだったクシヒコは、罷免された父オオナムチに代わって大物主の役職に着任し、更にヨロギの地と宮（滋賀県高島市安曇川町与呂伎神社）を賜わりました。

この地では古来薬草の栽培と研究が行なわれ、医術の全国拠点として世の人々

おをんこと　たかみむすびの
くしひこよ　なんぢものぬし
うとからん　くにつめとらば
つまとして　わがみほつひめ
つかさとり　やそよろかみお
たてまつれ　みまごおまもり
なめことの　たまふよろぎは
なおたたず　ちくさよろぎの
よよのため　このみやしれは
みちおわけ　やめるおいやす

のために役立ってきたのですが、クシヒコはまたその総帥にも就任したのです。

クシヒコとミホツ姫の間に生まれた世継ぎは、ミホヒコ・ヨロキマロでした。

ミホヒコには、スエツミの娘イクタマヨリ姫との間に十八人の男子が生まれ、また越《こし》のアチハセの娘シラタマ姫との間には十八人の姫が生まれたので、総勢三十六人の子に恵まれました。ミホヒコはこの三十六人の子を皆丈夫に育て上げたことにより、アマテル大御神からの勅で『コモリカミ（子守神）』の称え名を賜りました。

子宝子守《こだからこもり》の歌～セミの小川に禊ぎして

コモリは敬虔な天御祖神《アメノミヲヤカミ》の崇敬者で、瀬見の小川（京都市左京区下鴨神社境内を流れる）での禊《みそぎ》を習慣とし、茅の輪くぐりを行なって身を糾《ただ》し祓《はら》い清めました。よってこの地は糾《ただす》の森と呼ばれるようになりましたが、民の健康と長寿を願うこの清め祓いは国家行事に発展して、水無月《みなづき》の祓いが創始されたのです。

ミホヒコ・コモリは三代目大物主となり、その人柄の良さと聡明さから御子たちは皆大成し、一族は長く栄えたので次の歌が歌い継がれました。

ミホヒコと同時に、アマテル大御神から『カッテカミ（勝手神）』の称え名を賜ったヤスヒコ・カツキマロの歌も続けてご紹介しましょう（奈良県吉野山に勝手神社がある）。

よろぎまろ　よつぎはひとり
すゑつみが　みほひこのつま
そやこうむ　いくたまよりめ
しらたまめ　こしあちはせの
みそむたり　そやのひめうむ
みことのり　ゆだねひたせは
こもりかみ　たまふをしては

みそぎして　せみのおかわに
みなつきや　ちのわにたたず
はらいなりけり　たみながらふる

「三代大物主御子の歌」

コモリ子の　兄はカンタチ
次ぎツミハ　ヨシノミコモリ
四つはヨテ　次ぎはチハヤヒ
コセツヒコ　七はナラヒコ
ヤサカヒコ　九はタケフツ
十はチシロ　十一はミノシマ
十二オオタ　次ぎはイワクラ
ウダミワケ　ツキノミコモリ
十六サギス　次ぎはクワウチ
オトマロぞ　一姫はモトメ
タマネ姫　イソヨリ姫に
ムレノ姫　ミハオリ姫や
スセリ姫　ミタラシ姫に
ヤヱコ姫　コユルギ姫に
シモト姫　ミチツル姫や
ハモミ姫　ムメチル姫に
アサ姫や　ハサクラ姫と
ワカネ姫　アワナリ姫と

みよものぬしみこのなうた
こもりこの　あにはかんたち
つぎつみは　よしのみこもり
よつはよて　つぎはちはやひ
こせつひこ　ななはならひこ
やさかひこ　ここはたけふつ
そはちしろ　そひはみのしま
そふおおた　つぎはいわくら
うだみわけ　つきのみこもり
そむさぎす　つぎはくわうち
おとまろぞ　ひひめはもとめ
たまねひめ　いそよりひめに
むれのひめ　みはおりひめや
すせりひめ　みたらしひめに
やゑこひめ　こゆるきひめに
しもとひめ　みちつるひめや
はもみひめ　むめちるひめに
あさひめや　はさくらひめと
わかねひめ　あわなりひめと

トヨリ姫　総べ三十六神
子宝ぞこれ

「勝手神世継ぎ得る歌」
カツラギの　ヒトコトヌシが
スヱツミが　ヤスタマと産む
カツキマロ　斎名ヤスヒコ
ミホヒコと　ココトムスビの
伝ゑ受け　御内に居れば
大御神《ヲヽンカミ》　ヲシテ賜わる
勝手神　これも世継ぎの
歌の道かな

とよりひめ　すへみそむかみ
こたからぞこれ

かつてかみよつぎゑるうた
かつらきの　ひとことぬしが
すゑつみが　やすたまとうむ
かつきまろ　いみなやすひこ
みほひこと　こことむすびの
つたゑうけ　みうちにおれは
をゝんかみ　をしてたまわる
かつてかみ　これもよつぎの
うたのみちかな

神様系図2

イサナギ・イサナミの系譜

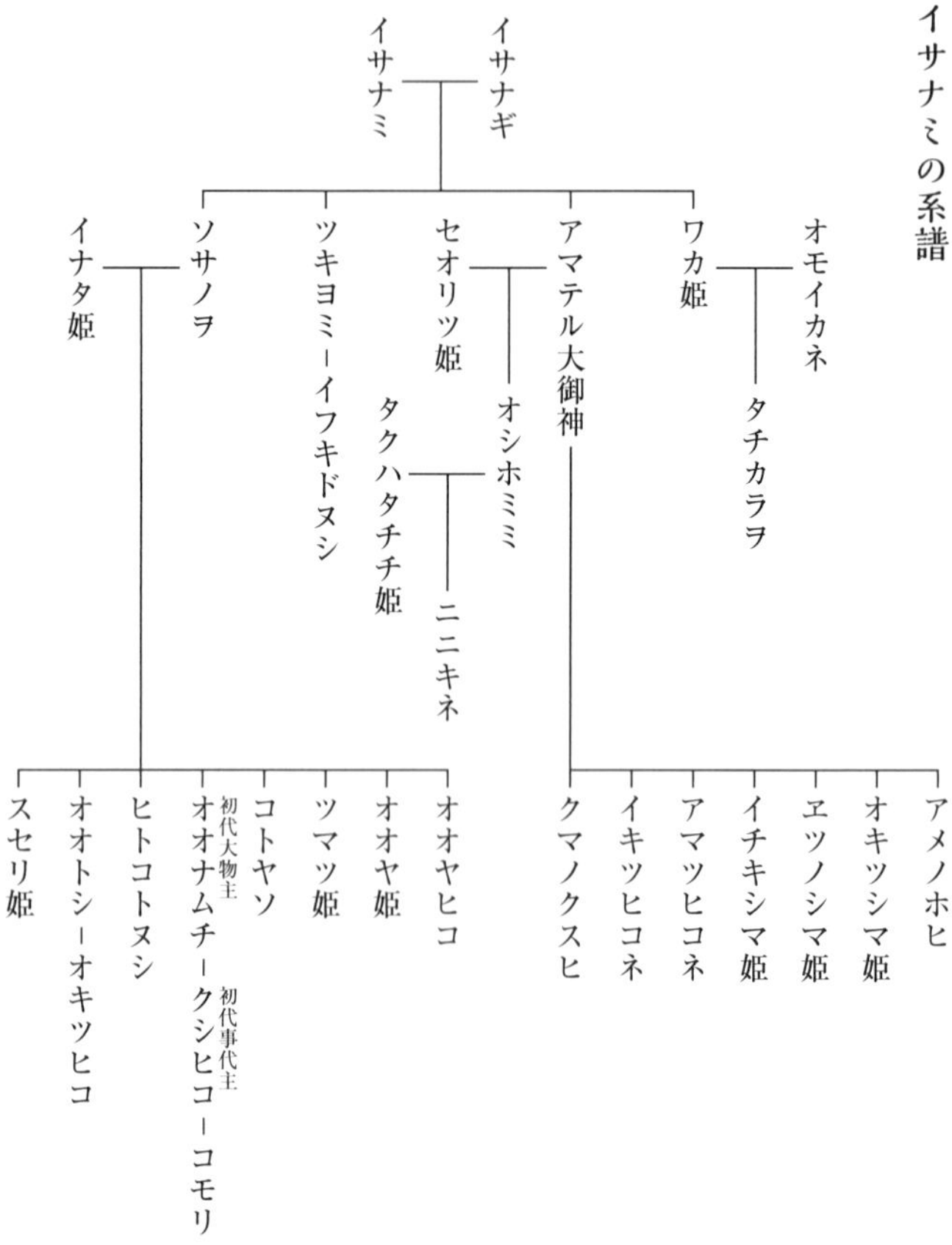

イサナギ
イサナミ
オモイカネ
タチカラヲ
ワカ姫
アマテル大御神
セオリツ姫
オシホミミ
タクハタチチ姫
ニニキネ
ツキヨミ－イフキドヌシ
ソサノヲ
イナタ姫
アメノホヒ
オキツシマ姫
ヱツノシマ姫
イチキシマ姫
アマツヒコネ
イキツヒコネ
クマノクスヒ
オオヤヒコ
オオヤ姫
ツマツ姫
コトヤソ
初代大物主
オオナムチ－クシヒコ－コモリ
初代事代主
ヒトコトヌシ
オオトシ－オキツヒコ
スセリ姫

ホツマツタヱ御機《ミハタ》の十一《ソヒ》

三種《ミクサ》譲《ゆず》り御受《みう》けのアヤ

オシホミミの誕生～うらの良き日に 渡ましの 君はアマテル 世継ぎミコ

二十五鈴百枝十一穂の年（紀元前一二二五年頃）、日高見のケタツボに再び都が遷され、名もタガノコフ（＊多賀国府のもと）と改められました。クニトコタチによる日本建国の出発点となったケタツボは、歴代天神《あまかみ》の後見役を担うタカミムスビ家の本拠として栄え、若き日のアマテル大御神《ヲ、ンカミ》が遊学された地です。『ツボ若宮』と呼ばれる宮殿も楼閣も落成したので、占いによって吉日が選ばれ、いよいよ渡坐しの運びとなりました。

ここに登場する主人公の君はアマテル大御神の世継ぎ皇子です。母は『日の前向つ姫』と呼ばれるセオリツ姫、斎名ホノコで、皇子の産宮は『フジオカミミのオシホヰ』（伊勢外宮境内藤岡山麓の禁足地にある上御井《かみのみい》神社）でした。

幼児期の皇子はむせんで乳を戻し、産着を濡らすことが多く心配されましたが、どうやら無事に育つ見込みが立ったところで、斎名オシヒト称え名『オシホミミ（天忍穂耳尊）』と命名され、誕生が正式に世間に触れられました。

少年期には、近江の多賀に建てられた養育の宮で、隠棲するイサナギの訓育を受けて育ちましたが、イサナギが崩御されるとオモイカネ・ワカ姫のご夫妻が引き取って、野洲川の宮で守り育てました。その間、年長のヨロマロがオシホミミに近侍していました。ヨロマロは、後に第七代タカミムスビとなるタカギネ（タ

ふそゐすず　ももゐそひほに
ひたかみの　みくらのあとに
またみやこ　うつしてなつく
たかのこふ　つほわかみやの
とのしまも　たかやいらかも
ふつくなり　うらのよきひに
わたましの　きみはあまてる
よつぎみこ　はははひのまえ
むかつひめ　いむなほのごの
うぶみやは　ふぢおかみみの
おしほゐに　あれますみこの
ちにむせぶ　むつきしめして
おしひとの　をしほみみとぞ
きこしめし　たがわかみやに
ひたします　ひたるのときに
おもいかね　わかひめともに
もりそたつ　よろまろひとり

カギの神）です。

　青年期に達してもオシホミミの君は身体が弱く、まれに体調が良い時だけ禊を行なわれました。養父オモイカネに続いて伯母のワカ姫もお亡くなりになると、七代タカミムスビに就任して間がないタカギネがオシホミミの後見役に任命されました。

　この段階でアマテル大御神はオシホミミへの政権委譲を決意されたようです。そのためアマテル大御神はタカギネに国政を預け、次期政権への足場固めを行なわせたのです。

　タカギネはオシホミミを擁して近江多賀に都を置き、『カフの殿』と呼ばれ、後に日高見の守を兼ねるため、国許に戻りました。

そばにあり　きみはよわくて
みそぎまれ　おばさりませは
かふのとの　まつりとるゆえ
よろまろお　ひたかみのかみ

日高見《ヒタカミ》への遷都～君は去年　ツボを慕ひて　御幸なる

　アマテル大御神《ヲヽンカミ》とタカギネは、クニトコタチ所縁《ゆかり》のケタツボをオシホミミ政権の首都に内定されました。当のオシホミミも、父アマテル大御神が若き日に遊学された日高見の地に憧れていた上、後見役だったタカギネが国守になって戻ったこともあって、ケタツボ行きを切望するようになっていました。その念願が昨年やっと叶って行幸が実現したのです。

　近江の多賀から都を引き移すオシホミミを迎えるに当たって、ケタツボはタガ

きみはこそ　つぼおしたひて
みゆきなる　たがのみやこお
ひきうつし

ノコフへと名を改められました。

タガノコフに落ち着かれたオシホミミは、タカギネの娘タクハタチチヒメ（栲幡千幡姫）を娶り十二の局も備わって、名実共に君主となる晴舞台の準備が整ったので、いよいよアマテル大御神に報告の使者が立てられました。

かうのたくはた
ちちひめと
そふのつほねも
そなわれは
みうちのいわひ
ととのひて

行き交う使者 シマツウシとカスガマロ～のぼるホツマの ヲバシリの

使者として選ばれたのは、前アヤで出雲から津軽に国替えになったオオナムチの息子シマツウシです。オオナムチは津軽開拓を軌道に載せた後、日高見《ヒタカミ》の守の下に出仕し、長老として『カル君』の尊称を受けており、シマツウシも重臣に名を連ねていました。

シマツウシは晩春の吉日に駒で伊勢に向けて出発し、ホツマ（関東地方）のヲバシリの坂（箱根山中）に差し掛かると、伊勢から日高見に向かう勅使と行き会いました。アマテル大御神《ヲ・ンカミ》の宮内に仕えるカスガマロ（ワカヒコ。後のアマノコヤネ＝天児屋命）です。

カスガマロは乗っていた駕籠《かご》を据えて松の木陰で待っていました。シマツウシも駒を乗り放ち二人は対面しました。

かみにみつけの
かんつかひ
かるきみのこの
しまつうし
のぼるほつまの
をはしりの
さかにゆきあふ
をしかどは
みうちにはべる
かすがまろ
かたまおすえて
まつのかげ
しまつはこまお
のりはなち

イサワの宮とタカノコフの間では事前に密接な連絡が取られ、すでにオシホミミの君がアマテル大御神から日嗣を受けて即位される段取りは整っていたのです。シマツウシとカスガマロは双方からの正式な使者であり、双方の中間にあるヲバシリの坂で両者が行き会ったのも、すべて事前に段取りされていたことです。対面した二人は、形式に則ってお祝いの言葉を交わした後、双方西東へと別れて互いの目的地を目指しました。

オバシリの坂は別名『行き交い坂』とも呼ばれていましたが、この両者が互いの用向きを終えて秋に帰る時、再び同じ場所で会ったので、『往き来の岡』という名でも呼ばれるようになったのです。

ことほぎをゑて
にしひがし
ゆきがひさかの
なにのこる

あきかえるとき
またあえは
ゆききのおかの
なこそゑる

フツヌシの境迎い～かねてホツマと ヒタカミの 境に出待つ

さて、ここからはシマツウシと別れたカスガマロに話を移すことになります。

カスガマロが日高見を目指して行くと、ホツマと日高見《ヒタカミ》の境の岡へ迎えに出たフツヌシ（経津主神）が待っていました。フツヌシはカスガマロの母アサカ姫の兄ですが、この時が二人の初対面でした。伯父フツヌシはタケミカツチと共にカシマ断ちを行なった英雄として世間に名を轟《とどろ》かせ、オシホミミ政権に参画して左の臣に就任が内定しており、カスガマロにとっても誇るべき親族です。

太平洋を一望する岡の上で待っていた初対面の伯父は、見晴らしの良い岩の上に甥を誘って盃を奨め、酒を酌み交わしました。

遠く目を遣ると、海岸線は遥かに霞む岬へ向けて弓なりに延び、波打ち際には、

かねてほつまと
ひたかみの
さかいにでまつ
ふつぬしが
さかむかひして
うゐまみゑ
をぢとをゐとの
さかつきの
ささのなかめは

いわのうゑ　ふりはよろしき
はまひさし　なみうちかぎり
いわあらふ　みるめあふかゐ
ゆるはまお　とえはなもなし
ふつぬしも　なこそもがなに
かすがまろ　すくさのうたに

砂浜に覆い被《かぶ》さる庇《ひさし》のようにそそり立つ崖が続いています。足下は切り落としたような断崖となっていて、岩を洗う波しぶきの白さに、打ち上げられた海松《みる》の緑や昆布の黒、その中に散りばめられた貝殻の輝きが鮮やかなコントラストで目に跳び込んで来ます。何とも雄大で美しい眺めです。イサワの宮に仕えて伊勢志摩の情景を見慣れたカスガマロも、しばしうっとりと見惚れていました。

勿来《ナコソ》の地名由来〜「名こそ もがな」に カスガマロ

「これほど美しい眺めに接したことはありません。さぞや名の知れた景勝地なのでしょうね」

　フツヌシは答えました。

「いや、街道からは木々に遮られて見えないので、まったく知られていません。景勝地としての名もないのです（名こそもがな）」

　そこでカスガマロは、次のように即興の歌を詠みました。

名こそ知る　フツノミタマの
酒迎ひ　貝のハマグリ
逢う御伯父《みをぢ》　甥《をゐ》のミルメも
年なみの　名こそ知るべゆ

なこそしる　ふつのみたまの
ささむかひ　かゐのはまくり
あふみをち　をゐのみるめも
としなみの　なこそしるべゆ

ちなみあう浜
ちなみあふはま
なこそなる　さけのむあゐに
さくらのみ　あきかえるひも
さけおくる　かだしおとりて
さかなのり　おなしみちして
みやにいる　うほきみかどに

（訳文）ハタレ退治やカシマダチの英雄として、知らぬ人のない（名こそ知る）フツの御霊が私を迎えてくれて、今こうして酒を酌み交わしています。

蛤の殻がぴったりと合わさるように、初対面ではあっても心が通い合うのは、伯父甥の血縁によるのでしょうか。甥である私の見る目（海松布）には、年波を重ねて世の人々に名を知られ尊敬されている伯父が誇りであり、こうしてお近付きに成れたこの浜の情景は、目蓋《まぶた》に焼き付いて一生忘れることはないでしょう（名こそ知るべゆ）。


カスガマロが詠んだこの歌によって、以後、この地はナコソ（勿来）と呼ばれるようになったのです。

酒を酌み交わす二人は、辺りに自生している桜の実を採って酒肴としました。秋になってカスガマロがイサワの宮へ帰る時にも、フツヌシは勿来まで送り、再び酒を酌み交わして別れました。その時には葛花《カダシ》を採って酒肴としたのです。

アマテル大御神の勅《みことのり》と三種神宝～みること我を　みる如く

さて、伯父甥は連れ立ってツボ若宮に到着しました。日高見大公《ウホキミ》のタカギネが門前に出迎えました。宮に入ると、全員が威儀を正して待ち構えていました。勅使であるカスガマロは正面に敷かれた筵《むしろ》の上に立ち、オシホミミは九重の褥（しとね＝綿入りの敷物）を降りて六重の褥《しとね》に移り、畏まって勅使が読み上げる大御神《ヲヽンカミ》の勅《みことのり》を聞かれました。

「勅。汝オシヒトよ。我が代わりとして政務を任せたが、今日までよく善政を敷いて国を正しい方向に導いてくれました。今後とも永く世の人々に満足を与える国政を維持して欲しいと念願し、次の物を贈ります。

　　　　このヤサカニの
マカリ玉　天がクシヒルと
用ちゆれば　ナカゴ真直ぐに
保つなり
　　　　ヤタの鏡は
タテにふれ　諸人《もろと》の清汚《さが》を
鑑みよ
　　　　またヤヱガキは
ツに預け　荒神あらば
よく平《む》けて　恵み和わせ　と

いでむかふ　をしかむしろに
たちなから　きみここのゑの
しとねおり　むゑにきます
みことのり　なんちおしひと
わがかわり　つねのよさしも
みたたしぞ　ちぢのはるあき
たみおなで
　　　　このやさかにの
まかりたま　あがくしひると
もちゆれば　なかごますくに
たもつなり　やたのかがみは
たてにふれ　もろとのさがお
かんがみよ　またやゑかきは
つにあつけ　あらかみあらは
よくむけて　めくみやわせと

一．　ヤサカニのマカリ玉。これは『天なる道』を説いた教義とそれを象徴する宝玉です。これを天御祖神《アメノミヲヤカミ》の尊い御霊《みたま》と思って崇《あが》めれば、自ずと威儀を正した精神で政事を執ることができます。

二．　ヤタの鏡。これは国政の状態を見極めるための宝鏡で、常に左手に触れている心境で、左の臣と心を一つにし、国の高見ばかりを見ず、名もない一人一人にまで心を配って、人々に降り掛かる障害を見極めて対処するようにしなさい。

三．　ヤヱガキの剣。これは右の臣に預け（ここでは西に預けと記載）ておき、国政に逆らうような者にもできるだけ改心の機会を与えるよう、恵み和わしの心をもとに信服させなさい。

　我が政治信条を象徴するこの三種の宝を贈ることで、汝に政権を委譲した証しとします。心してしっかりと受け取りなさい。

　御手つから　賜う三種を
　受けたまえ　尚も思えよ
　宝物　覧《み》ること我を
　見る如く

　みてつから　たまふみぐさお
　うけたまゑ　なおもおもゑよ
　たからもの　みることわれお
　みることく

国政を受け継ぐに当たってはこの三種の神宝を我が身と思い、我が意を汲み取って政事に反映し、常に善政を敷いて欲しいと願っています。

后《きさき》に迎えるチチ姫とは手を携え、常に睦まじい姿を世間に示すよう努力しなさい。

我は両神《フタカミ》が拓いた道を歩んで来ました。我が子もこの道を踏襲して延長発展させれば、天神《あまかみ》から受け継がれてきたこの日嗣《ひつぎ》は、まさに天地自然と共に限りなく続くことでしょう。

最後にフツヌシとタケミカツチに申し付けます。二人は常に君主オシホミミを左右から支え、政事の実践に力を尽しなさい。

ここに新政権発足を世に知らしめる証しとして、マユミ布、八豊《やとよ》の幡、そして葉桑弓《はくわゆみ》にハハ矢を添えて授けます」

アマテル大御神の名代として勅《みことのり》を読み上げ、賜物を手渡した勅使カスガマロ斎名ワカヒコは、無事に公務を終えて筵を降りました。

めとるちちひめ
あひともに　つねむつましく
みやびなせ　われふたかみの
みちおなず　わがこつらつら
みちゆかは　ひつぎのさかゑ
あめつちと　まさにきわなし
ふつぬしと　みかつちつねに
はんへりて　まつりこともれ
まゆみぬの　やとよのはたと
はくわゆみ　ははやおそえて
たまふのみ　をしかむしろお
おりにけり

黄金花咲く金華山 ～ヒノカミの 宮守るカラス 黄金はく

その後、秋口までカスガマロは日高見に滞在しました。ある日のこと、カスガマロはカウ殿に昇りタカギネ（タカギの神）に質問しました。

「この地タガノコフにおいては、ツボ若宮もカウ殿も黄金に彩られ、周辺も黄金の花が咲いたように燦然と輝いていますが、それほど多量に金が産出されるので

あるひわかひこ
かうとのに　のほりこかねの
はなおとふ

すか」

　タカギネは答えました。

「ほら、あそこの木で巣造りをしている烏《からす》を御覧なさい。アマテル大御神《ヲヽンカミ》が当地に御出でになられた時以来、日の君が坐す宮殿を守る烏は、巣造りの材料として黄金を運んで来るのです。烏が黄金を吐いて巣を掛けるので木萱《きかや》も黄金色に輝きます。また海岸に行けば砂浜も黄金色で、まるで魚貝類が黄金を吐き出すかのように思えます。

　遠く霞んで見えるあの山からは、黄金をどんどん掘り出すことができます。かつてアマテル大御神はあの山を『黄金の花咲く久見る山』（金華山）と讃えられたのです」

　　　たかぎこたえて
ひのきみの　みやもるからす
こかねはく　つひにきかやも
こかねさく　いさこうみこも
しかしかと　ながめたがわず
こかねさく　ひさみるやまと
たたゑたまゐき

神様系図３

トヨケ大神の系譜

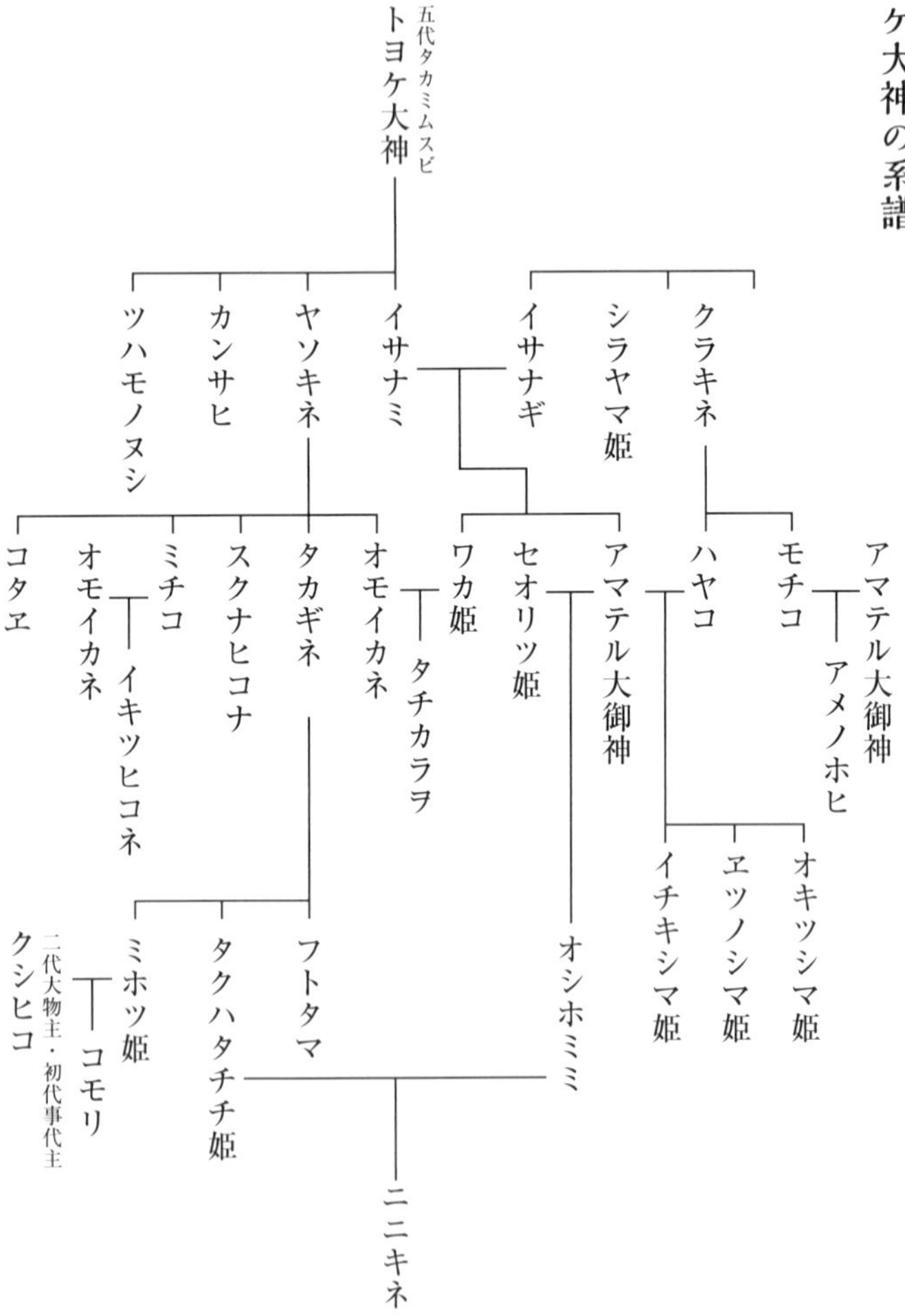

ホツマツタヱ御機《ミハタ》の十二《ソフ》
アキツ姫《ひめ》天児《アマガツ》のアヤ

サッサッの掛け声 ～ アマガツお ハヤアキツ姫の つくりそめ

婚礼の席は酒が入って盛り上がっていました。列席の人々は皆「サッサッ」と声を掛けて酒を薦め合っています。声を掛ける側も掛けられる側も晴れやかな笑顔で満ち溢れています。

「サッサッ」という掛け声は人の気分を高揚させ、互いの心を結び付けます。この言葉が人に物を薦める時の掛け声として使われ、たちまち日本中に行き渡ったのにはきっかけがありました。それは、アマテル大御神《ヲヽンカミ》の西《ツ》のスケキサキであるハヤアキツ姫が、初めて天児《アマガツ》を作ったことです。その詳細を記すに当たっては、オシホミミとタクハタチチ姫の婚礼場面から話を始めましょう。

さつさつの　こゑといもせの
ささいはふ　そのもとおりは
あまがつお　はやあきつめの
つくりそめ　あまてるみこの
をしほみみ　あまつひつぎは
たかのかふ　たくはたひめの
みうちいり　そのさきこしの
あまがつお

日嗣《ひつぎ》の皇子であるオシホミミは日高見《ヒタカミ》を即位の地と決め、都をタカノカウと名付けて、近江の多賀からお移りになりました。その上でアマテル大御神から三種の神宝と共に譲位の勅《みことのり》を授けられたことは、前アヤに記した通りです。

アマガツの由来 ～ 汝 這ふ子の いさおしは 諸に過ぎたり

オシホミミの後見役を勤めるタカギネ（タカギの神）を父に持つタクハタチチ姫は、入内が決定すると先輿を仕立て、嫁入り道具と共に天児《アマガツ》を送り込んだのです。

地元出身の重鎮であるシホカマ（塩竈神社ご祭神）の神は天児を知らなかったので、カスガマロ（カスガの神）にその意味を尋ねました。

カスガマロは次のように答えました。

「天児は昔起こったハタレ騒動（八アヤ参照）に由来しています。天のマスヒトが叛いたことが発端で、国中に六つのハタレが次々と湧き起こって民を苦しめたのです。

ハタレ発生の度毎に、アマテル大御神《ヲヽンカミ》は色々な作戦を授けられ、諸神がハタレ討伐を行ないました。ハタレの頭目の中でも、妖術を得意とするハルナハハミチは、自らご出陣になられたアマテル大御神の隙を突こうと息遣いを測っていました。

輦《テクルマ》の内におられたアマテル大御神はこれを察知して、稚児人形を三つ袂《たもと》の下に隠し置いたのです。

すると、稚児人形の息遣いが混ざり合って、ハルナハハミチはアマテル大御神の息遣いを読むことができなくなり、術が乱れて使えなくなりました。

アマテル大御神は天地をお治めになるほど天御祖神《アメノミヲヤカミ》のご加護を受けておられるので、逆にハタレの息遣いを測ってハルナハハミチの弱点を突かれたのでした。

即席の御歌を作って短冊にお書きになり、サツサ餅（粽）に付けてハルナハハミチに向け投げられたのです。その御製《ぎょせい》とは、

しほかまのかみ
まだしらで　かすがのかみに
ゆえおとふ　かすがこたえて
これむかし　あまのますひと
そむくゆえ　むはたれよもに
わきみちて　たみくるしむる
そのときに　あまてるかみの
のりおゑて　もろかみのうつ
はたれなか　かんつはるなが
はからんと　かんいきよめは
をゝんかみ　これしろしめし
みつのちご　てぐるまのうち
たもとした　おきてたついき
ましるゆえ　はたれうたがひ
いぞえせず　わさもみたれは
ををんかみ　あめつちしろす
くしひるに　さとくはたれが
いきはかり　みうたつくれは

サ　流離（サスラ）でも　　ハタレも端毛《はなげ》
　三つ足らず　　カカンなすがも
ツ　手段尽き　　故《カレ》ノンデンも
　天に効かず　　日月と我は
サ　天地も照らすさ

（訳文）流浪刑を受けた罪人とかハタレ共は、獣と同じく頭の毛が三本足りない。そのような者たちが天御祖神の御神意を受けようと思って数々の呪いを身に付けたとて、まやかしの信仰で御神意を受けられるわけがなく、すぐに化けの皮が剥がれるのだ。天御祖神の御神意を受けて公明正大な政事を執っているのは我が方なのだから。

この歌は五十五音のツヅ歌で、先頭・中・最後の音を採って『サツサツヅ歌』と呼ばれます。

神軍が全員で『サッサッ』と歌うと、それを聞いたハタレは心乱れて術が使えず、皆生け捕りになりました。その時からこの歌を『サッサッ』という掛け声と共に歌い楽しむようになったのです。

アマテル大御神は天御祖神のご加護に感謝して、ハタレから身を守ってくれた例の稚児人形を天上世界にお送りになられました。

そめふたお　さつさもちゐに
つけなぐる　さつさつつうた

さすらでも　はたれもはなげ
みつたらず　かかんなすがも
てだてつき　かれのんてんも
あにきかず　ひつきとわれは
あわもてらすさ

さつさつと　もろがうたえは
きくはたれ　わさもみたれて
しばらるる　かれこのうたお
さつさつの　こゑとたのしむ
かのちこお　あめにおくれは

神前に据えられた稚児人形は、手足が無いことを恥じて神前を去ろうとしたのですが、天御祖神はこれを褒めて仰せになられました。

『汝は手足が無く、這《は》って歩く子供なれど、その功績は偉大である。この後も朝廷に仕えて永く君の身を守りなさい』

こうして稚児人形は天御祖神から『天児（アマガツ）』という名を賜わったのです。

この経緯があって、ハヤアキツ姫は神歌を染めた歌札を縫い込んだ布製の天児を作って、魔除けのお守りとしました。

この婚礼で、ハヤアキツ姫から賜わった天児を、入内の先駆けとして送り込んだのも、あらかじめタクハタチチ姫に襲い掛かる障《さわ》りを除いておくという目的のためなのです」

アマガツとカンガツ　～君が身に　ひと度代わり

「もしオシホミミに嫁ぐタクハタチチ姫を妬んで、魂の緒に噛み付こうとする者がいたら、天児《アマガツ》が守ってくれます。怨念を抱く者に悩まされるような場合でも、天児が怨みを退けてくれます。死霊に憑依されそうな時には、天児が身代わりになってくれるのです。

かみのまえ　ゐたそろはねは
さらんとす　あめのみをやは
これおほめ　なんちはふこの
いさおしは　もろにすきたり
きみまもれ　かみあまがつと
なおたまふ　このもとおりに
あきつひめ　ぬのもてつくる
あまがつは　かみうたこめて
ちちひめに　たまえはこれお
さきがけの　さわりおのそく
あまがつぞ　もしもねたみの
かむときも　あまがつはへり
まぬかるる　もしもうらみの
なやますも　あまがつはべり
しりぞくる　まかるうらみは
あまがつが　みにせめうけて
かはるなり

天児には二種類あって、タクハタチチ姫に賜わった天児は、天の神を体内に招いたものなので、カンガツ（神児）と呼ぶのですが、もう一種類は、荒れ鬼が悪さをして人の日常生活を乱そうとする時に、中を空洞にした張子の天児を作って、悪鬼をその体内に閉じ込め、注連縄《しめなわ》を張り巡らした結界の中で禊《みそぎ》を行なうものです。張子の天児は鬼神を閉じ込めて動けなくさせる器物で、稲を刈り取った後に生えて来る曾孫生《ひこば》えの藁《わら》で作ります（＊後には呪詛《じゅそ》の道具とされて藁人形と呼ばれ、修験者を通じて民間にも広まった）。

神児とは布で作った天児の方で、体内に神を招き入れてお祀りすることによって、招いた神が守ってくれるものです。ハヤアキツ姫がタクハタチチ姫に賜わった天児には次の神歌が縫い込まれています。

あれおにものお
やぶるなら　そらはふこにて
まねきいれ　しめひきわたし
みそきなせ　おにかみしばる
うつわもの　そらほおことは
ひつじばえ　わらもてつくる
かんがつは　ぬのもてつくり
かみまねく　あきつめのうた

あまかつに　かみたまわれは
もろはたれ　さわりなすとも
きみがみに　ひとたびかはり
たちまちに　たちはたらきて
きみがをゑ　みなまぬかるる
あまがつのかみ

天児に　神賜われば
諸ハタレ　障《さわ》り為《な》すとも
君が身に　ひと度代わり
たちまちに　立ち働きて
君が汚穢《ヲヱ》　みな免がる、
天児の神

（訳文）人形である身に神をお招きして天児になると、種々のハタレが悪さをしようとする時、たちまち持ち主である君の身代わりになって立ち働き、君の身に降りかかる汚穢をすべて祓《はら》い除いてくれる。天児の神よ、どうかあなたを身近に置いて崇め敬い、お祀りする君をお守り下さい。

天児は、ハヤアキツ姫が詠まれたこの歌を、腹部に縫い込んで作るものなのです」

カスガがここまで話すと、シホカマの神は納得の面持ちで合槌を打ちました。

「分かりました。ご説明いただいた通りの形に作ればいいのですね」

カスガマロは首を横に振って答えました。

「いえいえ。早合点しないで下さい。重要なのは製法や形ばかりではありません。どんなに上手に作っても、ただ作っただけでは枯れ木と同じで、何の役にも立ちません。

天御祖神《アメノミヲヤカミ》の御分霊をその中に降していただかなければ、天児とは言えないのです。

例えば、あなたがお役目を担っている塩作りにおいても、ただ海水を煮詰めれば塩ができるわけではないでしょう。経験と技術はもとより、全身全霊を込めて塩の味を整えなければ、良い塩は作れないのではありませんか。

この天児も同じように神のお気に召すまで心を込めてこそ、神をお招きすることができるのです」

このうたお　みはらにこめて
つくるへし　ときにしほかみ
またとはく　いつれもみぎの
ことくかや　かずがこたえて
さにあらず　たたにつくれは
かれきなり　みたまあればぞ
たとふれは　しほのあちあり
はからねは　あちなしやけど
しほならず　このあまがつも
こころあぢ　いれてなすなり

その時、シオカマをはじめ居並ぶ諸臣は「得たり」と膝を打ち感嘆の声を挙げました。

嫁入りの際には天児を先乗りとして送り、また宴席では「サッサッ」の声を掛け合って楽しむことが、ハヤアキツ姫の名と共に後々の世まで朝廷の慣わしになったのは、ここに集っていた人々が世に広め残したからなのです。

そのときに　しほかまはしめ
もろほめて　はやあきつめの
いさおしお　よよにのこして
さつさつの　こゑとたのしむ
よめいりの　そのさきのりの
あまがつぞこれ

ホツマツタヱ御機《ミハタ》の十三《ソミ》
ワカヒコ伊勢《イセ》鈴鹿《スズカ》のアヤ

タカノコフ滞在中のワカヒコ・カスガ ～我は春日に これ受けん

たかのこふ　つぼわかみやの
あつきひの　ゑらみうかがふ
わかひこに　みきたまわりて
みことのり　かみはいもせの
みちひらく　われはかすがに
これうけん　かすがはおなし
ひたにます　みぎはひたかみ
うおきみと　かるきみをきな
つぎかとり　かんきみおよび
かしまきみ　つくばしほかま
もろもます　ときにみとひは

クニトコタチによる日本建国の出発地となった日高見《ヒタカミ》の聖地ケタツボは、タカノコフと名も改められ、新築した宮にオシホミミは迎えられました。アマテル大御神《ヲヽンカミ》はオシホミミがタカノコフに落ち着き、準備万端が整うのを待って日嗣を譲り即位させせました。

アマテル大御神の名代としてイサワの宮から遣わされたカスガマロ（アマノコヤネ）は、譲位の勅《みことのり》を伝える重責を果たした後、ひと夏を日高見で過ごし、骨休めをしてからイサワの宮に戻る予定でした。

夏の猛暑のある日、ご機嫌伺いに参内したカスガマロに、オシホミミの君は神《み》酒《き》を賜わり勅されました。

「先祖の神々が拓《ひら》かれ、国家運営の重要な教義とされている『イモセノミチ（妹背の道）』の内容について、最も精通しているのはカスガマロと聞いているが、その教ゑを講義しては貰えまいか」

カスガマロは承諾して襟を正し、君の左側に座を取りました。重臣たちはそれぞれ座を移し、君の右側上席から順に日高見大公《ウホキミ》のタカギネ、カル公《キミ》翁のオオナムチ（クシキネ）、次は上公《カンキミ》のフツヌシ、そしてカシマ公のタケミカツチ、ツクバ、シホガマと居並び、下の席にはその他諸臣も威儀を正して着座しています。

本題に入る前にオシホミミの君は質問されました。

オシホミミの禊について～これ強し　君は優しく　柔らかに　ませば

さきにみづ　あびせんつるお
うおきみが　とめてまねなす
これいかん　かすがこたえて
のこるのり　むかしうびちに
ひながたけ　ももにとつきて
はつみかに　さむかわあびる
そさのをは　ひかわにあびる
これつよし　きみはやさしく

「少し前のことだが、私が冷水で禊《みそぎ》をしようとしたところ、大公タカギネに止められて禊の真似だけするように教えられた。君主たる者は禊によって身を明かした上で国政に携わるべきだが、禊を真似で済ませて良いものなのだろうか」

　カスガマロは答えました。

「神の教ゑによりますと、その昔ウビチニ神は雛ヶ岳で『桃の婚《とつ》ぎ』をして、三日目の朝に寒川を浴びたと伝えられています。またソサノヲ命は氷川で禊を行ないました。けれどもこれらの神々は、天御祖神《アメノミヲヤカミ》から与えられた使命に沿って、強靭な身体と強い覇気をもって生まれた方々だったのです。同じ君主と言っても、天御祖神から与えられた使命には、その時々で役割の違いがあるのです。

　万物は空風《ウツホカゼ》火《ホ》水《ミズ》土《ハニ》の五元素からなり、人の身もこの五元素で構成されています。人民を束ねて国を興す役割を担う君主は、五元素の内でも特に火《ホ》が強くなければ、人民を束ねる力が生じません。しかし、成立した国家を安定維持する役割を担う君主は、火が勝ち過ぎると、強圧的な専制政治を敷いて、民を苦しめることになります。

　身の内の火が強い君主は、冷水で冷して火の力を弱めなければなりませんが、平和国家をアマテル大御神《ヲヽンカミ》から引き継がれたオシヒト君《キミ》は、人々の生活安定を向上させる役割を担ってお生まれなので、身の内の火も穏やかで優しく柔らかに坐します。そのようなわけで、君の身体を構成する五元素のバランスは元々整っているので、冷やすことで逆にバランスを乱すことを怖れて禊をお止めしたのでしょう。私も大公殿《ウホキミ》のお考えにはまったく賛成です」

この答えに納得し安堵されたオシホミミの君は、改めて本題である妹背の道（伊勢の道）の講義を所望されました。カスガマロは次のように講話を始めました。

陰陽の原義 ～メに木あり ヲに水ありて

「世の中には男女の区別とか役割の違いはありますが、人民はすべて平等に天御祖神《アメノミヲヤカミ》からこの世に遣わされ、天地自然の一部をなしているのです。その中でオシホミミの君が天御祖神から与えられた役割は、天を照らす太陽の光を反射して地上を照らす月の光なのです。

国神である重臣たちは、またその光を受けて国の隅々まで明るく照らす役割を与えられています。民もまたその光を受けて周囲を明るく照らすのです。こうして天御祖神が万物にもたらす恵みは地球上にあまねく行き渡るのです。

世の中はすべてが陽《ヲ》と陰《メ》で成り立っており、陽の元素は空風火《ウツホカゼホ》、陰の元素は水《ミズ》土《ハニ》です。

火《ホ》は陽に属する元素ですが、陰の中にも火が含まれています。木を擦り合せたり、石を打って火を起こすのは、陰の中にある火の元素を引出す作業に他なりま

やわらかに　ませはかがえて
とどむものかな

いせおこふ　かすがとくなり
いもをせは　やをよろうぢの
わかちなく　みなあめつちの
のりそなふ　きみはあまてる
つきひなり　くにかみはその
くにのてり　たみもつきひぞ
めにほあり　ひすりひうちは
つきのひぞ

せん。

反対に、水は陰に属する元素ですが、陽の中にも水が含まれています。例えば、燃えている炎の中心部が暗いのは、炎に含まれる水が影響しているのです。

世の中のすべてに陰と陽の区別があるのですが、それは独立して存在するのではなく、一枚の紙に裏と表があるように、互いに補い合う存在であり、役割の違いでもあるのです。夫婦の間柄に例えれば、夫は太陽で妻は月の役割を担っています。月はもとより発光体ではないので、太陽の光を受けて輝いて見えるのです。陰と陽の関係もこれと同じです。

地球の自転軸と公転軸には約二十三・四四度の傾きがあるために、地球から見た太陽の運行径路は日毎に動いて、地球に季節をもたらしますが、それに引きかえ地球から見た月の運行はほぼ一定しています。男女関係に置き換えると、太陽である男は動き回る外向きの仕事を行ない、女は内向きの家事を治めるとともに衣服の機織りや縫製に勤める役割を負っています」

オナカについて～子を産み育て　また譲る

「家父長として家を治める役割は本来長男にありますが、その長男が病弱であったり親の意にそぐわない場合には、二男を嫡子として継がせなければなりません。

代を継いで家父長となる者は、丸ごと先代から譲り受け、良縁を得て結婚し、

もゆるほの　をにみつありて
はのみつよ　なかのくらきは
かみひとつ　めをとたがえと
よめはつき　よをとはひなり
ひかりなし　つきはもとより
つきのかけ　ひかげおうけて
ひのみちは　めをもこれなり
つきはうち　なかふしのそと
つとむべし　をはおもてわざ
きぬつづり　めはうちをさめ
あになれど　いゑおをさむは
かなわぬは　やめるかをやに
あことなせ　おとにつがせて
ゆつりうけ　よおつくものは
　　　　　　はしゑてとつぎ

夫婦睦《むつ》まじく子を生み育て、成した財はそっくりとまた次代に譲るものなのです。

女は家父長を継ぐことはできません。あくまでも一家の愛情の中心にいて、家人が幸せになるよう細事を処理する役割なのです。夫の両親を自分の生みの親と思い、日夜心を砕いて老いの身に仕えなければなりません。夫には操《みさほ》を立てなければなりません。妻は夫の『御胎内《おなか》』にいる、つまり夫と一心同体であるかのように、意識も行動も司ることが操なのです。

女には姓氏名がありません。家に嫁ぐので、嫁いだ夫の姓氏名をもって誰それの内室とか家内と呼ばれるのです。

例えば、カル公オオナムチはオシホミミの君から内裏の垂帳《タレ》の内まで入ることを許されていますので、人から垂帳内《タレウチ》と呼ばれるのと同じことです。また、妃の中から大内宮《オオウチミヤ》へ上ると中宮《ウチミヤ》と呼ばれるのと同じです。

君は恵みを国の端端まで及ぼします。君の坐します宮は、国を治める役割を持つ君を、君たらしめる拠り所なのです。これをまた『御胎内（オナカ）』とも言います。臣下の県守や村里を守る役人でも、身分によって室や殿を居所としていますが、それもやはりオナカなのです」

むつましく　こおうみそだて
またゆづる　めはよにすめる
ところゐず　うましみやひの
ゐいにおれ　たゐのことはに
もとむべし　をせのたらちは
うみのをや　あけくれむべに
うましもて　をいにつかえよ
よをとには　みさほおたてよ
ゐものみは　をせのおなかに
おるごとく　なせはみさほぞ
めはななし　いゐにとつげは
をせのなに　たがうちむろぞ
かるきみも　みたれゆるせは
たれうちぞ　みやにのぼれは
うちつみや　きみはめくみお
くににのぶ　みやはおなかそ
あかたもり　さともるひこも
それたけの　むろもあらかも
おなかなり

妹背（伊勢）の道、カマトカミ ～ 腹悪し言葉 無かるべし

「一般の民は田畑を治め、家が家長である夫の身分を明かす拠り所となります。陽《ヲ》の代表である日は天を照らし、陰《メ》の代表である月はその光を写して地を守ります。同じように陰である嫁の持分は、陽である夫一人に向き合い、その光を写す役割なのです。

　すべての国民は一人一人が生産者としての責務を国に対して負っていますが、夫婦単位で国に対して負っている責務は子を生み育てることです。妻が子を生まなければ、外に妾を置いて子をもうけるべきです。そのような状況の場合、子を生まぬ妻が妾に対し正妻の立場を主張して悪口雑言を吐く言われはありません。

　夫の立場としては御胎内《おなか》が病む前に、言い換えれば、家父長の代が絶えて家が衰退しないよう、妻が納得して承諾するまで懇切丁寧に説諭すべきです。

　妹背の道とはこのような考え方なのですが、分かりやすく具体例としてここにおられるカル公オオナムチの甥子さんであるオキツヒコ（奥津彦神）の事例を挙げてお話し致しましょう。

　オキツヒコの妻が夫から腹の立つ仕打ちを受けて怒り狂い、『こんな人とはもう共に暮らせない』と言って実家に帰ってしまったのです。

　オキツヒコの父でカル公の弟オオトシ（クラムスビ）が伊勢宮に参内し、実情

たみはたはたお
をさむれは　やはをせのみぞ
ひはあめに　つきはつちもる
よめのみは　よをとひとりに
むかうひぞ　よろくにつとも
うむうまぬ　あれはめをとも
くにつとぞ　うまずはよその
めおめとれ　をせのおなかに
ゐもありと　はらあしことば
なかるべし　はらやめぬまに
たえにさとせよ

おきつひこ　はらあしことに
つまあれて　みさほたたぬと
ちぎりさる　ちちうほとしが
ゐせみやに

を話し嘆き訴えました。この事態に手を差し伸べたのは正后セオリツ姫（ホノコ）でした。

当人同士を呼び寄せ、マフツの鏡に写してみたのです。

すると、夫の姿は外壁に灰汁《あく》がこびり着いた煮捨て釜として写り、妻の姿は内面を他人に見せられないほど焦げ跡で汚れているツクマ鍋として写りました。マフツの鏡は人の心の内を写し出すので、言わば写し出された顔はその人の本性なのです。

マフツの鏡に写った自分の顔を妻は直視するに耐えず、恥じ入って、人々の前で改心することを誓いました。ところが夫はというと、自分の心根は棚に上げて妻を責め、許そうとしないので、妻はいよいよ恥じ入って『この上は生きていても仕方がない』と死ぬ覚悟で辞そうとした時、オオトシはそれを止めて我が子を叱りました。

『心根を入れ換えたことで、ツクマ鍋は焦げ付きも剥がれて清潔になっていくだろうが、それに引き替え、お前一人がこのまま汚い心を持ち続けているとどうなるか考えてみろ。汚ならしい面《つら》を世間に曝《さら》したまま、国政に携わることが許されると思うのか。日毎精進を重ねて煮捨て釜の面を磨きなさい』

我を張っていたオオキツヒコも父親の説諭に頷《うなず》き、復縁して睦まじく妹背の道を守りながら、諸国を巡って世のため人のために尽くしました。夫婦共々自分たちの経験を生かして、常に慎み深く暮らす妹背の道を人々に教え広めた行為を大御《ヲ、ン》

もろめして　なげけはみうち
うつさるる　まふつのかがみ
にすてかま　をせはけがるる
つくまなべ　めはかくさるる
あえみえず　わがかんはせも
あめにこふ　はぢはづかしく
いやはぢて　をせゆるさねは
くらむすび　まからんときに
わがこのみ　とどめてしかる
みがかせと　にすてのつらお
おきつひこ　をやのをしえに
むつましく　ふたたびとつぎ
まもりつつ　ゐもせのみちお
よおをぶる　もろくにめくり
つつまやか　はしめおわりの
をそんかみ　みちをしゆれは
かまとかみ　ほめてたまはる

神《カミ》は褒めて、二人に『竈神《カマドカミ》』の称え名を賜わりました。

たとえ貧乏で教養もなく、手鍋を下げて夫婦になったとしても、汚れた手鍋を一生懸命に磨けば、その夫婦は光り輝いて神の域に達することができるのです。

国家社会を預かる者が民を導く上で、このようにツクマ鍋を磨く行為を奨励指導するのが伊勢（妹背）の道なのです」

スズカとスズクラ～タカラ集めて 末消ゆる

「子孫の繁栄を願って家系を大事に思うのも、そこに戒めの心がなければ、道を踏み外してハタレマとなり、財宝を集めることに執着して子孫繁栄どころではなくなります。そのような状態を『スズクラ（鈴暗）』と言います。

生きて行く上で欲望を抑えること。欲しいと思う心を突き放すことができる状態が『スズカ（鈴明）』なのです」

この時、垂簾《タレ》の内でカスガマロの講義を聴いていたタクハタチチ姫が、垂簾を上げてお出ましになり、カスガマロに乞われました。

「今、お話の中にスズカが出てまいりました。私は君（アマテル大御神《ヲヽンカミ》）からスズカ姫の名を賜わったのですが、その訳を知りません。詳しく説いていただけますでしょうか」

　　　　　てなべおさくる
さたなきも　みがけはひかる
かみとなる　くにもりたみの
さとしにも　つくまなさせる
いせのみち　こすゑおもふに
いましめの　なければみたる
はたれまの　たからあつめて
すゑきゆる　それすずくらぞ
いきのうち　ほしおはなるる
これはすずかぞ
ちちひめは　たれよりいでて
わかひこに　いまきくすずか
わがゐみな　きみたまわれと
わけしらず　またときたまえ

カスガマロはタクハタチチ姫の要望を容れて、スズカの道について説き始めました。

「スズはご承知の通りマサカキともいい、毎年五分ほどの長さの穂を出し、六万（伝暦）年の寿命を持つと言われる暦の木です。

昔から、自分の欲望を抑えることができる人は、子孫が繁栄してマサカキのように永らえるので、そのような人のことをスズカと形容します。反対に、欲望に負けて宝を集める人は次第に衰運となり、末は家系の消滅を招くので、そのような人をスズクラと形容するのです」


その時、カル公の翁（オオナムチ）が膝を乗り出し、気色ばんだ面持ちで発言しました。

「何か、私のことを咎《とが》められているように思えます。一生懸命に働いて貯えた宝を、人は誰も称賛していますが」

カスガマロは答えました。

「他人が良い思いをしているのを見せつけられて、口では称《たた》えたとしても、心の内では羨《うらや》んでいるものです。羨ましいと思う心が強まると憎しみに発展します。それは一種の苦しみであり、宝を誇示することは他人に苦しみを与えることになるのです」

「それでは、誇示しないようにして、自分だけで楽しんでいれば良いのですか」

こたえとく　すずはまさかき
ほすゑのび　としにきなかの
むよろほぎ　ほしゐおされは
すずかなり　たからほしきは
すゑきゆる　ときにかるきみ
すすみいふ　なんぞとがむや
わがたから　ひとたたゆるぞ
そのこたゑ　ひとのさいはひ
わがまよひ　まかりくるしむ
またいわく　たのしくおらは

カスガマロは逆に問い掛けました。

「あなたは『ウイ』という言葉の本当の意味をご存知ですか」

「『ウイ』とは、天御祖神《アメノミヲヤカミ》の大いなる御心のことですね。宇宙万物の創造を終えた天御祖神は霊魂を誕生させて、生命体としてこの地上に遣わされました。あらゆる霊魂は地上での役目を終えるとまた天御祖神のもとに戻るという法則を定められました」

「その通り。人も天御祖神から役割を与えられ、この地上に遣わされています。世を治めるという特別な役割を与えられて、何不自由なく暮らしている君でさえ、欲望の心を持って生まれているのです。まして民として生まれた人々は、なおさら強い欲望を持っているのです。希望は人々を高揚させ、暮らしを快適にしますが、それが欲望に変わると苦しみが世を支配することになります。君をはじめ世の中の上に立つ人は、人々の欲望を抑えて、現状に満足を覚えるような施政を心掛けねばなりません。

このことは『スズカの書《ふみ》』に書かれているのですが、あなたはご覧になっていないのですか」

ここでカル公の翁は、晴れ晴れとした表情になって頷き、次のように述懐しました。

「『カシマ断ち』を受ける前、我が子のクシヒコがわざわざ出雲まで来て、スズカ

かすがまた　ういおしれるや
あめにうけ　あめにかえるぞ
かすがまた　きみにてもほし
たみはなお　すずかのふみお
みさるかや　をきなうなつき
くしひこが　いさめのすずか
いまとけり

の教ゑを説いて忠告してくれました。だがその頃の私は、すっかり増長して宝物に目が眩んでいたので聞く耳を持たず、自分が正しいと思い込んでいたのです。出雲を追われることになってもその理由が分からず、釈然としないまま過ごしてきたのですが、今スズカの真理をはじめて理解することができて、自分に非があったことを悟りました」

長年のわだかまりが解消して、晴れ晴れとした心を取り戻すことができたことを打ち明け、カル公の翁はカスガマロに感謝の言葉を贈った上で、再び質問しました。

「ところでこの『スズクラ』が苦しみをもたらすのは、何故なのでしょうか」

この問いに、カスガマロは改めて説明を始めました。

行き来の道 ~ 世に還るとき 直ぐなれば また良く生まれ

「昔トヨケ大神は次のように勅《みことのり》されました。

『私はこの世に三回生まれ替わって来ました。最初の代はクニトコタチです。この日本列島に初めて国家建設を成し遂げ、天に帰って天御祖神《アメノミヲヤカミ》の元で元明けの周囲に八元神を配置し、アユキの形態を整えました。次は第二代タカミムスビとしてこの世に下されました。その後百万（伝暦）年もの間、天御祖神の元にいたのですが、その間に生命現象の根本を司る〈魂の緒〉の機能について学びました。

くるしみはなに
かずがとく　むかしとよけの
みことのり　われみよおしる
はつのよは　くにとこたちぞ
あめにゆき　みるもとあけの
もりさため　ふたよむすびの
をよろほぎ　ゆきてたまのを
なすおきく

今タマキネ（トヨケ大神）としてこの世に八万（伝暦）年も永らえていますが、我欲に囚われて貪る心を排するよう、厳に戒めて生きてきました。それは天御祖神が定められた〈行き来の道〉の真髄を理解しているからです。

陰陽のバランスを取って生きることこそ、天御祖神が求められる人心であり、直《す》ぐなる心と称えられるのです。そして直ぐなる心を持って生きた人が天に帰り、次にまた生まれる時には、すべてに好条件を満たした人として、生まれて来ることができるのです。

我欲を持って生きた人は、決して恵まれた次代を迎えることはできません』と」

カル公の翁は続けて問い掛けます。

「天御祖神が定められた法則によれば、火《ホ》は陽《ヲ》に帰着し、水は陰《メ》に帰着します。それなら人も次代に人として生まれることが保証されているのではないでしょうか」

カスガマロの言うには、

「雑草のハグサ（莠）は稲の成育を邪魔して田にはびこります。オノコグサ（ネコジャラシの類）も畑を占領して稲や粟《あわ》の成長を妨げます。それと同じことで、自分本位の振舞いによって社会に悪影響を及ぼすことが、人の道を忘れた生き方になるのです」

いまたまきねも
やよろとし　ほしにむさぼる
こころなく　ゆききのみちも
おほゑしる　めをおむすびて
ひとこころ　よにかえるとき
すぐなれは　またよくうまれ
よこほしは　あゑかえらぬぞ
またとわく　ひはをにかえり
みつはめに　ひとはひとみに
かえらんか　いわくはぐさや
おのこぐさ　ゐねあわならず
あやかりて　ひともうまるる
みちわする

獣に転生～かの欲を 羨むヒトが 噛むゆえに 魂の緒乱れ

「例えば、誰でも美味い物を食べたいという欲求があるので、魚・鳥・獣等多種多様の食材を手に入れようと思うでしょう。このような欲求を充足させるために財《たから》が存在するのです。

　財力に飽かせて高級な衣服を纏《まと》って美食三昧の生活を送る人がいる一方、せっかく人として生まれながら、貧しさ故に下僕となって糊口《ここう》を凌《しの》ぎ、他人の安楽のために尽す生活を強いられている人がいます。

　財力をもって我欲を満たそうとする人の魂には、それを羨む人が噛み付くので、死後は魂の緒が乱れて天に昇ることができず、寒風吹き荒《すさ》ぶ巷《ちまた》を徘徊する幽鬼となって苦しみ、獣に生まれ変わることになるのです。

　このような死後の苦しみは、天御祖神《アメノミヲヤカミ》が罰を降されて起こるのではありません。すべては自分の精神の持ちようと行状とによって、自ら招き寄せる結果なのです。

　例えば悪夢や妄想に取り付かれ、寝ても覚めても責め立てられて、ついには命を落とす羽目に陥ってしまうのも、原因は自分にあって神が罰を降されたのではありません。

　我欲を露わにして人に嫉妬心を起こさせると、人は直接咎《とが》め立てることはしなくとも、その嫉妬心が魂の緒に沁み付いて、じわじわと責め苛《さいな》まれることになります」

たとえはたしむ
からしむし　うおとりけもの
あいもとむ　てれはたからは
なんのため　ほめはうまきに
ふけるゆえ　まれにうまるも
まつしくて　やつことうりて
みおしのぎ　ひとたのします
かのほしお　うらやむひとが
かむゆえに　たまのをみたれ
つぢかせの　ちまたにしゐの
くるしみが　けものとなるぞ
かみうたず　たとえはゆめの
おそわれの　しのびかたくて
わきまえず　まかるのつみも
おそわれぞ　ひとおまどわす
わがほしも　ひとはうたねど
たまのをに　おぼゑせめられ

天《アメ》の祀り　妻と妾～めかけ女は　星になぞらふ　星光　月に及ばず

ながきゆめ　あめのまつりお
たておけよ　かばねのみやに
かんくらお　もふせはをとけ
ひとなるぞ　まつりなけれは
あまめぐみ　もれておつるぞ
こおもてよ　もしつまうまず
たねたえは　めかけめをきて
たねなせよ　めかけとなれる
めのつとめ　つまおうやまえ
めかけめは　ほしになぞらふ
はしひかり　つきにおよばず
うつくしも　みやにないれそ
あまのはら　つきならふれは
くにみたる

「どんな高潔な人でも、立場の違いで他人から嫉妬を受けるような場合があるものです。ですから、常に天御祖神《アメノミヲヤカミ》のお祀《まつ》りを欠かしてはなりません。一族が天をお祀りする宮に祝詞《のりと》を奏上すれば、魂の緒の乱れが解けて次代に再び、人として生まれて来ることが叶うのです。

お祀りを欠かすと、天御祖神の恵みに浴することができません。

さて、『妹背の道』は、言葉を縮めて『伊勢の道』とも言いますが、天御祖神への崇敬に基づく根本思想の教義の中でも、夫婦関係を規定する重要な要素なのです。

一家を成すということは、国家社会の縮図です。家系を安泰に保つには、子を生み育てなければなりません。もし妻が子を産まず、家系が絶える怖れがあるなら、妾女《めかけ》を置いてでも子をもうけるべきです。

妾は正妻を敬わなければなりません。妻を月、妾の立場を星に準えることができます。星の光は月の光に及びません。夫たる者はいかに美しいからと言って、妾を宮に入れてはなりません。天に月が一つしか存在しないように、国家社会や家庭においても月が二つ並び立つものではありません。国家機構で月を並び立てれば、国は乱れて滅びるでしょう。同様に妻と妾とが一つ屋根の下にいれば家庭騒動になるでしょう。

太陽がいない夜を月が明るく照らすように、内向きの仕事をこなす妻を、疎《うと》んではいけません。そして、妾の言葉をあまり取り立ててはいけないのです。子を生むことが本分である妾が子を産まぬ場合には、速やかに縁を切らなければなりません。さもなければ、その妾は群星《ムラボシ》となって規範を乱すことになるでしょう。

その昔、建国の役割を担って活躍された歴代の天神《あまかみ》は、役割を終えて天に昇ると、天御祖神が坐す元明けを取巻く定位置に星となって鎮まりました。

それと同様に、規範に沿った女性の立場とは、中心にいる家父長を取巻く定位置に固定されていなければなりません。

美人でも心の荒んだ女性がいれば、不美人でも心根の美しい女性もいます。女性の容姿に惑わされてはなりません。

伊勢の道に適っていれば社会的信用を獲得して人々の援助が得られ、物事を好調に運ぶことができます。先祖の神々が拓かれた教ゑである『妹背の道』とはおおむね今お話しした通りです」

　　　　　つまとめかけと
やにいれば　いゑおみたるぞ
つきはよる　つまなうとみそ
うちをさむ　めかけのことば
なまつりそ　こおうむもりは
うまぬとき　すつるむらぼし
のりみたる　いんしあまかみ
ほしとなる　これはのりなす
めのすがた　よくてあるるも
みにくきに　よきみやびあり
よそほひに　なふみまよひそ
いせのみち　あまのうきはし
よくわたす　かみのをしゑの
いもをせの　みちのおおむね
とほるこれなり

捨てず集めず～タカラ集めて 蔵に満つ チリやアクタの 如くなり

重臣に列しているツクバが問い掛けました。

「我欲を抑えるには、すべての物を捨ててしまって、天御祖神の元へ行くことを楽しみに待つことが良いのでしょうか」

カスガマロは逐一答えます。

「そうではありません。何も持たぬことが良いのではないのです」

「年老いて病んだ場合など、無一物だと飢えてしまいますが、施しを受けよということなのですか」

「いや、それは最悪です。他人の施しを受けて暮らす人をホイド（乞食）というのです。お聞きになったことはないですか。真正直に生きなければ、次代に人として生まれて来ることはできないのです。この世に生きていても、他人が生み出した財物をただ恵んでもらって食いつなぐのは犬畜生と同じで、そのような人は天罰が降されて来世は獣に生まれ変わるのです」

ツクバの質問は続きます。

「それでは宝を去るとは、どういうことなのでしょうか」

カスガマロは丁寧に説明しました。

「我欲を捨てるということは、財物を捨てろということではありません。粗末に捨て去ったりやたら他人に施したりせず、さりとて掻き集めて一人占めするよう

つくばうし　ほしおさるには
みなすてて　たのしみまつや
かすがまろ　しからずやめて
たらざらば　うえばほどこし
うけんかや　いわくきたなし
はとこしお　うけばほゐとぞ
さかざるや　なおからされば
ひとならず　よにありながら
そのわざに　うめるたからお
たたこひて　くらふいぬこそ
あのつみよ　またとふたから
さることは　かすがまたとく
ほしさるは　すてずあつめず
わざおしれ

なこともない、自ずから集まって来るものは拒まず、手元にある物は有益な使い道に役立てる、これが財宝から真の価値を引き出す心の技であり、それを知って実践することがスズカなのです。

やたらと宝を集めて倉に満ち溢れても、それは塵《ちり》や芥《あくた》と何ら変わりません。

宝を本当に価値ある物にするのは、貧困でも真正直に生きている人を、我が子の如く取り立てて救済するような目的に費やす場合です。真正直な人々が皆満足する社会になれば、我欲を持つ者などは出てきません。

何でも一人占めをして世間に誇るような人がいたら、『妬《ねた》み嫉《そね》み』を持つ者に噛み付かれて魂の緒が乱れ、天に昇る入口である宮門が閉ざされて、自身も天から子孫を守ることができなくなり、家系を絶やすことになります。繰り返しますが、子孫によって日常的にお祀りされてこそ、無事に昇天して人に生まれ変わることができるのです」

たからあつめて　くらにみつ
ちりやあくたの　ことくなり
こころすなおの　ひとあらは
わがこのことく　とりたてて
みなたすときは　ほしもなし
ちりとあつめて　よにせまり
うらやむものが　かむゆえに
たまのをみたれ　みやなくて
すえまもらぬお

子無きは魂の緒の乱れ ～解けてムネカミ　ムナモトへ　タマシヰ分けて

「このように昇天できず地にさまよう魂であっても、魂返しを行なえば緒の乱れを解き、宮門を開いて昇天させることが可能です。

誰にも魂返しを行なって貰えなければ、その魂は地にさまよい続け、長い間苦

たまかえし　なせばをとけて
みやにいる　なさねはながく
くるしむぞ

しまなければならないのです」

この時、シホガマが懇願するような眼差しを送ってカスガマロに質問しました。

「私には子が在りません。このまま子に恵まれない場合にはどうしたらよろしいのでしょうか」

シホガマの不安に満ちた表情に、カスガマロは同情を示して次のように教えました。

「その場合にはあなたが生を終える時に、アユキ・ワスキ（ユキスキ）をお祀りする祀り主を頼んで魂返しをして貰いなさい。子が得られないのは、何か緒を乱す原因があって魂が苦しんでいるのですが、ユキスキの神との交信ができる祀り主であれば、あなたの乱れた緒を解いて魂と魄《シヰ》を別け、宮門を開いてあなたの魂を神として宗神《ムネカミ》の源へ送ることができます。そうすれば、後世に尊い人の子として生まれ変わることも可能でしょう。

けれど祀り主であっても、ユキスキとの交信ができて魂返しを行ずる能力を得る人はめったにいないのです。今からでも遅くありません。子孫繁栄を願って竈《かまど》神《かみ》のように夫婦睦まじく、欲しを去る日常生活を送れば道は開けます。これが伊勢の道なのです」

ときにしほかま
こなきとて
とえばかすがの
をしゐには
あゆきわすきの
まつりぬし
たのみてそれの
たまかえし
なさはくるしむ
たまのをも
とけてむねかみ
みなもとえ
たましゐわけて
かみとなる
たふときひとの
ことうまる
なれとゆきすき
たまゆらぞ
するゐをもひて
むつましく
わざおつとむる
いせのみちかな

神風の伊勢～欲しを去る　スズカの教え　大いなるかな

クニトコタチが開かれたこの道こそ、トヨケ大神が臨終の床でアマテル大御神《ヲヽンカミ》に伝授された（六アヤ参照）ミチノク（道奥／奥義　＊陸奥の語源ともなる）だったのです。アマテル大御神は伊勢イサワの宮に遷られた後、この教ゑの普及に努められました。カスガマロもアマテル大御神からこの道を伝授された一人で、妹背の道は伊勢の道とも呼ばれるようになったのです。

『神風の』という伊勢に懸かる枕詞はこの教義から起こりました。つまりアマテル大御神が妹背の道の教ゑを伊勢から全国へ向けて広められたという歴史事実を、記憶に止めるためにできた枕詞なのです。

このみちお　まなふところは
かんかせの　いせのくになり
ちちひめも　のちにはいせの
をんかみに　つかえすすかの
みちおゑて　いせとあわちの
なかのほら　すすかのみちと
はこねかみ　むかふいもをせ
ほしおさる　すすかのをしゑ
おおいなるかな

後に、オシホミミに先立たれたタクハタチチ姫は、かつてアマテル大御神から賜わった『スズカ姫』の称え名の教義を修めようと、伊勢のアマテル大御神に仕えてスズカの道の伝授を受け、極められました。

タクハタチチ姫は亡くなると、伊勢と近江を隔てる峠（スズカ峠）に葬られ、オシホミミの宮の方角に向けて宮は建てられたのです。距離は隔てていても、相向かうお二人はあの世に行かれても妹背の道を貫かれ、欲しを去るというスズカの教ゑを守られて、次の世にも日本国の統治者としてきっとお生まれになることでしょう。

ホツマツタヱ御機《ミハタ》の十四《ソヨ》

世《よ》継《つ》ぎ祈《の》る祝詞《のとこと》のアヤ

イサワの宮にて ~天地も ウチトもスガに 徹るとき

天地は晴れ渡り、世の中は道理が徹《とお》って、辺り一面には清浄の気が漲《みなぎ》っています。

八百万の神々によって築き上げられたこの平和国家を受け継ぎ、感謝と崇敬の念をもって、神々を天上に祀《まつ》る約三千人の尊《みこと》（アマテル大御神《ヲヽンカミ》の親族）や彦《ひこ》（天神の子孫）が、全国から伊勢イサワの宮に参集し、アマテル大御神の講話が始まるのを今や遅しと待ち構えています。万を越える民人もヲシラスに群れ集まって聞き耳を立てています。

アマテル大御神の講話に先立って天上の神を祀る儀式が始まりました。まず、宮域を清浄に保つための人員が配置されます。クシマドは日のシマ（東の楼門）を警護し、イワマドは月のシマ（西の楼門）を警護する役です。イクシマとタルシマは宮の四方を囲む瑞垣《みずがき》を警護し、イカスリは境内から悪鬼を排除する鬼ヤラヒを行なう役目です。

開け放たれた高間殿《タカマ》は、能舞台のように三方のヲシラスから眺められます。その高間殿には、アマテル大御神を中心に儀式を司る重臣たちが控えているのです。囃子《はやし》方が所定の位置に着くと、左大臣タニのサクラウチ（セオリツ姫の父神）が進み出て『御世の桜のならし歌』を謡い上げました。この世が満開の桜の如く太

あめつちも　うちともすがに
とほるとき　やをよろみちの
みことひこ　みうちにはべり
みちおきく　をろよろたみも
をしらすに　むれきくときに
くしまとは　ひのしまおもる
いわまどは　つきのしまもる
いくしまと　たるしまよもの
みかきもり　いかすりうちの
をにやらひ　かかんのんでん
そろふとき　ひたりはたにの
さくらうち　みよのさくらの
ならしうた

平であることを、天上の神に告げ知らせる祝い歌です。

次に右大臣ヲヲヤマ・カグスミが進み出て『トキシク香久の祝い歌』を謡いました。クニトコタチが創造された常世国《トコヨクニ》に匹敵する太平の世が再現したことの喜びの歌です。

みぎはををやま
かくすみの　ときしくかぐの
いわひうた

カカンノンデン ～ ミハシラお よつぎ御クラに ミテ結び 天御祖お

いよいよ天上の神に降臨を願う儀式に入りました。まずココトムスビが小鼓《こつづみ》を「カカン」と甲高く打ち鳴らすと、息子のカスガマロ斎名ワカヒコが進み出て御柱を立て、高天原《タカマ》宮（タカマ＝朝廷）に設《しつら》えた世嗣社《ヨツギヤシロ》の神座に天元神《アモトカミ》の御降臨を願う祈祷を行ないます。天元神とは天の中心に坐すアウワの神で天御祖神《アメノミヲヤカミ》にアメノミナカヌシとクニトコタチが一体化された神です。

次に大物主クシヒコが大鼓《おおづつみ》を「ノン」と打ち鳴らすと、息子のヨロキマロ斎名ミホヒコが木綿の綿帽子を床に撒きながら登場し、八色の和幣《にぎて》を振って八元神《ヤモトカミ》と天並神《アナミカミ》を勧請しました。

その次に、ヒトコトヌシが太鼓《たいこ》を「デン」と打ち鳴らすと、息子のカダキマロ斎名ヤスヒコが幣串《ぬさぐし》を振り、天上に坐す四十九《ヨソコ》神がすべて降臨し、この場に天宮を再現することを願う祈祷を行ないました。
こことむすびが
かかんなす　かすがわかひこ
みはしらお　よつきみくらに
みてむすび　あめのみをやお
まねきこふ　ををものぬしが
のんなして　よろぎみほひこ
ゆふはなに　やいろにぎての
かみすずむ　ひとことぬしが
でんなして　かだきやすひこ
ぬさぐしで　よそこのはなに

アグリを乞ふ ～ コノミなる アグリお得んと 諸拝む

この時居合わせている人々の多くは、アグリを得たいと念じて拝んでいます。すべての生命体は、天上の神がそれぞれの役割に応じ、魂と魄《シヰ》を結《ゆ》いやわす共同作業を行なうことによって、地上に誕生するのです。理想的な資質を具《そな》えて生まれるように魂と魄を整える神の配慮を『アグリ』と言います。男女の生み分けもアグリによって可能になるのです。

こうして前段の儀式が終わると、アマテル大御神《ヲヽンカミ》の講話が始まりました。アマテル大御神はこの講話の内容を『ヨツギノアヤ（世継ぎ極意書）』として記録し、後世に残そうと意図しておられるのです。

このみなる　あぐりおゑんと
もろをがむ　ときにあまてる
ををんかみ　よつぎのあやに
をらんとす　よろのよわひの
みことひこ　ややちよたもつ
たみもみな　くにとこたちの
こすえなり　このもとふつく
あめみをや　あめつちひとも
わかさるに　ういのひといき
うこくとき　ひかしのぼりて

陽《ヲ》と陰《メ》万物の五元素 ～ そのもと悉く アメミヲヤ

「この日本国で、一万（伝暦）年（五百才）生き永らえてきた高貴な生まれの皇族や臣も、辛うじて一千（伝暦）年（五十才）の寿命を保っている民たちも、貴賤の別なくすべてクニトコタチの子孫です。

そもそも人類の発生段階に遡《さかのぼ》ると、唯一絶対神である天御祖神《アメノミヲヤカミ》が宇宙の中心に坐《ま》しまして、まだ天地も人も存在しない渾沌《こんとん》の中に、大きな吐息を一つ吐かれました。すると渾沌に動きが生じ、次第に渦を巻き始めたのです。今私たちの回りを東から昇って西に降る天空の回転運動です。渾沌は渦の遠心力によって陽《ヲ》と陰《メ》の元素に別れ始めました。

陽の元素は清く軽いので、回転と共に上昇して天となり、陰の元素は重いので凝り固まって地球になったのです。陰の元素はまた水と土《ハニ》に分かれました。

天を形成した陽の元素である空《ウツホ》は風を生じ、風はまた火《ホ》を生み出しました。こうして陽の元素は三つになり、陰の元素は二つになったのです。

この世のあらゆる物質はこの五元素から成っており、なおかつ陽と陰の二極で構成されています。人の夫婦に例えれば夫が陽で妻が陰です。天空にあって陽を代表するものは日で、陰を代表するものは月なのです。だから、これも人の夫婦に例えれば、夫が日で妻が月だということができます。

話を人類の発生に戻すと、天御祖神はこの空風火水土の五元素を混合して人を造られました。天御中主神《アメノミナカヌシ》です。

天御中主神は地球上の各地に多くの子を残して、天に帰り天御祖神と一体になりました。天御中主神が地球上の各地に残した人々が人類の最初なのです。

天御祖神のご神体である天の形は、聳《そび》え立つ巌山《イワヲヤマ》のような遠大なもので、その一部である太陽、月、地球がある太陽系などは天御祖神の御胎内にある嬰児と中せましょう。この太陽系の外側には八重和幣《やえにきて》のような世界が広がっており、元明けという四十九神の神座があります」

にしくたり　うつほにめくり
あわうびの　めぐれるなかの
みはしらに　さけてめをなる
をはきよく　かろくめくりて
あまとなり　めはなかにこり
くにとなる　みつはにわかれ
をのうつほ　かぜうむかぜも
はおうみて　をはみつとなり
めはふたつ　をせのむなもと
ひとまろめ　ゐものみなもと
ノきとこり　うつほかぜほと
みづはにの　ゐつましわりて
ひととなる　あめなかぬしの
かみはこれ　やもよろくにに
よろこうみ　みなくはりおく
ひとのはつ　あめにかえりて
あめみをや　あめのかたちは
いわをやま　ひつきもくにも
はらこもり　とはやゑにぎて

元明け～その妙守《たえもり》が　タネ下し　モノとタマシヰ　結ひ和す

「元明けの形態は、中心に坐《ま》す天御祖神《アメノミヲヤカミ》を取り囲んでト・ホ・カ・ミ・ヱ・ヒ・タ・メの天元八神が坐し、次席にはア・イ・フ・ヘ・モ・ヲ・ス・シの天並《アナミ》八神が坐し、末席には三十二《ミソフ》神が坐します。国の統治機構と同じく、元中末の三階層になっているのです。そして元明けの四十九神には、十六万八千《ソムヨロヤチ》の鬼神《モノ》が従っています。

人が生まれる時には、先ず天御祖神が八元神《ヤモトカミ》の中から指名した当番神によって、人の核となる種《タネ》が降されます。当番神となった八元神によって、生まれ来る人の運命とか性格がほぼ決まるのです。この種を元に、天並神《アナミカミ》と三十二神は臓腑、循環器、神経系、そして発声器官等の設計を行ない、鬼神が魂《タマ》と魄《シヰ》を結い和すお針子の役割をします。

こうして、人は天上の神の姿に似た容姿を具《そな》えて生まれて来るのです。

私が生まれる時に、天御祖神と当番神は日月の『ウル（精霊）』を降されたので、今の私が在るのです」

受胎と妊娠～朝日祈り　目より月日の　ウルお得て

「誰でも世継ぎを得たいと思う時には、私の両親が行なったように（四アヤ参照）眼の垢を濯《そそ》いで朝日に祈り、眼から日月の精霊《ウル》を受けた上で交合すれば、夫の精

もとあけの　よそこのたね
なかみくら　みをやつげたす
けたすみに　やきみとほかみ
ゑひためぞ　つぎあいふへも
をすしかみ　すゑはみそふの
たみめひこ　もとなかすゑの
みくらあり　そむよろやちの
ものそひて　ひとうまるとき
もとつかみ　そのたえもりが
たねくだし　ものとたましゐ
ゆひやわす　あなれくらわた
しむねこゑ　なりはみめがみ
わがかみは　ひつきのうるお
くたすゆえ　よつぎうまんと
おもふとき　めのあかそそぎ
あさひのり　めよりつきひの
うるおゑて　とつげはをせの
うるなみが　たましまがわの

液が子宮で待ち受ける妻の卵子と出会って受精し妊娠するのです。

父の精子と母の卵子が因み合って新たな生命が芽生えるのですが、昼間は活発に細胞分裂を行ない、夜間はひそやかに遺伝子の受け継ぎを行ないます。すべての生命体は日と月の精霊を受け、日月の運行の影響で受精卵は受精直後から回転を始めます。初日は一回転、二日目は二回転、三日目は三回転というふうに次第に回転を早め、一ヶ月後は日に三十回転にもなります。回転上昇はなおも続いて六十四日目に六十四回転で最高に達し、それまでに合計千八十回（＊計算上では二千八十回となる）も回転するのです。

この段階になって、ようやく嬰児《みどりご》となる核ができてきます。母体には胎盤ができます。つまり胎児を包む胞衣《えな》が水車《カワクルマ》の心棒のように絞られて、臍《へそ》の緒となるのです。

臍の緒は胎児の動きを制限するので、六十四回転にも上っていた回転は日毎に一回転ずつ減速して、三ヶ月を経過するころには日に三十九回転になります。

この頃にはつわりが激しいので、香りが良く美しい花を飾って、妊婦の精神安定を計るのです。

そして四ヶ月を経過すると、回転も緩やかになって核に嬰児らしい形が表われ、つわりも収まってきます。胎児の回転は五ヶ月目に入って間もなくの頃、日に一回転に戻ります。

この時期に粽《ちまき》を巻くように腹帯を巻きます。この帯を井ハタ（岩田帯）と言い

いもがちと　はらむしらほね
ちちのなみ　ははのあかちと
ちなみあひ　ひるはちのぼり
よはなみの　のぼるひつきの
ひとめくり　あすふためくり
みめぐりと　つきにみそわの
めくりまし　ややむそよかに
めくりみつ　すへてちやそに
めくりとげ　ややみどりこの
なりそなふ　ちなみのあかは
おのころの　ゑなのかたちは
かわくるま　ほそのをとなる
みはしらの　ほどよくおもり
めくりかね　ひにひとめぐり
おくれへり　やよゐはみそこ
はなおそふ　うつきみつれは
みとりつず　さつきさのころ
ひとめくり　さつさはらをび
ゐはたなす

ます」

当番神と神々の活動 ～具わりて十二月に胞衣ぬぎ 生まるなり

「臍《へそ》の緒を通じて、母体から胎児にいよいよ自活の力の元が注入されます。五元素の内、火《ホ》は生命体にとって生きる意欲や自尊心を起こす物質で、胎児の生育には最初に必要な元素です。

　胎児は父母からそれぞれ陽の火を受けており、ヰハタ帯を巻くと天から与えられた陽の火がナカクダ（中管）を通って胎児に届けられて混ざり合い、この三陽の火が三陰の火を招いて、六種の火が胎児の身体を作り上げて行くのです。アメーバのように液状だった胎児は、水分を放出して固まっていきます。

　六ヶ月目に入ると人体になる因子は整い、臍の緒を通じて母体から乳汁が通ります。この乳汁が胎児の身体となります。この段階から当番神に率いられた八並神や三十二神が活躍します。神々は乳汁を煮詰めて五色《キイロ》の土《ハニ》（埴）とし、胎児の身体各部を作り上げるのです。

　神々が行なうこれらの作業が無事に進むよう、そして五体満足な子が生まれるようにと願い、両親や親族は神々の作業に準《なぞら》え、五色の土と乳汁で土偶を作って祀ります。

　七ヶ月目には臓器や肺ができあがり、八ヶ月目には胃腸もできあがります。

　　　　　なかくたとほる
あめのほと　たらちねのほと
めおまねき　むつのちなみの
つゆあふれ　みなつきかわき
ほそのをえ　ちしるとほれば
みおひたず　ちしるにられて
ゐついろの　はにもてつくる
もりのかみ　ふづきくらむら
はづきわた　なかつきはみめ
しむそよべ　こゑのよそやぢ
あわのかみ　すべこそむあや

九ヶ月目には骨格や皮膚もできあがって容貌も整い、循環器系と神経系の十四器官が活動を始め、言葉を喋るための四十八音の発声も可能になります。

こうして天地の神々の作業は終了し、全部で九十六ある身体器官がすべて具《そな》わって、十二ヶ月目に胞衣《えな》を脱ぎ捨てて生まれて来るのです」

男女の産み分け～女の子は先に月宿り　のち日お招く

「女児は生まれても男児が生まれず、何とか世継ぎを得たいと思っている人は、『アグリ』を知らなければなりません。

先にお話しした通り、受精卵は日と月の運行に影響され、回転をしながら細胞分裂を繰り返して嬰児《みどりご》になるのですが、朝日を拝んで日の精霊《ウル》を身に受けた上で交合し孕《はら》んだ胎児は、日の精霊の影響を強く受けているので、陽の気が陰の気を包んで封じ込め、陽の気が胎児の体内からせり出して男根になり、この段階で性別は男に決まります。これが男の子を生むアグリなのです。

反対に女の子になるのは、先に月の精霊が宿った後に日を招く場合で、陰の気がいち早く陽の気を包んでしまうので男根はできず、子宮、膣《ちつ》、陰門《いんもん》ができて、この段階で性別は女に決定し、女の子が生まれるのです。

男の子が欲しい人はアグリを得る祈りを実行しなさい。日の申し子の私（アマテル大御神）がきっと叶えさせてあげましょう。あまねく陽光の降り注ぐところ、

そなわりて　そふにゐなぬぎ
うまるなり　たとえめあれと
よつぎなく　ゐんとおもはは
あくりしれ　あさひのうるお
みにうけて　こみやにあれは
よるなみと　ともにめくれと
をはさきに　めおつつむゆえ
せばめられ　つひにほすゐの
はせいでて　みどりしぢなる
をのはしめ　これをのこうむ
あくりなり　めのこはさきに
つきやどり　のちひおまねく
めははやく　をはつつまれて
しぢならず　たましまかどに
いゐりなす　これめのはしめ
めのこうむ　をのこほしくは
あくりなせ　わがみおそゐて
ゐさしめん　あまてるくには
わがみたま　ありとしるべし

私の御霊が在ることを信じて祈れば必ずや通じるでしょう」

日の神アマテル大御神 ~ 親の恵みお 返さんと

「この世に生まれて来る前の私は太陽で、万物を照らしていましたが、人の身ではなかったので、光を与えるばかりで、人を導くことはありませんでした。

両神《フタカミ》はそのため自分たちが両親となって私を招いたのです。人の身となって母の胎内に宿った私は長居をして、九十六ヶ月もの間母を苦しめてしまいました。

ようやく生まれた後も、長期間瞳を閉じたままだったので、心配されて一日も心休まる日はなかったことでしょう。

私は無事に育って君の立場になりましたが、何とか親の恵みに報いようと考えた末、人々に子を授けさせる道を啓《ひら》こうと思い立ったのです。

私にそれを思い立たせたのは祖父トヨケ大神です。トヨケ大神はカツラギ山に籠もって禊《みそぎ》を行ない、世継ぎの生誕に障害となっている世間の一切の怨念を排除しようと、八千回もの祈りを奉げたのです。トヨケ大神の誠意は天に届いて、天御祖神《アメノミヲヤカミ》は日の御霊《みたま》を降されて私が生まれました。

私が世継ぎ子を授けさせる道を啓いたのは、両神ばかりではなく、朝日宮に眠るトヨケ大神に対する祀りでもあり、天御祖神への感謝の心の表象でもあるのです」

われむかし　ひのわにありて
てらせとも　ひとみおうけず
みちひかず　ふたかみために
たらちねと　なりてまねけは
ひとのみと　なりてはらめど
ながゐして　こそむつきまて
くるしむる　ややうまるれど
みひたしに　ひとひもやすき
こころなし　わがみはきみと
なるとても　をやのめくみお
かえさんと　ふしてをもえば
こおさづく　みちはめぐみお
かえすなり　そのみなもとは
とよけかみ　かつらきやまに
みそぎして　さわるよこがお
のぞかんと　やちたびいのる
にまぬけて　あまかみひるお
わけくたし　わがこころうる

世継ぎの機 ~朝日お受けて　あたたまる

アマテル大御神《ヲヽンカミ》は、この講話内容を広く啓蒙《けいもう》するために『世継ぎの極意書《ハタ》』として記録を命じられました。

社会を構成する個々の家も国家の縮図です。家長は君であり家人は臣民です。国家の安定と繁栄は各家の安定と繁栄によって成り立ちます。だから国家経営の基本は人造りなのです。そしてすべての家の世継ぎ子には君に匹敵する資質が求められるのです。平和国家を進展させるには、機《はた》織りの梭《ひ》を投げる数ほど多くの立派な世継ぎ子を授けなければなりません。

アマテル大御神はこのような思いから道を啓かれたのです。

世継ぎ子を授かるアグリを得るには、眼の垢を濯《そそ》いで朝日に祈り、眼から日月の精霊《ウル》を受け、温まった上で交合すれば、天元八神をはじめ天並神と三十二神の働きによって、人間としてのすべての条件を具えて生まれて来ます。

アマテル大御神は世継ぎ子を望む人に、次の歌をお教えになりました。

わが心　招けトホカミ
ヱヒタメの　国は道述ぶ
器物　招かば上に

みちなるは　あさひのみやに
かみまつり　あめのみをやに
こたふなり　よつぎのはたお
をらんとて　ひなぐるかずの
よつぎこお　さづくるいせの
あぐりには　あさひおうけて
あたたまる　ときにとつげば
こおはらみ　いきすこえみめ
そなえうむ　よつぎもがもに
みことのり

わがこころ　まねけとほかみ
ゑひための　くにはみちのぶ
うつはもの　まねかばうえに

現われて　ハタレ破れば
障りなし　身の清《すが》なれば
神心　恵みて花に
実お得るぞ　伊勢の教ゑの
天に応えて

これが世継ぎ子を得るための祝詞です。そしてアマテル大御神は勅《みことのり》され、世継ぎ子を望むすべての人はこの祝詞を唱えよと仰せられました。

カスガマロの歌～拝み謹み ある心 申せる歌に

この時カスガマロが進み出て、神座に拝礼して威儀を正すと、心境を述べる歌を詠いました。

天祈る　この手柏ゆ
音お直ぐ　宿る　御胎内《おなか》の
皇子となる　この子は真直ぐ
両親の　苗の世継ぎの
ミコトなりけり

あらはれて　はたれやふれは
さはりなし　みのすがなれは
かみこころ　めくみてはなに
みおうるぞ　いせのをしゑの
あめにこたゑて
のとはこれ　もろにもふせと
ををすとき　かすがわかひこ
たちいてて　おかみつつしみ
あるこころ　もふせるうたに
あまいのる　このてかしはゆ
おとおすく　やとるおなかの
みことなる　このこはますぐ
たらちねの　なゑのよつぎの
みことなりけり

（訳文）天の神々に祈りを奉げる拍手の音が、真直ぐに神々の心に染み徹り、その真剣な願いに感応した神々の計らいで胎内に子が宿ります。この子は真直ぐな精神を持って生まれ、両親の資質を受け継いで立派な世継ぎの皇子となるのは必定です。

この歌をカスガマロは三度繰り返し謡って退きました。

ミホヒコの歌～立ち敬ひて　思ふこと　申せる歌に

するとミホヒコも進み出て拝礼し、心境を述べる歌を詠いました。

子を恋ふる　妹背中《イモヲセ》に
籠もりくの　子守り育てん
両親《タラチネ》の神

（訳文）子の誕生を乞い願う夫婦の真心が、二人の間に子を宿し守り育む原動力となるのです。このような夫婦はまさに『両親の神』と呼ぶに相応しく神々しい存在です。私も夫婦の真心に叶うよう、医術を尽してお守り致しましょう。

この歌をミホヒコは三度繰り返し謡って退きました。

かくみたび　うたひますれば

みほひこも　たちうやまひて
おもふこと　もふせるうたに

こおこふる　いもをせなかに
こもりくの　こもりそたてん
たらちねのかみ

ヤスヒコの歌～かく三度　歌ひますれば

するとヤスヒコも進み出て拝礼し、心境を述べる歌を詠います。

易々と　桜のババの
嬰児《みどりこ》お　カツテにかけて
いでや生ません

（訳文）まさに産道から産まれ出ようとする嬰児《みどりこ》に、産科医の名人を自負する私が、その面目にかけて、安産を約束しましょう。

この歌をヤスヒコは三度繰り返し謡って退きました。

世継ぎの綾を閉じるに当たり～アメに応ふる　教ゑなり

アマテル大御神《ヲヽンカミ》は次のように勅《みことのり》されました。

「汝カスガマロよ。『アマノコヤネ（天児屋命）』と名を与えるので、この称え名の通り人々に世継ぎ子を授けるよう一重に勤め、この教ゑを日本国中に広めなさい。（＊天から下される子供たちの守護（屋根）となれ、の意。）

そしてまた汝には『春日神』の神名を賜います。

かくみたび　うたひますれは
やすひこも　たちうやまいて
おもふこと　もふせるうたに

やすやすと　さくらのばばの
みとりこお　かつてにかけて
いでやうません

かくみたび　うたひますれは
みことのり　なんちわかひこ
ひとふるに　あまのこやねと
なにしあゑ　たまふをしては
かすがかみ

またミホヒコは、三十六人もの実子をみな立派に育て上げた実績を生かし、人々にも恩恵を施そうという心意気は見上げたものです。褒美として『子守神』の神名を賜います。

そしてヤスヒコは産科の名医として、妊婦から産みの苦しみを軽減するようますます研鑽を重ねて欲しいと希望を託し、『勝手神』の神名を賜います」

アマテル大御神《ヲヽンカミ》はさらに諸神にも勅されました。

「継ぎ子を授かりたいと祈る時は、私の歌を唱えなさい。またカスガマロ、ミホヒコ、ヤスヒコが詠った歌も皆、天の神々の心に通じる教ゑの歌なのです。

何人たりともこのことを忘れてはなりません」

臣も民も、この場に居合わせてアマテル大御神の教ゑを聞いたすべての人々は、八千回もの祈りを奉げる真心は必ず天上の神に通じ、子種を得ることができるということが確信され、教ゑの祝詞《のりと》を敬い、深く深く心に刻んだことでありました。

　　　　またみほひこが
みそむこお　ひたすこころは
みにこたえ　たまふをしては
こもりかみ　またやすひこは
やすやすと　とりあぐことお
わさとなせ　たまふをしては
かつてかみ　またもろかみに
みことのり　つぎこいのらは
わがうたと　こやねとこもり
かつてみな　あめにこたふる
をしゑなり　たみかならずも
これなわすれそ

このときに　やをよろかみも
もろたみも　をしゑおききて
やちたびに　こだねうること
ごたまると　ちたびうやまふ
のとこことぞこれ

『アマテル大御神の妻と子』

アマテル大御神13人のキサキ

ハラミ	サクラウチ	セオリツ姫ホノコ	［内宮］	⑤オシホミミ
根国	クラキネ	マス姫モチコ	［北局のスケ］	①アメノホヒ
		コマス姫ハヤコ	［北局の内侍］	②タケコ・③タキコ・④タナコ
山背	カダ	アチコ	［北局の下侍］	
ヒタカミ	ヤソキネ	オオミヤ姫ミチコ	［東局のスケ］	⑦イキツヒコネ
		タナハタ姫コタヱ	［東局の内侍］	
筑波	ツクバハヤマ	ソガ姫	［東局の下侍］	
美濃	カナヤマヒコ	ウリフ姫ナカコ	［南局のスケ］	↑内宮に上ったホノコの代りに入る
ハラミ	サクラウチ	ワカサクラ姫ハナコ	［南局の内侍］	
筑紫	カスヤ	イロノヱ姫アサコ	［南局の下侍］	
筑紫	カナサキ	ハヤアキツ姫アキコ	［西局のスケ］	⑥アマツヒコネ
筑紫	ムナカタ	オリハタ姫オサコ	［西局の内侍］	
		トヨ姫アヤコ	［西局の下侍。北局の内侍］	⑧クマノクスヒ

ホツマツタヱ御機《ミハタ》の十五《ソヰ》

御食《ミケ》ヨロヅ成《な》り初《そ》めのアヤ

クマノクスヒの問い ～「神も穢れの 有るやらん」

天地は晴れ渡り、空気は澄み透って風もなく、うっすらと汗ばむ陽気の中、アマテル大御神《ヲ、ンカミ》は末子クマノクスヒ（熊野樟日命）と主だった伴を連れて二見ヶ浦にお出ましになり、海水での禊《みそぎ》をなされました。

クマノクスヒは前々から疑問に思っていたことがあったので、思い切ってアマテル大御神に質問しました。

「父帝にお尋ね致します。そのように八房《やふさ》の御輦《おてぐるま》を召して御幸をなされる神でも、禊をして濯《そそ》がねばならないような汚れが有るのでしょうか」

禊を終え着替えも済まされていたアマテル大御神は、人々を木陰に誘い襟《えり》を正すと切り出されました。

アマテル大御神の禊 ～ココロバの　六ハシ濯ぎて

「汝ヌカタダ（クマノクスヒ）、諸神もよく聞きなさい。

祖父トヨケ大神と両親が祈ってくれたお蔭で、我が生まれ根には微塵《みじん》の汚れもなく、天意を担って生まれてきたので、元は身も心も清らかなのですが、世を治めるという役目柄、世俗の垢に目は汚れ、醜い争い事の訴えに耳も汚れ、他人を誑《たぶら》かそうとする臭い話に鼻も汚れ、暗愚の人にも口を酸っぱくして諭《さと》さねばなら

あめつちも　のとけきときに
あまてらす　かみのみゆきの
ふたみかた　みしほおあびて
みそぎなす　とものくすひが
いぶかさお　あめにもふさく
ちちみかと　やふさくるまの
みゆきなす　かみもけがれの
あるやらん　ときにあまてる
みことのり　なんちぬかたた
もろもきけ　わがうまれねに
あかもなく　あおうけうまれ
ねはきよく　うくめくたみに
めもけがれ　あしきうたゑに
みみけがれ　はなもちならぬ
をしゑぐさ

ず、身を粉にして政《まつりごと》を執り、そのような日常の汚れが染み着いて、『ココロバ（心葉）』（第六の感覚器官）までが汚れてしまうのです。

この六端《ムハシ》（目・耳・鼻・口・身・心葉）を濯《そそ》いで身を精《シラ》げることによって、生まれた時の無垢な状態にすることが、神の身体に帰ることなのです」

肉食を避け菜食に　～たとえば濁る　水乾く

けのししはめは
しむけがれ　よつなるししは
がほすぎて　ちぢみけがれて
みもかるる　たとえはにごる
みづかわく　ししもにごれは
かわきつく　きよなおはめは
ちもきよく　うしほのことし
よよたもつ　あめのうむたみ
このことく　ながいきみんと
くいものの　よしあしわくる
なりそめお　もろたみきけよ

「様々な要因で汚れは生ずるのですが、最も避けなければならないのは、獣の肉を食べて血液が汚れることです。特に四足の動物の肉は、身体を構成している五元素の内、火《ホ》の影響が勝ち過ぎて血液がドロドロになり、循環機能を損なってしまいます。それは早枯れの原因となります。
例えば、濁った溜まり水は干上がるのが早いのと同じで、肉食をすると血液も身体組織も潤いを失って乾きつくのです。肉食を避けて菜食を心掛ければ血液もサラサラになり、潮の如く身体中を隈なく潤します。
日本国の人民は、すべてこの国を創建された神々の子孫であり、皆天御祖神《アメノミヲヤカミ》から生命を授かって生まれて来た人々なので、我が子のようにいとおしい存在です。
だから、寿命に多大な影響を与える食物の良し悪しを分けられた天御祖神の思し召しを理解して長生きをするよう、すべての人々に今から話すことを聞いて欲しいのです」
こころばの　をさめさとせる
みおしらげ　むはしそそぎて
かんかたち　ひをねにかゑる

天御祖神と天地創造 ～天地の 開けるときの ひと息が

「この天地を創造される以前の天御祖神《アメノミヲヤカミ》は絶対無の中に唯一の存在でした（＊この部分の訳はミカサフミ『高天なるアヤ』を援用する）。その絶対無の中で天御祖神が吐かれた『ウイノヒトイキ（初生のひと息）』は動いて渦を巻き始め、渦の中心は天御柱《アメノミハシラ》になり、その両端は陽極と陰極に分かれました。ウイノヒトイキにはあらゆる元素が含まれ、その中で軽い元素は陽極へ、重い元素は陰極へと次第に分かれていきました。そして陽《ヲ》は天《アメ》になり、陰《メ》は地《ツチ》になったのです。

陽極に集まった軽い元素の中でも、最も軽いのは空《ウツホ》で、次に軽い風が分かれ、風も火《ホ》を分けて、最終的に陽の元素は空風火の三種類になりました。

陽の三元素が天空に集まってできた物体の代表が太陽で、同じく陰の元素が天空に集まってできた物体の代表が月です。陰の元素は土《ハニ》と水の二種類で、この地球も陰の元素である土と水からできています。地球上で水は集まって海になり、土の成分が勝った部分は陸地となったのです。

万物はこの空風火水土の五元素の組み合せでできているのです」

あめつちの　ひらけるときの
ひといきが　めをとわかれて
をはあめに　めはつちとなる
をのうつほ　かせうみかせも
ほとわかれ　うをせのむねは
ひのわなる　いめのみなもと
つきとなる　つちははにみづ
かつはには　やまさととなる

物質の構成 ～桐は白 桧は黄赤 栗は黒

「土《ハニ》に空《ウツホ》が混ざって固まると鉱物質の物質になります。土の性状によってどのような物質になるかが決まるのです。例えば『バ』という泥土が空を受けると石になり、『スガ』という清らかな浜砂のような土だと玉になるのです。

山岳をなすような岩質の土に空が浸透すると金属になります。岩質の土にも様々な性状があり、その性状と空の占める割合で金属の種類が決まるのです。一般的な岩質の土に空が多く浸透すると錫《すず》や鉛《なまり》になるのですが、岩質が『スガ』だと金になります。『シ』というさらさらな白色の土だと銀になります。そして岩質の土が『ウビニ』という粘土質だと銅になり、『バ』の性状だと鉄になるのです。

地中に各種金属の鉱脈があると、それを好む植物が生育します。萩は金、桐は銀、桧は金や銅、栗は鉄というように、地中に鉱脈があるとその上の地表を好んで生えます。

私たちはこの性質を利用して鉱脈を探り当て、粗鉱《そこう》を掘り出し、蹈鞴《たたら》で鞴《ふいご》を稼動させ、精錬して各種金属を得るのです。

土はまた、空と共に天から与えられる水を受けると、この三種類の元素は混じり合って草木などの植物を生じます」

はにうつほ　うけてばはいし
すがはたま　やまにうつほの
とほりなる　あらかねのあは
すずなまり　すがははきかね
ししろかね　うびにあかかね
ばくろかね　それはぎはきに
きりはしろ　ひのきはきあか
くりはくろ　でるあらかねお
たたらなし　ふいごにねれよ
はにうくる　うつほあまみつ
なるくさき　うつほはたすく
みつひやす

食物の選択～みつは食ふ　ふよは食わぬぞ

「話は飛びますが、人の食物として空の成分は生命活動に最も重要なもので、また水は身体を冷やして潤いをもたらすので、人は植物を食料とするのが最も好ましいのです。ただし注意すべき点は、『バ』の性状を持つ土からなる植物を食べると汚れてしまいます。

植物の花も実も、天が人の食料として与えられた物質なのです。

人間は三元素で構成されている物を食用とすべきで、二元素や四元素の物は食物として適当ではありません。例えば石や玉は二元素の物質です。また、冶金された金属は三元素ですが、土《ハニ》と空《ウツホ》の二元素に人為的に火を加えて練ったために、色が変わって生じた物質なのです。

さて、草木に着く虫の中には美しい音声を発する虫がいます。たとえ小さくとも、風の元素を多く有する動物は声を発します。空の元素が多い動物は羽を持って飛ぶようになり、同じ原理で土虫は土の元素が多いのです。

空風火水の四元素で構成される動物は鳥類になりますが、その中でも火が勝つと泳ぐ水鳥になります。火の熱を水で冷ます必要からです。

土水火風の四元素で構成される動物は獣類になります。中でも風と火が近いと三声（三音）の名の獣になります。狐とか狸がそうです。また火と土が近いと二声（二音）の名の獣になります。ヰノ（猪）とかマシ（猿）がそうです。四音の名の獣も同じです」

　　　　　ばはけかれする
はなもみも　あめのままなり
みつはくふ　ふよはくわぬぞ
いしたまの　ふなるはつきず
あらかねの　みつはほねりて
いろかわる　くさきのむしの
みつなこゑ　かぜにこゑあり
うつほはね　はにむしもこれ
うつほかぜ　ほみづのよつが
なるとりの　ほかつはおよく
はにとみづ　ほかせのよつが
なるけもの　かぜみづよるお
なもみこゑ　きつねたぬきぞ
ほとはにの　よるはふたこゑ
ゐのましぞ　よつなもこれぞ

水の成り立ち～焼き塩 スガの器もの

「月は陰の物質である土《ハニ》と水からできていることはお話しした通りですが、天地創造の初期に多量の月の水が地球に降されたのです。そして今でも月の水は露となって地球に降され、川の水となっています。地上の水はまた、空を受けると雲となって天高く昇って行きます。これは土の息と考えても良く、立ち昇る様は毬《いが》栗《くり》や藺《いぐさ》の姿に似ていますが、その距離は十八トメヂの高さにも達するのです（トメヂとは地球の外周を三百六十五トメヂとした距離単位。一トメヂ≒一一〇km）。雲は立ち昇って行く途中で、互いに一トメヂ程の範囲にある雲が求め合うと水に戻り、雨となって降るのです。

雲が求め合うのは、風の影響を受けてのことですが、寒風だと雨は凍り付いて雪になります。けれども、雪や氷は陽の元素の集合つまり空風火を受けることにより、融けてまた水に戻ります。

海水は集まった水が『ヨルナミ（月精）』を受けてできあがったものなのです。私たちは海水を焼いて塩を作りますが、塩は『スガ』の性状を宿している物質で、塩分を摂取することによって、身の垢を拭うことができるのです。

水と土に火の成分を含んだ生物は貝類になり、水が空と火を受けると魚類になります。土に二種の元素が加わった三元素から成る野菜や果実と共に、水に二種の元素が加わった三元素からなる魚介類も人間にとって最も優れた食品なので

つきのみつ　くたせるつゆは
かわのみづ　うつほうくれば
くもとなり　ちあゆみのぼる
はにのいき　のぼるいがくり
いゐのなり　そやとめぢつゑ
くもなかば　ふればめづゑに
あいもとめ　あめとふるなり
さむかぜに　ゆきとこほれど
をにとける　よるなみうけて
なるうしほ　やくしほすがの
うつわもの　はめばみのあか
まぬかるる　みつはにふくむ
ほなるかゐ　みづうくうつほ
ほなるうお

す。魚類の中でも白身であり、更に鱗のある魚が食料に最適です。魚介類でも火が勝ったものは独特の臭みがあり、食品としても多量に摂取してはいけないものなのです」

ウケモチの神と稲作の発展～八月初日になる初穂

「その昔、ナカ州《クニ》を治めていたウケモチ（保食）の神が、食用として最も霊性の高い植物の種を天上の神々に乞うたところ、天は『ヒヨウル（日霊と月精）』を宿した種を降されました。

日の霊を宿しているのは、水中から直立して穂を付ける穀類の米であり、月の精を宿しているのは、野菜や根菜類のような畑に成育する作物の種でした。

初代天神《あまかみ》のクニトコタチが日本国を創建された時代には、木の実が神饌《しんせん》として供えられていたようです。第二代天神クニサツチの子の一人が、先にお話ししたウケモチの神で、その八代目の子孫が今のカダ（荷田）です。それはさておき、ウケモチの神が八月一日に初穂を第三代天神のトヨクンヌシに奉り、この時から初穂を神饌として供えるようになったのです。

トヨクンヌシは赤白黄三色に染めた木綿《ユフ》の和幣《にぎて》を以って天上のモトモトアケ（元元明）におられる神をお祀りしました。

その初期には、収穫した稲穂をそのまま神饌としたのですが、後には臼で搗《つ》い

ほはくさし　しはうろこよし
うけもちの　かみがうけなお
あにこゑは　ひようるたねお
あにくたす　ひうるにはゆる
うるのぞは　うるたのぞなゑ
よるなみに　はゆるなろなは
はたのたね　くにとこたちの
あめまつる　みけはこのみか
くにさつち　うむうけもちの
やよのまこ　いまのかだなり
うけもちが　はづきはつひに
なるはつほ　とよくんぬしに
たてまつる　きみはかしきの
ゆふにきて　あめなかふしの
かみまつる　ぞろのほづみの
みけもまた　うすつきしらげ

て脱穀精米した米を供え、また年頭の祀りには粥《かゆ》と汁とを供えるようになりました。

第四代天神ウビチニの時代には収穫も増え、月毎にお祀《まつ》りする程盛んになったのですが、第六代天神オモタルの末に、気候の寒冷化から稲の収穫が細って、国家も崩壊の危機に立ち至りました。

私の父、第七代天神イサナギは国家再建を成し遂げ、稲作にも力を注いだのですが、寒冷化が進んで、増収を計るには寒冷に強い品種への改良が必要となったのです」

ツキヨミの誤認 ～ 肥かくる 手籠に入れ来て

「その品種改良に取り組んでいたウケモチの七代目子孫は、私の代になって寒冷に強い品種の開発に成功したので、私は弟のツキヨミを遣わしてその種を求めました。

七代目はツキヨミを歓待して農園に案内し、饗宴の準備が整うまでの間農作業風景を見せました。農作業に従事する人々は、厠《かわや》から糞尿《ふんにょう》を酌み出して大地に注ぎ、また青々と繁る野菜に下肥《しもごえ》を施していました。

農作業経験のないツキヨミは、作物が糞尿で育つとは知らず、炊飯用の釜があたかも下肥の注ぎ桶の如く見え、また収穫した野菜を入れて運んできた手桶が、

はつひには　かゐとしるとぞ
うびちには　つきことまつる
おもたるの　すえにほぼぞと
なるゆえに

　　　　　　つきよみやりて
うるぞたね　ゑんといたれは
まるやにて　くににむかえは
つぎおけの　くちよりよねの
いゐかしぐ　そのにむかえは
こゑかくる　てこにいれきて
すすなしる　ももたくはえて
みあえなす　つきよみいかり

糞尿を運んでいた桶と思い込んでしまったのです。

　スズナ汁や新鮮な野菜をふんだんに使った料理ができあがり、饗宴が始められる段になって、ツキヨミは怒り出しました。

『こんな、卑しくて唾を吐きたくなるような汚らわしい物が食えるか』

　と言うや否や剣を抜いて撃ち殺してしまったのです。手ぶらで戻って報告するツキヨミに、私は大御神《ヲヽンカミ》の立場として罰することもできず、こう言い放ちました。

『汝の落ち度ではない。汝のような者を遣わした私の過ちだったのだ。もう汝の顔は見たくない』

いやしきの　つははくけがれ
かわんやと　つるぎおぬきて
うちころし　かえことなせは
ををんかみ　なんちさがなし
あひみずと　まつりはなれて
よるきます

カダの功績～植ゆるその秋　八掴穂の　生ればクニ富み

「高間《タカマ》殿の議会で要職を勤めていたツキヨミの職を解いて当直勤務に就かせ、ツキヨミに代えてアメクマドを遣わしました。七代目はすでに亡くなっていたのですが、後を継いだ息子のカダは日霊の込められた水稲はじめ各種の種を献上してくれたのです。

　アメクマドが持ち帰った種は御料《ごりょう》田で植え育て、その年の秋から、穂が長く実着きの良い稲が稔るようになったので、国は富み安心して国政に携わることができるようになりました。カダはまた、繭《まゆ》を口に含んで糸を抜き取る生糸生産の技術も教え広めました。

　　　　あめくまやれは
すでにさり　かだがうるその
たねささく　くまどかえれは
をさがたに　うゆるそのあき
やつかほの　なればくにとみ
こころよく　またまゆふくみ
いとぬきて　こかゐのみちも
をしゆれは

ウケモチの神の後裔は代々農業に従事して民の家柄だったのですが、私は七代目を悼《いた》み、またカダの功績に報いるため、臣の位と田守司《たもりつかさ》の役職を授けたので、今では『カダの命』と称えられるようになっています」

肉食の弊害 ~ 火勝ち命の あぶら減る

ここでアマテル大御神《ヲヽンカミ》は一息入れられました。気が着くと、周囲には近隣の人々も集まって来ていて、アマテル大御神の説話を熱心に聞き入っています。人垣を一渡り見回した上で、アマテル大御神は改めて話し出されました。

『諸民もよく聞きなさい。

人が日常に食物とすべきは、穀物主体の菜食が最良で、鱗魚《ウロコイオ》がそれに次ぎます。鳥類は五元素の内の火が勝ち過ぎて、人を早枯れさせる原因となります。

灯火の油を掻き立てて光を強めると、油はどんどん減ります。人の寿命も灯火の油と同じで、火勢を強めると命の油はどんどん消耗していくのです。

過って狐・狸・兎など三音の名の獣肉を食べると、自身の肉は潤いを失って縮みあがり、内臓脂肪や皮下脂肪で空肥りとなり、身体組織の内部では有効に燃焼する油が枯渇し、気力も衰えてやがて命を落とすことになるのです。このような過ちを犯してしまった時には二ヶ月半の間、スズシロを食べなければ、正常に戻すことはできません。

かだのみことは
よよのたみ　たもりつかさぞ
もろたみも　よくきけつねの
くいものは　ぞろはさいわひ
うろこいお　つきなりとりは
ほがかちて　ほとんとまかる
ともしびの　かきたてあぶら
へるごとく　ほかちいのちの
あぶらへる　あやまりみての
ししはめば　ししこりちちみ
そらこえて　みのあぶらへり
けもかれて　やがてまかるぞ
ふっきなか　すすしろくえよ

同じく過って、猪・猿・熊・鹿など二音の名の獣肉を食べると、たとえ長らえたとしても生き腐れのような状態になり、天御祖神《アメノミヲヤカミ》との絆が断絶してしまいます。この状態から脱するには、忌小屋《いみこや》に籠もって三年の間スズシロ・シラヒゲモ（白髭藻　白髭草）・生姜等を食べて身の垢を濯《そそ》ぐことによって、やっと常人に戻ることができるのです」

菜食で穢れを消す～アイモノの 魚は四十あり

この時スワ（諏訪）の神タケミナカタ（建御名方神）が質問しました。

「信濃は冬寒く底冷えするので、誰もが鳥肉を食べて寒さを凌《しの》いでいるのですが」

アマテル大御神《ヲヽンカミ》はもう一度噛んで含めるようにお話しされました。

「アイモノ（相物、乾物・干物・半製品）の魚類は四十種類も生産されており、海の無い信濃でも入手し易く冬の保存食に最適です。相物の魚ならスズナを三日間食べればその汚れを消すことができます。どうしても鴨などの水鳥を食べざるを得ない場合には、二十一日間スズナを摂りなさい。

鳥獣の肉を食べないよう、こうして広く呼びかけるのは、たとえ命は惜しまないからと言っても、肉を食べると血液は汚れ魂の緒も乱れて、元に返らなくなってしまうからです。

肉食をすると魂も魄《シヰ》も迷い苦しんで、人でありながら獣の霊魂に近付いて行く

ふてししは　くえはいきても
くさりくさ　かみとなかたゑ
いみこやに　みとせすすしろ
しらひげも　はしかみはみて
あかそそげ　ややひととなる
すわのかみ　しなのはさむく
とりししに　さむさしのぐと
こふゆえに　なおあらためて
あいものの　うおはよそあり
これもみか　すずなにけせよ
みづとりお　くえはふそひか
すすなゑよ　よのとりけもの
いましめと　あまねくふれし
あやまらは　たとえいのちは
おしまねど　ちけがれゆえに
たまのをも　みだれてもとに
かえらねば　たましゐまよひ
くるしみて　けもののたねお
あひもとむ

のです。鳥や獣は月日の精霊を受けていません。穀物や野菜は月精や日霊を受けているので、人は食べることでそれを補充することができるのです。天御祖神は動物の中でも人間の精神活動を司る心葉《ココロバ》だけに日霊と月精を降されました。この月日の精霊を正しく保ったまま生を全うした人のみ、天御祖神は天宮に迎え入れてくれます。その人は次の世にも人として生まれてくることが保証され、獣に生まれ変わることはないのです」

千代見草《ちよみぐさ》〜 いまだ盛りの カキツバタ

「私は肉食を断じている上、更に千代見草を常食しています。これは苦菜《にがな》の中でも殊《こと》に苦いのですが、健康増進の成分が豊富に含まれているので、この苦菜を食べることによって長生きをして、国民生活が豊かになることを念じて国を治めているのです。

そのお蔭で、私はスズキ（マサカキ）の植え継ぎを四度も行ない、二十四万（伝暦）年（約百年弱）も生き永らえながら、未だ盛りのカキツバタ（杜若）のように瑞々しく、この先百万（伝暦）年の後までも治め続けることができるでしょう」

　　　とりもけものも
つきひなし　ぞろはつきひの
うるなみぞ　ゆえにこたふる
ひとはもと　なかごころば
ひつきなり　すぐにまかれは
あひこたえ　あめのみやゐに
かえさんと　けものになるお
ととむなり　わがつねのみけ
ちよみぐさ　よのにがなより
ももにがし　にがなのみけに
ながらえて　たみゆたかにと
くにをさむ　われみるすずき
ちゐよたび　わがみもことし
ふそよよろ　いまださかりの
かきつばた　のちももよろお
ふるもしる

西王母ウケステメ～ヤマの道奥 授けます

「クマノクスヒよ。よく聞きなさい。父イサナギの姉ココリ姫が私に語ったことを、今からお前に話して聞かせます。

昔クニトコタチは国造りをしながら各地を巡幸し、中国大陸のクロソノ（玄圃）地方に建国したカ（夏）の統治をアカカタ（赤縣）のトヨクンヌ（第三代天神）に任せました。その子孫が代々治めていたのですが、長い年月を経て夏《カ》の国は衰退してしまい、末裔の王女ウケステメは道を求めてネ州《クニ》に来航しました。

当時の日本も第六代天神《あまかみ》オモタルの治世が乱れて国が崩壊したので、トヨケ大神が本拠地日高見を離れてネ州を足場に国家再建を進めていました。トヨケ大神はイサナギを擁立して第七代天神に就け、その政権を後見していたので、ネ州に来たウケステメはトヨケ大神に仕えることになったのです。

ウケステメの誠意ある奉仕に感じ入ったトヨケ大神は、イサナギの姉ココリ姫の義理の妹として縁を結ばせ、共に国家経営の道理を授けました。

ウケステメは夏の国が衰退した原因を知り、国家の在り方についての確固たる信念を持つことができたので、再建への意欲に燃えて国許へ帰って行きました。その後ウケステメはコロヒン（崑崙）地方の君主と結婚し、クロソノ地方の復興も成り、生まれた皇子に新国家（殷《イン》と思われる）の統治を任せ、西の母神（西王母）と尊称されるようになりました」

くすひよくきけ
ここりひめ　かたれることは
とこたちの　やもおめくりて
にしのくに　くろそのつみて
かにあたる　なもあかかたの
とよくんぬ　よよをさむれと
としおへて　みちつきぬるお
うけすてめ　ねのくににきて
たまきねに　よくつかふれは
みにこたえ　ここりのいもと
むすはせて　やまのみちのく
さつけます　よろこびかえる
うけずてめ　ころびんきみと
ちなみあい　くろそのつもる
みこうみて　にしのははかみ

早枯れの因〜シナ君出でて チヨミ草 尋ぬと嘆く

「国家再建は果たしたものの、ウケステメは一つの難題を抱えていました。再び来日したウケステメはココリ姫にこう言って嘆いたのです。『コロヒンの山岳地方出身の人々は愚かにも肉食を好むので、短命で百や二百（伝暦）年しか生きられません。夏《カ》を建国した日本民族の伝統や食生活を受け継いでいる人の中にはたまたま千や万（伝暦）年の寿命を保つ人もありますが、日々獣肉を主食とする生活が一般的になり、また君の系統からも日本人の血が薄れ、代々シナ民族が君の位を占めるようになったので、肉食を改めることができず、ますます短命になっています。君の長寿こそが国家安定には必要なので、もはや千代見草を探し求めてその薬効にすがるほかはありません』

この話を聞いて私の耳も汚れたので、私はその垢を濯《そそ》ぐ禊を行ないました」

長寿法ココナシの道〜枯るる匂ひも ココナシぞ

「とにかく人にとって長寿を得る方法が存在することは、何にも増して喜ばしいことです。私は人が天寿を全うせずに早枯れすることを悲しく思い、何とかして長寿の道を授けようと腐心しています。

考えてもみなさい。生命は身の宝です。万民を治める君であろうとも一つの命
またきたり　ころやまもとは
おろかにて　ししあぢたしみ
はやかれし　ももやふももぞ
たまゆらに　ちよろあれとも
ひひのしし　しなきみいでて
ちよみぐさ　たづぬとなげく
わがみみも　けがるるあかお
みそぎせし　ながらふみちお
よろこべは　かれおなけきて
みちさづく　おもえいのちは
みのたから

に変わりはないのです。
天御祖神《アメノミヲヤカミ》が定めた寿命に反して自ら早枯れの原因を作ってしまうと、苦しみに襲われ、魂の緒が乱れて、天に迎え入れて貰えなくなるのです。

天御祖神のご意志に沿って寿命一杯生き抜いた人は、天からお迎えが来て楽しみながらこの世に別れを告げることができるのです。

『ココナシ（菊の花）』は一定期間咲き誇って、枯れてもなお馥郁《ふくいく》とした香りを放ちます。人の身も清糧《スガカテ》を食べ、十分に長生きして枯れる時、その匂いはココナシと同じです。そのような人の亡骸は殯宮でたちまち神の姿に変貌します。

それに引き替え穢《けが》れた獣肉を食べた人の亡骸は悪臭を放ち、魂の緒が乱れているので悪鬼のような姿になります。死者をこの状態から解き放つには、『アラヒミ』と言って海水で洗い、亡骸と魂を浄化するのです。

穀類は日霊を受け、野菜は月精を受けており、またココナシは日月の両方を受けた御種《みたね》なのです。これらを食べるとその効果は目の玉の輝きになって顕われます。目の玉が明らかな人は頭脳明晰で六感すべてがよく働き、天御祖神が示される道が見えるのです。天の道を為す人は天御祖神と心が通じ合える人なのです。

だから私はココナシを天御祖神の象徴として最高に尊いものと考えているのです」

　　　　　ことわさもせな
よろきみも　ひとりいのちの
かわりなし　ときこぬかれは
くるしみて　たまのをみたれ
あにあえず　よあひたもちて
あにあがる　ときはたのしみ
まかるなり　これここなしの
ときまちて　かるるにほひも
ひとのみも　すがかてはみて
よろほゑて　かるるにほひも
ここなしぞ　おもむろずぐに
かんかたち　がししはくさく
をもみだれ　とくはあらひみ
うるとなも　ここなひつきの
みたねゆえ　くえはめのたま
あきらかに　あひもとむなり
あめのみち　なすひとかみと
あひもとむ　ゆえにここなし
めつむこれかな

ホツマツタヱ御機《ミハタ》の十六《ソム》
孕《はら》み慎《つつし》む帯《おび》のアヤ

ヒトリ姫～ひとり姫 男の子無ければ カシマ君

ふそゐすず　ももゑふそやほ
としさみと　かしまのみやの
ひとりひめ　をのこなければ

二十五鈴百枝二十八穂サミトの年（鈴暦百四十四万七千七百九伝暦年）（西暦紀元前千二百年頃）。オシホミミが父、アマテル大御神《ヲヽンカミ》から日嗣《ひつぎ》を受け、日高見タカノコウで即位して（十一アヤ参照）から間もなくのこと。

カシマダチも過去の出来事となり、平穏な世が続いて国政に不安要素はなく、定例議会のない時期には、重臣たちは国許に戻って領国の整備や産業振興に取り組み、国中がゆとりある生活に向けて励んでいました。

オシホミミの鏡臣（左大臣）である香取神フツヌシも、剣臣（右大臣）である鹿島君タケミカツチも、国政の合間を縫って帰郷していた時のことです。トヨケ大神の一族で数々の功績を残した二人は領国が近く、フツヌシが二世代上ですが年齢は親子ほどの違いもなく、肝胆相照らす仲でした。

加えてこの二人は同じような境遇の悩みを共有していたのです。フツヌシは老いても子に恵まれず、タケミカツチも娘が一人で、世継ぎが得られなかったのです。

タケミカツチはやっと生まれた娘が最初で最後の実子であることを覚り、生まれた娘に名を付ける必要がないと言って、ただ『姫』と呼んでいました。タケミカツチ自身はそれで不自由はなかったのですが、名無しでは家臣団にとって不便を来たしました。そこで人々はヒトリ姫と呼び慣わし、いつしかそれが姫の名に転化していったのです。ヒトリ姫は両親や一族の愛に包まれて育ち、娘盛りを迎えていました。

姫の縁談～子と為さば　我も儲ける　子の如く

ある日タケミカツチは香取宮（千葉県佐原市香取神宮）を訪問しました。盟友のタケミカツチが正装して訪れたとあって、フツヌシも門前まで出迎えました。慇懃《いんぎん》な訪問の挨拶を交わして宮へ招じ入れられると、タケミカツチは威儀を正して切り出しました。

「ご存知の通り、私には一人娘である姫がおりますが、家系を継がせるべき男子がおりません。姫も年頃で良縁を得て嫁がせたいと望んでおりますが、春日殿コトムスビ（別名ツワモノヌシ）とあなたの妹御アサカ姫との間に生まれたカスガマロ（ワカヒコ・アマノコヤネ）殿は世に秀でており、アマテル大御神《ヲ・ンカミ》から春日神という神名まで授けられ、姫の相手としてこれに優るものはありません。つきましては神つ君のあなた様に折り入ってお願いしたいのですが、カスガマロ殿と姫の縁を仲立ちしていただけないものでしょうか」

フツヌシも威儀を正して答えました。

「オシホミミの君が日嗣を受けられた折（十一アヤ）に、大御神から勅使として派遣されて来た甥のカスガマロを、勿来《なこそ》まで迎えに出た時が初対面でしたが、会っ

かしまきみ　かとりのみやに
ゆきいたる　ふつぬしむかえ
とことおゑ　いりますのちに
ものかたり　しろすことくに
ひひめあり　つぎこなければ
かすがとの　あまのこやねは
よにひいで　かすがのかみと
なおたまふ　われねがわくは
かんつきみ　はしかけなして
たまわんや　ふつぬしこたえ
わがおゐの　わかひこさきに
をしかにて　さかむかひして

た途端に意気投合し、それ以来親密な関係を続けております。

今あなたのお申し出を受け賜り、私としても我が子の如く思っている両人ですから、喜んで仲を取り持ちさせていただきましょう」

早速フツヌシは日高見タカノコウに使者を出してオシホミミの意向を伺い、了解を得ると二人してナカ州《クニ》に上り、春日の宮（奈良市春日大社）に至って父親のココトムスビ（興台産霊）にこの縁談を申し入れました。

ココトムスビも、これは願ってもない話と、諸手を挙げて賛成との意思表示でした。

三人は連れ立って高天原《タカマ》宮（イサワの宮）に昇りお伺いを立て、アマテル大御神からお許しの勅《みことのり》をいただきました。

コヤネとヒトリ姫の婚儀～ことほぎ終えて 睦まじく

三人は天上の神々に感謝を込めて拝礼し、タカマを辞すと、ココトムスビに別れを告げたフツヌシとタケミカツチは、二人してホツマ州《クニ》に向かい、領国に戻りました。

フトマニによる占いで吉日が選ばれ、ココトムスビの領国で嫁取りの祝宴は盛

あひそめて　それよりいまに
むつまじく　いまそのきみの
ことなさば　われももふける
このごとく　なかおなさんと
ひたかみえ　しかにこたえて
かえろきき　ともにのほりて
なかくにの　かすがにいたり
そのちちの　こことむすひに
こひうけて　たかまにのほり
もろともに　これうかがえは
みことのり　みゆるしうけて
おかむのち　ふたきみかえる
もとつくに　こことむすびは
うらなひて　よきひにちなみ
とゝのゑて　ことほきおえて

大に執り行われました。

新婚の二人は春日郷で仲睦まじく過ごしましたが、蜜月期間は瞬く間に過ぎ、夫君のカスガマロは単身、天《アメ》に戻ってアマテル大御神《ヲヽンカミ》の下で政務に復帰し、姫もまた父の領国内（茨城県神栖町息栖神社）に宮を持って暮らすことになったのです。姫が宮に落ち着くとまもなく、姫が孕《はら》んだという報が天に告げられました。

姫の妊娠～心迷えば　教ゑ請ふ

アマテル大御神《ヲヽンカミ》は医術に長けた重臣ミホヒコ（子守神）をヒトリ姫の専属医として派遣されました。

姫はコモリに妊婦としての心得と作法の伝授を乞うたところ、コモリは、

「この私にしてもあなたのご夫君から習ったのです。私ごときがお教えするより、ご夫君の方が教ゑの大本におられるのです」

すると姫は、

「そう仰らずにどうぞお教え下さい。たとえ夫に問うたとしても、まだ父親になった経験がないので、誰かに体験談を問おうと思うに違いないのです。自分事となれば色々と思い迷って心乱れるので、大勢の子を育て上げられた貴方様に教えを受けたいのです」

「分かりました。それでは……」

むつまじく　こやねはあめに
つかえます　いつしかひめも
はらむよし　あめにつくれは
みこともり　こもりにこれお
とはしむる　ひめきみあひて
みたねうむ　みはたおこえは
こもりたも　ひめのいろせに
ならひきと　ひめはかえして
いといなや　いろせにとはは
あちもまた　よそにとわんと
おもふなり　こころまよえは
をしゑこふ　ここにこもりの
みたねふみ

とミホヒコは『御種書《ミタネフミ》』を開いて講義を始めました。

ミホヒコによる御種書の講義～ハニは山 ミズは海 成り

「この宇宙の成り立ちは、天御祖神《アメノミヲヤカミ》が渾沌の中に吐かれた『ウイのひと息』が渦を巻き始めて、水に油が浮かぶように次第に陰《メ》と陽《ヲ》が分かれていきました（十五アヤ参照）。

軽い元素からなる陽がまず昇って天《アメ》となり、重い元素からなる陰が後に降って、地《クニドロ》すなわち原始の地球を構成しました。こうして陽と陰が天地に分かれたのです。

地球上では『土《ハニ》』と『水』が分かれて土は山を形作り、水は集まって海となりました。陰の元素は水と土の二種です。

これに対し、陽の元素である『空《ウツホ》』は動いて『風』となり、また変質して『火《ホ》』になりました。陽の元素は空風火の三種です。

だから陽の元素が集合してできた太陽は天近く巡り、陰の元素が集合して固まった月は地球近くにあるのです。

万物はすべて陽と陰の対象で成り立ち、また空風火水土の五元素で構成されることが、これでお分かりでしょう。御祖神はこの五元素を均等に配分して人類の祖を生み出されました。『アメノミナカヌシノカミ（天御中主神）』です。

あめつちいまた　わかさるに
ういのひといき　まどかにて
みつにあぶらの　めをわかれ
をまつのほりて　あめとなり
めはのちくたり　くにどろの
はにみづわけて　はにはやま
みつはうみなり　をのうつほ
かぜとうこきて　ほとはける
をせのむなもと　ひとまろめ
あちかくめくり　をにくばる
いものみなかみ　つきところ
はにちかきゆえ　めにくばり
うつほかせほと　みつはにの
ゐつましわりて　ひととなる

その子孫である人間も陰の女と陽の男に分かれ、交合することによって子を生むようになったのです」

とつぎうむ　のちはいもをせ

受胎の不思議 ~ 父のカリ波 玉島え シハスル時に チナミあひ

をははにむかひ
とつぐとき　かりのしじなみ
ほねあぶら　めはあにむかひ
きしわりの　かねのにしなぎ
とわたなす　ちちのかりなみ
たましまえ　しはするときに
ちなみあひ　ひるはにうえに
ひたのほり　よるはしうえに
みぎくたり　あずふためぐり
みめくりと　みそかにはみそ
みそひふみ　みかたりゆるむ
たらむとて　ははのつつしみ
をのいきす　よろみちむやそ
めのいきす　よろみちもやむ

「男と女は陽と陰であり、なおかつ天と地の関係にあります。男の精液は精神と活力を与えて新たな生命を発生させます。女の精血（卵子）はそれを受けて新たな生命体となります。

父親となる男の精子は子宮から卵管を昇って卵子と出会い、因みあって新たな生命が芽生えますが、後世の医学用語では受精、妊娠と言います。

妊娠から出産までは約一年ですから、仮に妊娠月を十二月と想定した妊婦と胎児の状態を取り入れて月名にした月があるので取り混ぜてお話ししましょう。

まずは、シ（精子）が走るので、十二月をシハスと名付けたのです。

受精した卵子は天体と同じく左から右への回転を始め、初日の昼間は卵子が上になり、夜は精子が上になって一回転します。この回転は一日毎に早まって行き、三十日目には三十回転となり、その後も回転上昇は続きます。

受精から一ヶ月を過ぎると妊娠の徴候が感知されるので、妊娠を察知したら母としての自覚を持って生活をしなければなりません。

元々人間の呼吸数は一日当たり、男で一万三千六百八十回、女ではすこし少なく一万三千百八十六回（＊後述の合計数からの計算上は一万三千百六十六回）ですが、妊娠期間には大量に酸素を必要とするので、呼吸数は日に三百六十回ずつ増えていきます。つまり二日目には七百二十回、三日目には千八十回、三十日で一万八百回と増え、三十八日目には一万三千六百八十回増えて、合計二万六千八百四十六回の呼吸数になってそれ以上は増えなくなります」

みたねゐて　ははにますいき
みをむその　あすはなをふそ
みかちやそ　みそかよろやを
みそやかに　よろみちむやそ
もととまし　ふよろむちやを
よそむたび　ましとまりて

受精卵の回転と妊婦の呼吸数 ～遂にタネ成る オノコロの

「さて、受精卵の回転は受精からまる二ヶ月を過ぎて三日間は上昇を続けます。受精卵は回転をしながら細胞分裂を繰り返し、どんどん肥大化しているので、不安定な状態ですから、何よりも母体を平静に保たねばなりません。次第につわりや悪寒におそわれるようになるので、重ね着をして体温を保つように心掛けます。妊婦が更《サラ》に着《キ》る時期だから、二月を『如月《キサラギ》』というのです。

　この回転上昇は六十四日目に六十四回転で最高に達し、それまでに合計千八十回（計算上では二千八十回。十四アヤでの記述と共に伝承上の誤りか？）も回転するのです。

　この段階に至って受精卵は人の種《タネ》とも言える『オノコロ（胎児）』になり、胎盤もできます。

みめぐりは　ふつきいたれば
みかはしり　しはさらにきる
きさらとて　ははのつつしみ
むそよかは　むそよめぐりに
きわまりて　みめぐりすべて
ちやそなり　つひにたねなる
おのころの

ゑなのへそのを
かわくるま　ややししおもり
めくりへる　あすむそみたび
つぎむそふ　ほそりめくりて
みつきには　みそことなれは
みかやすむ　みとりはなり
やよいさむ　やよもつつしみ
よつきには　このみうるうも
つつしみよ　ゐつきはもとの
ひとめくり　いはふよろむち
やをよそむ　はらおびのゐも

胎盤の構造は、胞衣《えな》が胎児を包み込み、胞衣の一部が絞られて臍《へそ》の緒となるのです。臍の緒は母体が回転する胎児を支えると共に養分を供給する、言わば河車《カワクルマ》(水車)の心棒のような役目を果たしているのです。

ただひと粒の細胞だった受精卵も、細胞分裂を重ねて胎児にまで成長すると重くなって、回転数は減り始めます。

六十五日目には六十三回転、その次の日には六十二回転と日毎に減り続け、三月を経過するころには日に三十九回転になります。ここで三日の間回転を停止して、胎児には人の姿が現れ、いわゆる嬰児《みどりご》になって性別も決まるのです。このころつわりは最も激しく、母になる自覚が強まります。妊婦が、八夜勇《ヤヨいさ》むことから、三月を『弥生《ヤヨイ》』と名付けたのです。

そして四ヶ月目には再び始めた回転も緩やかになり、嬰児の身も潤って安定してきますが、母になるという自覚は更に強まります。妊婦は身が潤《うる》う時期なので、四月を『卯月《うづき》』というのです。

五ヶ月目に入るとまもなく、元の一回転に戻ります。一日当たりの呼吸数は変わらず、二万六千八百四十六回のままです」

天踏《アフ》み～乾くゆえ　臍の緒管に　血汁通ふ

「この時期に腹帯を巻くのは、嬰児《みどりこ》に御魂が入って人としての精神を形成するという最も大事な時に当たり、母の精神集中が必要な時だからです。妊婦がサッサ帯を締める時期になったので、五月を『皐月《サつき》』というのです。

人の御魂とは、『天元の神《アモト》』が降される『荒御魂《アラミタマ》』と、月から降される『和魂《ニギタマ》』、それに両親から受け継ぐ『火《ホ》』で、陽の元素である空風火を主成分とするこの三要素が合わさって嬰児に注入されるものなのです。

こうして陽の因子が整って人格を形成する御魂が入ると、嬰児がいる胎盤内は羊水で満たされ、あとは『土《ハニ》』を主成分とする肉体の形成に移るのです。

六ヶ月目に入ると体内が乾いてきて水分を求め、臍《へそ》の緒の管に血液が通うようになります。妊婦は乾いて水《ミナ》が尽《ツ》きるので、六月を『水無月《ミナツキ》』と呼ぶのです。

七ヶ月目にはその血液が煮詰められて、『五色土《キイロハニ》』を主成分とする臓腑の元が形成されます。そして嬰児の体位は倒立し、天（ア）を踏むような姿勢になります。だから、七月をアフミ月、後世は省略されて『文月《フミツキ》』と呼ぶようになります。この時節も母としての自覚をしっかり持っていなければなりません」

つつしみよ　あもとにまねく
あらみたま　つきのにこたま
たらのひと　みつましはりて
こころいき　なりてみつかふ
つゆあふれ　むつきいたれは
かわくゆえ　ほそのをくだに
ちしるかふ　なつきちおにて
ゐいろはに　これくらわたと
あふみなす　ここもつつしみ

十二葉《ツフハ》そなわる ~ ハハはウツホ音

「八ヶ月で『十二葉《ツフハ》』（命門と五臓六腑）が完成するのですが、身体各機関が独立した機能を備える過程は重要なので、心して聞いて下さい。胎児の臓器（ハ）が備わってくる時期なので、八月を『葉月《ハづき》』というのです。

やつきにて　そふはなりはの
はなるとき　ははのつつしみ
これなるぞ

新たに生まれる人間の肉体『ハ』は、五元素の内の土《ハニ》が主成分となってできるのです。また身体各機関も『ハ』と呼ばれます。だから胎内にこれを宿して守り育てる身を『ハハ』と呼ぶのです。

女親を表わす言葉には、『ハハ』のほかに『タダ・カカ』がありますが、すべてア列の重複語です。ア列は空《ウツホ》であり、空を通じて天と直結していることを意味しているのです。これらの言葉は、天上の神から命を授かって子が生まれるという思想から発しているのです」

父母の役割～ちぎり親しむ　トトカカぞ

「『ハハ』は新たな人間の個体を生み出す存在であり、また『タ』は春の季節を、『カ』は秋の季節を示しており、天から春のような活力を頂いて嬰児《みどりご》に植え付ける立場なので『タダ』と呼び、また天が人に求める秋のように精錬潔白な志を嬰児に植え付ける立場なので『カカ』とも呼ぶのです。

これに対し、男親のことを『チチ・テテ・トト』と呼びますが、これはすべてタ行の重複語です。すなわち天の霊力である『チ』と、太陽の如く照らす力である『テ』と、天地自然の摂理である『ト』を嬰児は男親を通じて受取るのです。

両親のことを『チチ・ハハ』、『テテ・タダ』、『トト・カカ』と呼ぶのは、天上

またただは　ははうつほね
はにあみて　はるのそらねお
ただといふ　いだくにたれば
いつくしに　かかはあきのね
かかげあかせる
こころさし　ちちはちてとの
をしてなり　ちちははあめお
はにあみて　つらなるみやび
ててただよ　ちぎりしたしむ
ととかかぞ

の神から指名されて、今お話ししたような資質を嬰児に植え付ける役目を、共同で行なう男親・女親であるということなのです」

妊婦の呼吸数 ~ 姫の嘆きは 子お思ふ 風の灯火

「さて、九ヶ月になると、嬰児《みどりこ》には眉目形《みめかたち》も声も備わります。十ヶ月を過ぎればあとは人として完成するのを待つばかりとなって、十二ヶ月目の月が満ちる時に生まれて来るのです。

このような摂理《せつり》が働いて人は誕生するのですが、これが御種書《ミタネフミ》の内容です」

ミホヒコの講義が一段落しました。

おりしも姫はつわりの時期に差し掛かっており、生まれ来る子を思い、姫の心理状態は風にゆらぐ灯火のごとく、また鶏卵を積み上げていくがごとく、不安におののき心乱れて日を過ごしていました。

時により水を乞い、あるいは酢を乞い、動悸息切れや、のぼせに悩まされるかと思うと、手足が冷えて寒気に襲われました。食欲もなく、胸の痛みや目の眩《くら》みに終日悩んでいました。

たまに気分が少し良い日には、豆を床に撒いてそれを一粒ずつ拾い集めました。豆は忠実《マメ》に通じ、精神を集中させる効果があると言われており、億劫《おっくう》なのを我慢

　　　　　こつきみめこえ
そなわりて　とつきくらいし
そふつきは　つきみちうまる
みたねこれなり

おりしもに　ひめのなげきは
こおをもふ　かぜのともしひ
たまこつむ　やすきひもなく
みつおこひ　あるはすおこひ
ゐだひえて　つらにのほせは
むなさわき　ひめもすなやみ
みけたべず　むねのいたみや
めのくらみ　たまによきひは
まめひらふ

してその作業を行なっていましたが、姫には一つ心配事があったのです。

それは姫の呼吸数が、ひと時（二時間）に四十回ほど少なく、一日に換算するととても二万六千八百四十六回に達しないことでした。姫はその原因が病によるのではないかと思い煩っていたのです。

ミホヒコは姫の呼吸を計り、乳や腹を触診した上でニッコリと微笑んで言いました」

男児の場合～実成る男の子は　日のミタマ

「心配にはおよびません。呼吸数が足りないのは御胎内《おなか》の子が女の子だからです。
ご夫君は常々私にこう語っておられました。
『最初の子は女の子が欲しいものです。女の子であれば、将来タヂカラヲ（手力雄神）のような屈強な男性と結婚して多くの子を持ち、家門の発展をもたらしてくれるでしょう。そうなれば私の生涯は喜びに満ちたものになるのです』
だからあなたが女の子を身籠もられたのは、ご夫君が望まれた通りの結果です。
確かに実を得るには花を咲かせなければなりません。家門の興りにはまず女の子が花となって、家長の男子という結実をみるのです。
胎児の性別がどのようにして決まるのか説明しますと、男の子が生まれる時に
つつしみて　このいたわりも
いまわがみ　よきとしのべど
よそじほど　いきすひととき
かなしさよ　やらぬやまふの
いきすみて　こもりはひめの
ゐみすかほ　ちはらおなでて
ひめみこよ　いきすたらぬは
とこかたり　これとのきみの
まうけらん　われひめみこお
まねかんな　たちからわこお
かどひらき　わがよろこひの
むねのはな　しかはもふけの
みなるをのこは

は、まず胎内に日の御霊《みたま》が降って陽となります。胎内には御柱があって、日の御霊である陽はその御柱に向かって左側にいて陰を招きます。

胎内に陰が招き入れられると、陽は御柱の周りを回り始め、陰を包み閉じ込めます。すると御柱に花茎が生え出て来るのですが、これが男根であり、男の子が生まれるのです」

女児の場合〜 女の子には 女の目より受く 月ミタマ

「女の子が生まれる場合には、先に母の眼から月の御霊《みたま》を受け、胎内を潤《うるお》し陰となります。陰は御柱を背にしています。後に陽である日を受けると陰は先に御柱の周りを回転し始め、陽を包み閉じ込めてしまうので、花茎はできずに内側につぼみます。これが女陰であり、女の子が生まれることになるのです。


ご承知の通り女性は陰であり月なのです。月は陽である日よりも角度にして一日当たり十三度ほど遅く巡ります。

先に日々の呼吸数の増加は三百六十回と説明しましたが、これは男の子を孕んだ時のことで、胎児が女の子であれば、呼吸数の増加も十三回遅く一日当たり三百四十七回になります。毎日この割合で増え、二十九日目までに一万六十三回増えるのですが、三十日目に一回戻ります。そして三十一日目から三十三日目ま

ひのみたま　まつこもりくの
みはしらに　むかひたにゐて
めおまねき　をまづめぐりて
めおつつむ　めがせばまりて
はゑいつる　はなくきはしぢ
をのはしめ　をのこうむなり
めのこには　めのめよりうく
つきみたま　みやおうるほし
そむきいて　のちうくるひの
まじわりは　めまづめぐりて
をおつつむ　をはしぢならず
たましまが　うちにつほみて
めのはしめ　めのこうむなり
めはつきの　おそくめぐれは
ひひのまし　みをよそなづつ
ふそこかは　よろちむそみの
みそかには　ひとつもどりて

での三日間は一日当たり十九回戻り、三十四日目にはまた一回戻ります。このような変化を経て、三十五日目からはまた一日当たり三百四十七回の増加になり、四十日目の総呼吸数は二万六千三百七十二回で最高に達するのです。

　これは胎児が男の子の場合よりも二日遅れで、また総呼吸数は四百七十四回少ないので、ひと時にすると約四十回少ないのです。だからあなたの呼吸数が四十回ほど少ないのは、胎児が女の子だからで、病気の心配はまったくないことがこれでお分かりいただけたと思います」

妊娠期間～男の子は年に　女は十月

「あなたはすでに胞衣《えな》の巡りも一回転に戻っていますので、やがて元気な女の子が生まれるでしょう。

　話は変わりますが、アマテル大御神《ヲ、ンカミ》は母イサナミの胎内に九十六ヶ月おられました。あなたの御夫君コヤネは百ヶ月もおられました。サルタヒコに至っては十六年間もいたのですが、これは例外中の例外です。

　一般に男の子なら一年、女の子なら十ヶ月で生まれます。呼吸数さえ正常なら安産が約束されています」

　ミホヒコの講義にすっかり心の平静を取り戻したヒトリ姫は、わが身の心配か

みそひより　みそみかまでも
みかのうち　ひにそこもとり
みそよかも　ひともとりして
さづめへり　みそゐかよりぞ
ひひのまし　みをよそなり
よそかには　もとましともに
ふよろむち　みをなそふにて
みちきはむ　ゐなのめくりも
なそらえて　やかてうまれん
ををんかみ　こそむつきます
このこやね　ももつきませり
たちからを　みそむつきます
さるたひこ　そむとしおれど
これはまれ　をのこはとしに
めはとつき　いきすよければ
うむもやすきぞ

ら離れて一般的な疑問に目を向ける余裕を取り戻し、質問しました。

身の脂～民のため　心尽くして　あぶら減り

「庶民には子だくさんの家庭が多いのに、神と呼ばれる高貴な家柄では、子ができなかったり、継ぎ子に恵まれないことが多いのは、どうしてなのでしょうか」

　ミホヒコは再び講義を始めました。

「そのご質問について、アマテル大御神《ヲヽンカミ》の正后セオリツ姫がどのように慎みをもって対処されたかを例に挙げてご説明しましょう。

　一般庶民の場合には、仕事柄身を粉にして働いたとしても心労は少なく、身の脂《あぶら》は充分に貯えられて、子を得ることができます。それに対して国守《クニカミ》などの要職にある者は、民のために心を尽くして、その心労によって身の脂が消耗してしまうので、子種ができにくくなるのです。

　身分が高いと下の者が羨みます。高い身分になりたいと思っても、そうそう思い通りに行くものではなく、自分の才能や努力のなさを棚に上げて、法制度を恨んだり、君のせいにしたりします。そのような恨みつらみの心を向けられることが障害になるのです」

またのとい　たみはこさわに
かみとのの　こなきはいかん
こもりまた　せおりつひめの
つつしみに　たみのなすわざ
みおくだき　はたらくとても
こころむく　あぶらさかんに
こおうるぞ　くにかみなどは
たみのため　こころつくして
あふらへり　こたねまれなり
たかきみは　しもかうらやみ
かなはねは　おきておうらみ
きみそしる　これもあたなり

妬む心に住み着くイソラ～子種うたれて 流れゆく 或は片輪と なすイソラ

「後宮の若い侍女の中に、妃をやっかむような者がいると、大変なことになります。このような『寒女《サムメ》』は妃に対してばかりでなく、筆頭の侍女がまめまめしく傅《かしづ》いていることをも恨み、宮廷内に蔓延《まんえん》した恨みの不穏な空気は、全国に波及していき、万民の心を覆うのです。

そして万民が君の恵みを忘れ、恨み妬みの心を蔓延させると、ついには朝廷の庭に植えられている桜の開花を妨げるのです。

朝廷の桜が咲かなかったら、万民が恨みつらみの心を持っていることを感得しなければなりません。

宮廷内の人々が希望に満ちた国にしようと力を尽していても、このような愚かな女一人によって、国政はあらぬ方向に動いてしまいます。

だから朝廷には多くの桜の木を植えて、人々に恨みの心が有るか無いかの判断をしているのです。

愚か女の妬む心には、イソラという魔物が入り込んで住み付きます。妊娠中の妃が愚か女に妬まれると、イソラに子種を鉄杖《てつじょう》で打たれて流産したり、あるいは不具の子になってしまうのです。

妬む愚か女の呼吸数は日に一万三千回で、一般女性の呼吸数よりも少なく、妬

うちみやの　あおめのいぶり
けおさます　そばのことしろ
まめなれは　これおさむめが
うらむなり　きみがめぐみも
ついわすれ　うらみねたむの
にはさくら　さかずはしれよ
よろたみの　うらめんめどの
よろさくら　あめにうゑてし
おろかめが　ねたむいそらの
かなつゑに　こたねうたれて
ながれゆく　あるはかたわと
なすいそら　ねたむそのいき
ひよろみち　むれてうろこの

む心が高じると鱗に覆われた大蛇《オロチ》のようになっていきますが、これが蛟《ミツチ》と言われるイソラの正体で、イソラ等のハタレは呼吸数の乱れに乗じて入り込むのです。

イソラは呼吸数の乱れを窺って膣口から子宮に入り込み、受精卵を噛み砕いてしまうので、子種が正常な発育をせず、不具になって生まれてきてしまうのです」

花の心～君の心と 我が花と 相ふや相わぬや あゑ知らず

「とかく貧しい者は、自分が求めても得られない富を持っている他人を羨みますが、その心が募ると恨みに変わって挑戦的になり、恨む相手の種を滅ぼすという仇《あだ》を為しますが、他人を妬めば、日に三度も炎を食らうような激しい焦燥感《しょうそうかん》に襲われ、自分の身も痩せます。

こうして妬む側も妬まれる側も皆、身に災厄を負うことになるのです。

例えば君に仕える若い侍女たちは、君の心に沿って自分自身を五色の花に染め上げます。君の心が青であれば青い花を愛で、黄であれば黄色の花を愛で、赤ければ赤い花を愛で、白であれば白い花を愛で、黒であれば黒い花を愛でます。そして君は自分の色に染まった侍女を寵愛するようになるのです。

侍女が君の心の色と合った花になれるか否かは誰にも分かりません。すべては天の采配《さいはい》というべきでしょう。だから、他人を恨むのは筋違いです。

おろちなす　たましまのひま
うかかひて　こつぼにいりて
はらみこお　かみくだくゆえ
たねならす　かたわうむなり
まづしきは　およばぬとみお
うらやみて　うらみのあだに
たねほろぶ　ひとおねためは
ひにみたび　ほのほくらひて
みもやする　ねたむねたまる
みなとがぞ　たとえばはべる
あおめたち　ゐいろのはなぞ
そのきみの　こころあおきは
あおにめで　きなるははなの
きおめでし　あかきははなの
あかにめで　しろきははなの
しろにめで　くろきははなの
くろおめず　おなじこころに
あいもとむ　きみのこころと
わがはなと　あふやあわぬや

それは妃であろうとも、身分の上下には関係なく、ただ色が合う女性を求めるのです。

ですから、君が他の女性を召した時には、なぜ自分が召されなかったのだろうかと、自分の心に何度も問い掛けて反省し、納得すれば他人を恨む気持などは起こりません。女性の慎みとはこういうことなのです」

慎みの大切さ～花と花　打てば散るなり

「世の女性たちはこの原理をよく知らねばなりません。君と侍女の関係を花の色に例えましたが、花ですから永遠に咲き誇るわけではなく、自ずと盛りの期間があります。ひとたび君の色と合って召されたとしても、花が萎れて散ってしまえば塵と捨てられます。もはや君の心は他の花盛りの花に移ってしまったのです。

このように、花に例える人の身も、それを愛でる人の心も移ろうものですから、花は散って当然と覚《さと》るべきで、他人を恨む筋合いではありません。

もしこれを思い違いして他人を恨むと、その相手の子種を断った上、身に禍《わざわい》を及ぼすことになるのですが、当の本人は自分が太刀を持ったり、鉄杖で人を撃ち殺すような行為をしているとは、露ほどにも感じていないのです。

女性は一途に思い詰めますが、思い通りに行かないと、往々にして妬みの心が

あえしらず　てれはうらむな
あげらるも　ゑもべもよらづ
もとむなり　てればめずとも
いくたびも　おそれてのちは
うらみなし　つつしみはこれ
もろひめら　まさにしるへし
いろのはな　ひとたびめでて
はやちれは　ちりとすてられ
よそのはな　めずときはその
はなさかり　つらつらおもえ
みのはなも　ひともうつれば
ちるはなぞ　たれさしうらむ
ひともなし　もしあやまれは
たねたちて　みとがめあれど
そのひとは　まだたちもたず
つゑうたず　ひとうちころす
ゆえもなし　めはひとみちに
をもえとも　ねたみわつらふ

湧き起こってきて、胸の炎が大蛇《オロチ》から蛟《ミズチ》になってその相手の子種に噛み付きます。
このような害を蒙《こうむ》ることなく、立派な子孫を遺すために、この世継ぎ書『御種文』は書かれたのです。これは女性が持つべき慎みを主要テーマとして書かれています。女性同士は花と花ですから、打ち合えば互いに散ってしまいます。ですから、女性は常に慎みを持って生きなさいという教ゑで、絶対に忘れてはいけないことなのです」

むねのほが　おろちとなりて
こたねかむ　さわりのぞかん
よつぎふみ　つつしむあやの
はなとはな　うてばちるなり
もろともに　つねにつつしみ
なわすれそこれ

帯の締め方～帯はヰワミの 固めなり 男は下あわせ 女は上ぞ

滞在中のミホヒコに、鹿島神タケミカヅチは最も信頼を置く家臣を従者として仕えさせ、ヒトリ姫の宮近くに宿舎とする屋敷を用意していました。姫の体調が安定してくると、ミホヒコは姫を見舞う間隔を少しずつ延ばし、時たまぶらりと様子見に宮を訪れるようになりました。姫に余計な気を遣わせぬよう、ミホヒコの配慮によるもので、その間ミホヒコはタケミカヅチやフツヌシとの親交を深めていました。

はらみこお　とひうるための
たひやどり　あるひひめかみ
またのとひ　おしえのおびは
わさありや

姫は一人でいる時間は世継ぎ書を学習していましたが、ある日ミホヒコに新たな質問をしました。
「妊婦用の帯についての教ゑが世継ぎ書に書かれていますが、この帯には特別な締め方や心得があるのでしょうか」

コモリはこの質問に次のように答えました。

「第五代タカミムスビのトヨケ大神は、日本人の衣服について総合的に教ゑを書き残していますが、その中で帯についても次のように述べておられます。

君・臣・民は身分によって衣服が違いますが、帯は五体をしっかりと安定させるという点で共通です。ただ、男女による違いがあり、男子は帯を下合わせに、女子は上合わせに締めるのが正しい締め方です」

孕みの帯、ケフの細布～これは息吹の 成るモミジ

「孕《はら》みの帯は、トヨケ大神がカツラギ山に籠もって世継ぎ社で御種を祈られた時（四アヤ参照）に、天からニイ鳥（丹紅色のイトリか）の羽が一本落ちて来ました。トヨケ大神はこれを天の啓示と受け止め、天御祖神《アメノミヲヤカミ》が天地を創造された場面をイメージされたのです。

天御祖神の息吹によって全山紅葉した情景は次第にズームアップして、トヨケ大神が祈っているカツラギ山と重なり合い、紅葉はイ鳥の羽に変化しました。

我に帰ったトヨケ大神は、ニイ鳥の羽を裂きほぐしてみると、片側の羽脈が二十四筋ありました。較べてみると他の鳥の羽は皆十五筋で、こんなに多くの羽

こもりこたえて
たまきねの　をしゑのおびは
みみのはに　しなわきまえて
くにをさむ　おびはゐわみの
かためなり　をはしたあわせ
めはうえぞ　はらみのおびは
かつらきの　よつきやしろに
みたねのる　ときにあめより
にいとりの　ひとはおつれは
あまつのり　これはいふきの
なるもみぢ　ばけてかつらき
いとりやま　はねさきみれば
ふそよすぢ　かずそなわれと
つねあらず　もろとりみれは
そゐにさけ

脈を持つ鳥の羽は他にありません。

トヨケ大神は天上の神が降された暗示が解けず、考えあぐねていましたが、ある日領国の日高見へ、他州《クニ》から番《つが》いの鶴が献上されたと報告があったので、早速一本づつ羽を抜いて届けるよう命じ、その羽を裂きほぐして数えてみると、思った通り二十四筋でした。

トヨケ大神は改めて天上の神が降された暗示の意味を考えて、ある想念に到達するに至りました。早速多くの鶴の羽を集めて撚《よ》り直し、雄鶴の羽を縦糸に雌鶴の羽を横糸にして、ケフの細布（現代アンギンと称する織物か?）を織り上げ、妊婦の腹帯としました。

ひたかみにつる
たてまつる　はねさきみれは
ふそよなり　かれもろはねお
よりたたし　をつるおたてに
めおよこに　けふのほそぬの
おりもつて　よそやそなはる
みはらおび

二十四筋の羽は、その一筋一筋に天上の神が宿り、それを縦横の糸として織り上げた布は、天上の四十八神すべてを招き寄せて妊婦と胎児を守るのです」

四十八《ヨソヤ》そなわる ～ 障れど帯に 調ひて

「人が人として生まれるには、身体機能や頭脳や性格など、あらゆる資質を具《そな》えることによって、はじめて個体としての人間が成り立つのですが、それは天上に坐《おわ》します四十八神がそれぞれ分担協力して、作り上げるものなのです。四十八神から完全な形ですべてを与えられることを『四十八そなわる』と言い、理想的な人間として生まれるのです。

トヨケ大神が日本国家の次代を担うべき優秀な皇子の誕生を願って織り上げたこの腹帯を初めて使ったイサナミは長孕みをし、九十六ヶ月かかって誕生されたのがアマテル大御神《ヲヽンカミ》です。

その九十六ヶ月の間に、種々のハタレマが噛み砕こうと、虎視眈々と狙っていたのですが、腹帯がその害から守って無事に四十八そなわってお生まれになりました。

この例に倣《なら》って妊婦が腹帯をするようになったのです。

今、姫君にはこれと言って障りがあるわけではありませんが、この先無事に出産を経て母子共に健康を保つ、いわゆる『四十八そなわる』状態となるには、天の法則に合致した呼吸数を保ち、母子の身体を正常に養わねばならないのですが、その効果を最も良く発揮するのがこの帯で、これを『イキスヒタチとなす帯』と言います」

ははのいざなみ　ながはらみ
こそむつきへて　うみたまふ
あまてるかみぞ　はたれまの
さはれどおびに　ととのひて
よそやそなはる　そのためし
てれはひめきみ　さはらねと
いきすひたちと　なすおびぞ

イキスヒタチとなる帯～父の丈　較ぶる帯は　母の息

ヒトリ姫の父タケミカツチは、暇を見つけては姫に付き添っていました。この日も姫の傍らに座ってミホヒコの講義に耳を傾けていたのですが、はじめて口を挟み、訝《いぶか》しげにミホヒコに質問しました。

「その『イキスヒタチとなる帯』をするとイキス（呼吸の回数）が整うということ

ときにみかつち　いぶかしく
いきすひたちと　なるおびの

とですが、帯をするとしないとではイキスはどう変わるのでしょうか」

　ミホヒコは姫とタケミカツチの両者に向かって説明を始めました。

「昔、トヨケ大神が次のように仰せになられました。

『ケフの帯は天から人間界に授けられたものであるから、天の法則に則って父の身の丈と同じ長さにすべきです。そうすれば、母のイキスは自ずから整うのです。それは父を通じて天のエネルギーを受け取り、母の胎内で土を主成分とする肉体にそのエネルギーを注入して育つのが子だからなのです』

　言い換えると、生まれ来る子にとって、天を頂いて注いでくれるのが父の恵みであり、それを本来は単なる物質である土に載せて生命体にしてくれるのが母の慈しみなのです。

　祖父トヨケ大神からイサナミに伝えられ、自分が胎児の時に初めて使われたこの『イキスヒタチとなる帯』のことを忘れてはいけないと、アマテル大御神は、自ら二十四筋の糸を撚り合わせて、雄鶴を縦糸、雌鶴を横糸として羽二重の衣を織られ、いつもこの衣を召されました。そして毎朝天地の神をお祀りして両親に仕えたのです。

　アマテル大御神がそうなさるのは、この帯が母と自分を守ってくれたからこそ無事に生まれてくることができたのだと確信されてのことなのです」

　　　　わざにいきすは
いつこえか　ときにこもりの
こたえには　むかしとよけの
のたまふは　あめよりさつく
けふのおび　あめにのとりて
ちちのたけ　くらぶるおびに
ははのいき　ひたちとなるは
いたくなり　あめにうなづき
はにあみて　つらなりそたつ
このためし　ちちのめくみは
いたたくあ　ははのいつくし
のするはに　あまてるかみも
わすれじと　いとふそよすぢ
よりあはせ　めをはふたえの
みはとおり　このみはめして
あさことに　あめつちまつり
たらちねに　つかふみこころ
そのきみも　これともうせは

羽二重と身の丈～今幸いの 教ゑ得る

ミホヒコの説明に納得したタケミカツチは喜んで、自分もケフの布を織ろうと思い立ちましたが、ふと気が付いて家臣の中で番頭格の男を呼んで聞きました。

「たしか我が家にも羽二重があったような気がするが、無かっただろうか」

　番頭格の男も記憶が定かではなく、宝倉を開いて探してみると、アマテル大御神《ヲヽンカミ》からの賜物として大切に保管されている羽二重が二反出て来ました。

　タケミカツチはミホヒコとヒトリ姫に弁解するような口調で言いました。

「アマテル大御神から授かったのですが、仕立て方も使い方も分からず、天から授かった反物を仕立てて着るのも畏《おそ》れ多く、こうして仕舞い込んだまま、危うく朽ちさせてしまうところでした。今、幸いにミホヒコ殿から教えを頂き、羽二重というものの最も適した用法を知ることができました。

　ところで、姫はカスガマロの身の丈を存じておるか？」

「はい。夫の身長は一丈二咫五枳《ヒタケフタキキ》（約二メートル四〇センチ。当時の平均身長より約八十八センチ高い）でございます」

　居合わせた人々は感嘆して言いました。

「予《か》ねてお聞きしていたアマテル大御神《ヲヽンカミ》の身長と、まったく同じではないですか」

　姫は嬉しそうに言いました。

「背格好も天の配剤で決まるのですから、我が夫がアマテル大御神と共通点を持っ

みかつちも　よろこびけふの
ののおらん　いわくはふたゑ
あらさるか　こたえてひらく
たからとの　うちよりいづる
はふたゑは　きみのたまもの
ふたはあり　なすゆえしらず
あめのはお　きるもおそれて
くちんとす　いまさいわいの
をしゑうる　ひめはこやねの
たけしるや　しれりひとたけ
ふたゐきぞ　かねきくうえの
をんたけと　うまれあひたる
みめくみと　もろのたまえば
いめがみに

ているとは、何と有難いことでしょう」

　父タケミカツチも喜んで、早速羽二重をカスガマロの身長と同じ丈の帯に仕立てさせたのです。


　その腹帯をすると姫の身のイキスはヒタチ（乱れないこと）となっていくことが実感できました。こうして天の法則から生命学、更には妊婦の心得までを習得した姫は、心安らかに出産の日を迎えるばかりとなりました。姫はミホヒコに出産時にはどうしたらよいのかを聞きました。ミホヒコはこう答えました。

「そのことに最も精通しているのはヤスヒコ（勝手神）殿です。私の役割は終わったので、これで帰りますが入れ替わりに産科医のヤスヒコを降されるようにアマテル大御神に進言致しましょう」

石椎の剣 ～ 驚き「我は　道の弟　コヤネの親も　我が親」と

　ミホヒコの帰朝日程が決まって旅支度をしていたある日、タケミカツチは館で饗宴を催しミホヒコを招待しました。

「ところで」

　タケミカツチは改まった口調で切り出しました。

「私は生まれつきの大柄で身の丈も一丈六咫あり、力技では常人が一万人掛かり

いとありかたと
ゑみすとき　ちちよろこびて
はふたゑお　みたけのおびと
なしたまふ　はらおびなせは
みのいきす　ひたちとなりて
ひめのとひ　うむときいかん
こもりまた　これはかつてが
よくしれり　われかえるのち
くだすへし　あるひみとのに
みあえして　こもりおまねき
ものかたり　わがうまれつき
みのたけも　ひたけむたあり
ちからわざ　やたのひとらの
よろひきの

で引くような岩を投げ飛ばし、強さは雷神をも拉《ひし》ぐと称えられ、アマテル大御神《ヲヽンカミ》から褒賞としてふた振りの剣を賜ったことを誇りにして参りました。

今、謙虚にわが身を振り返ってみますと、何の取り得もない、ただの老いぼれ神です。男盛りで颯爽としているミホヒコ殿に引き比べてみると、何も知らない赤子が初めて教導を受けたのと同じ心境です。この年になって初めて人の道を学ばせていただいたお礼として、『石椎《イシヅツ》の剣』一振りをお贈りするので、どうぞお受取り下さい」

すると、ミホヒコは驚き畏れ入って辞退しました。

「お礼なんてとんでもないことです。私はまだまだ未熟者で、カスガマロ殿には道の弟として教えを頂いております。そのカスガマロ殿の義父に当たる貴方様なら、私にとっても親と同じなのです」

タケミカツチはなお恥じ入りながらも必死に進めミホヒコもその様子から、これ以上辞退してはかえって失礼かと考えて、剣を拝んで戴いたのでタケミカツチは安堵し、ニッコリと微笑んで言いました。

「倉を成しても世継ぎ子なく、わが家系は絶えてしまうものと、覚悟を決めておりましたが、姫を通じて家系が保たれるという、世継ぎの道を聞かせていただきました。」

男女を問わず、まさしく子は宝です。その子宝を授かる上で最も大切なイキスの教ゑを受けたこの宮を『息栖宮《イキスミヤ》』と名付け、カスガマロと姫にここを本拠とし

いわをもなげて
うつろいも　ひしげはたまふ
ふたつるぎ　いまふしみれは
をきながみ　さかるこもりと
くらぶれは　われはあかごの
みちうけて　ひとなるかえの
いしづつを　すすめうやまふ
ときこもり　おとろきわれは
みちのおと　こやねのをやも
わがをやと　かえものうけず
みかつちは　なおはぢすすむ
こもりみて　つるきおおかみ
いたたけば　みかつちえみて
くらなして　まつりたえんお
ひめありて　よつぎみちきく
こはたから　いきすもしれは
いきすみや　こやねとひめと
ここにおき

てもらい、私は隠居所を設けて住むことに致します。フツヌシもカスガマロを跡継ぎにと考えていますので、共に隠居してヒタチ帯を後の世に伝えていきたいと思います」

こうして別れの挨拶も済んで、ミホヒコはイサワの宮のアマテル大御神の下へ帰って行きました。

われはのちやに
ふつぬしと　ひたちおびなし
さつけんと　かたりとことも
ととのひて　こもりはあめに
かえりけり

イキス宮とカシマ宮～モノノベが めでて造れる 鹿島宮

その後タケミカツチは『カトリ（香取）宮』に行って相談し、フツヌシと一緒にヒタカミに向かいました。オシホミミの君に先の計画を報告すると、君も喜んで賛成なされました。

君はまた、『イキスヒタチとなる帯』の話に大いに感銘を受けられ、早速ケフの細布を織るように命じられました。

国家祭祀であるタカマの祭りを、アマテル大御神《ヲヽンカミ》から預って代行しているオシホミミは、織り上がった帯を天上の神々への供え物とされたので、タカマノハラの仮宮は『ヒタチ（日立）の宮』とも呼ばれるようになりました。

のちにかとりの
みやにゆき　かたりてともに
ひたかみに　つくれはきみも
よろこびて　けふのほそぬの
おらしむる　たかまのはらの
かりみやに　おびたまわれば
もろかなも　ひたちのみやと
もののへが　めでてつくれる
かしまみや　こやねとひめと

長らくタケミカツチの傘下にあった軍事集団モノノベの人々は、ミカツチの功績を称え、またその家系が保たれることになったことを祝って、『鹿島宮』を建造して進上しました。

カスガマロと姫の本拠はイキス宮となりました。姫はこの宮にいて、妊娠女性にイキスの原理と慎みを教えたり、病める妊婦には薬を施したりして世に尽したのです。

いきすみや　ひめはもろめの
はらむとき　いきすつつしみ
をしゑます　やめるはくすり
これおうく

ヒタチ帯とアマノコヤネ～謹みの　ヒタチ帯こそ　いとも畏こし

香取、鹿島、息栖、それぞれの宮では領内の人々にヒタチ帯を広め、民間ではこれをイハタ帯という名で呼びました。この帯が妊婦の五臓六腑を守り胎児を育むというほどの意味です。後にイハタ帯の丈は一般男子の標準的な身長の八咫《やた》（約百五十二センチ）に統一標準化されて普及しました。

また、生まれ来る子がマメ（忠義で丈夫）であるようにとの人々の願望が込められ、妊婦は遊びとして豆を拾えと教えられました。

平和と繁栄の治世を背景に、国家としても人口増加の要求が高まっており、十二人の子を生んだ母には『月の位』という特別褒賞を与え、また三つ子が生まれると『三光の幸いあり』として、天に届け出た両親に褒美を取らせる制度を設けてあまねく触れました。

これは次アヤに説明される通り、両親とは『[illegible]のヲシテ、三光丸の内に入る』と『上下反す[illegible]のヲシテ』に由来しているのです。

　　　　　かとりとかしま
いきすみや　たまふひたちの
おびのなも　ゐはたおびとぞ
たけやたは　やそよろをのこ
なれたけぞ　はらみのうちの
あそひには　まめおひろえよ
まめなるぞ　もしもそふこお
うむははは　つきのくらいそ
ひとはらみ　みつこおうめは
みひかりの　さいわひありと
あめにつぐ　あまねくふれて

こうして、ホツマ州がカスガマロ夫妻を領主に頂く新体制が確立されると、フツヌシは領地カトリ邦《クニ》をすべてカスガマロに授けてお亡くなりになりました。タケミカツチもお亡くなりになる前に、カシマ邦のすべてをカスガマロに授けられました。また、カスガマロの実父、春日殿ココトムスビは各地に持っていた領地と共に、『魂返しの奥法』をカスガマロに授けられました。

これにより縄文日本における大氏族の中でも、有力な三氏族が領有していた領地と祭祀権がカスガマロ一人に集中し、カスガマロは日本国随一の領主かつ祭主となったのです。

先にも申し述べました通りタケミカツチは、姫が生まれた時に母が懇願しても名を付けず、

『たった一人なのだから、姫は姫でよい。また生まれたらその時は、紛れないように斎名を付けよう』

とばかり言っておられました。

義父タケミカツチを敬愛するカスガマロもまたこれに倣って、最初に生まれた女の子を姫君と呼び、次が生まれた時に初めて斎名を付け、この情味あふれる事象は代々踏襲されて家伝となっていったのです。

妊婦が胎児を守り育てるためのヒタチ帯というものは、ここに記した通りの発生と由来を持つ、日本文化の伝統を受け継ぐ貴重な遺産なのであります。

ほつまくに　をさまるのちに
ふつぬしの　かとりのみちお
ことことく　こやねにさつけ
かくれます　かしまのみちの
おくもみな　こやねにさづく
かすがとの　たまかえしなす
おくのりも　こやねにさつく
このゆえに　よものまつりも
おのづから　ひとりにつけり
かしまかみ　ひめうむときに
ははがなお　こえどなづけず
まれひとり　ひめはひめなり
またうまは　まきれんために
いみなせん　まつひめかみと
ばかりいふ　ゆえにこやねも
よよのりと　はつはひめきみ
つきのなも　たえのおくのり
つつしみの　ひたちおびこそ
いともかしこし

次刊予告

『はじめてのホツマツタヱ　地の巻』

平成二十八年春頃発売予定

天朝はニニキネからウガヤフキアワセズの時代。本巻では、国家運営の要諦となる数々の教えが次々と紹介されていく。ヤタ鏡、剣の意味、宮造りや竈神の真意など、他書に見えない思想哲学に注目。天下りした天火明命とニギハヤヒの関係や、海彦山彦の確執、カモヒトことウガヤフキアワセズとタマヨリ姫など、神武天皇に至る複雑な系譜が緻密に語られ、目から鱗が落ちる。ツミハヤヱコトシロヌシやアマノコヤネなど重臣達の活躍も活き活きと描写。

『はじめてのホツマツタヱ　人の巻』

平成二十八年夏頃発売予定

地巻の最後にアマテル大御神が崩御。マサカキも枯れ尽き、天朝には不穏な動きが。ツクシを治めていた神武天皇は決意して「ヤマトウチ（東征）」に立つ。神武天皇の仁政で天朝は安泰を取り戻すものの、豊かさからの人心の緩み、新興勢力との確執など、後継する朝廷には困難がつきまとう。時代は崇神天皇を経て景行天皇に至り、ヤマトタケの出番となるが、父祖と臣民の期待を背負う活躍は、やがて悲劇の終末を迎える。最後に明かされるソサノヲとの宿縁とは。

おわりに

私がホツマツタヱと出会ったのは、昭和六十一年秋に、松本善之助氏の著書『秘められた日本古代史ホツマツタへ』正続二巻（毎日新聞社発行）を書店で見出した時です。

私は日数をかけて、この二冊を念入りに何度も読み返した上で、松本氏に電話をしました。

原典や資料をお譲りいただき親しくお話をするようになり、平成元年にはお誘いを受けて、氏が主宰する「ほつま赤坂例会」に参加、翌年から『月刊ほつま』に寄稿するようになりました。

平成六年秋に氏は引退されましたが、会場を提供されていた宮永光雄さんのご厚意で、例会は『ホツマ東京赤坂研究会』と名を変えて存続しました。

会は、個々の会員が研究成果を持ち寄って月一回集まり、自由討議の形で進むのですが、新しい疑問や発想が出されると敏感に反応して、意見を述べ合い、活気に満ち、研究は大いに進みましたが、会として記録を残し世間に発表する場を誰もが欲していました。

倉田俊介さんの提案で、隔月刊同人誌『検証ホツマツタヱ』（ホツマ出版会発行）が創刊されたのは平成十四年六月でした。提案された倉田さんは編集人を、宮永さんが発行人を引き受けられたことで、会員全員が協力する体制が出来上がったのです。

松本氏の例会時代から少しずつ書き溜めていた私のホツマツタヱ現代訳が、創刊から四十五号までの連載で全巻訳し終えることができたのは、偏にこのご両名と赤坂研究会の方々のお陰です。


『検証ホツマツタヱ』は現在十四年目に入り八十号を超えました。これも購読者の方々から篤い応援をいただいているお蔭で、心より感謝しております。

本書はこの現代訳を基に、読みやすくなるよう手を入れたものです。

ともすると、自分の書きたいことに偏して、論文調になってしまう点を気付かせていただくなど、『検証ホツマツタヱ』の同志の皆様には大変助けられました。感謝に堪えません。

また、本書の出版企画をプロデュースした原田武虎さんと、三分冊にもなる長編の版元をお引き受け下さった『かざひの文庫』磐﨑文彰さんに深甚の感謝を捧げます。

最後に、長年の古史探求道楽に付き合ってくれた家内にも「ありがとう」を捧げたい。

本書に続く『地の巻』『人の巻』もご期待の上、お読みいただけるよう願っております。

平成二十七年九月吉日　今村聰夫

訳述者略歴
今村聰夫（いまむら さとお）
昭和15年、東京都大田区に生まれる。昭和39年、神奈川大学工学部卒業。
機械商社勤務。昭和61年ホツマツタヱを知る。
昭和63年ホツマツタヱ発見者の松本善之助氏の知遇を得る。
平成元年ホツマ赤坂例会参加、翌年から松本氏主宰の『月刊ほつま』に寄稿を重ねる。
平成6年松本氏引退に伴い、ホツマ赤坂研究会を立ち上げ、仲間と研鑽に励む。
平成14年『検証ホツマツタヱ』創刊から45号までホツマツタヱ現代訳掲載。
平成26年『検証ホツマツタヱ』編集人を経て、論説委員。

はじめての
ホツマツタヱ
天《あ》の巻

著者　今村聰夫（いまむらさとお）
2015年9月28日　初版発行
2025年4月8日　5刷発行

発行者　磐﨑文彰
発行所　株式会社かざひの文庫
〒110-0002　東京都台東区上野桜木2-16-21
電話／FAX 03(6322)3231
e-mail:company@kazahinobunko.com　http://www.kazahinobunko.com

発売元　太陽出版
〒113-0033　東京都文京区本郷3-34-8-101
電話／03(3814)0471　FAX／03(3814)2366
e-mail:info@taiyoshuppan.net　http://www.taiyoshuppan.net

印刷
製本　シナノパブリッシングプレス

装丁
イラスト　緒方 徹

ISBN978-4-88469-853-9